中国博士生教育质量评价与机制调整

高耀 ◎ 著

图书在版编目（CIP）数据

中国博士生教育质量评价与机制调整 / 高耀著 . -- 北京：北京大学出版社，2024.6. -- ISBN 978-7-301-35584-8

Ⅰ.G643.7

中国国家版本馆 CIP 数据核字第 2024BY9436 号

书　　　名	中国博士生教育质量评价与机制调整 ZHONGGUO BOSHISHENG JIAOYU ZHILIANG PINGJIA YU JIZHI TIAOZHENG
著作责任者	高耀　著
责 任 编 辑	刘军
标 准 书 号	ISBN 978-7-301-35584-8
出 版 发 行	北京大学出版社
地　　　址	北京市海淀区成府路 205 号　100871
网　　　址	http://www.pup.cn　　新浪微博：@北京大学出版社
微信公众号	通识书苑（微信号：sartspku） 科学元典（微信号：kexueyuandian）
电 子 邮 箱	编辑部 jyzx@pup.cn　　总编室 zpup@pup.cn
电　　　话	邮购部 010-62752015　发行部 010-62750672 编辑部 010-62753056
印 刷 者	大厂回族自治县彩虹印刷有限公司
经 销 者	新华书店
	650 毫米 ×980 毫米　16 开本　15.25 印张　280 千字 2024 年 6 月第 1 版　2024 年 6 月第 1 次印刷
定　　　价	98.00 元

未经许可，不得以任何方式复制或抄袭本书之部分或全部内容。
版权所有，侵权必究
举报电话：010-62752024　电子邮箱：fd@pup.cn
图书如有印装质量问题，请与出版部联系，电话：010-62756370

前　言

随着国家经济、社会发展进入新常态,服务需求、提高质量成为未来我国研究生教育领域综合改革的核心主线。在国家"双一流"建设重大宏观战略决策部署下,不断提升博士研究生(以下简称"博士生")教育质量并进行质量治理,成为未来我国研究生教育改革中的一个核心议题与前沿课题。迄今为止,我国已探索出了一条具有中国特色的博士生教育发展道路,基本建立起具有中国特色的博士生教育培养体系和质量保障体系。就规模而言,目前我国已成为仅次于美国的博士生教育大国,已经是世界上规模最大的研究型博士学位授予国。但是,在新的经济、社会、科技以及全球化背景下,我国的博士生培养机制仍面临一些问题。

这些问题,宏观层面主要表现在博士生教育主动服务国家重大战略需求和经济社会发展需求不是非常到位,培养模式不能完全满足高水平创新能力人才培养的要求,质量保障和评价机制的作用有待进一步发挥,博士生教育的国际影响力与国家地位不相匹配等方面;微观层面主要表现在博士生教育的科教结合还不太紧密,博士生的创新能力不足,博士生中国际学生的占比较低,跨学科博士生人才较为缺乏等方面。针对现存的问题,局部的调整很难起到明显的效果,有必要对现有的机制进行相应调整。在此背景下,本书对我国博士生教育质量评价与关键影响机制调整策略进行了系统研究。

从博士生培养的总体状况来看,经过七十多年的奋斗,我国构建了非常完备的研究生教育体系,基本实现了高层次人才的自主培养,有力支撑了科技创新和国家战略发展。特别是党的十八大以来,以习近平同志为核心的党中央坚持把教育放在优先发展的战略地位,推动教育事业快速发展,研究生教育也有了迅猛的发展。具体表现在以下方面:一是博士生培养规模持续扩大,以服务国家科技需求的理工医科为主体;二是专业学位博士生规模渐进式扩张,高度重视高层次专业型人才培养;三是不断深化博士生招生制度改革,注重选拔优秀博士生生源;四是大力加强博士生导师队伍建设,规范导师行为,提升指导质量;五是加强博士生课程建设,大力保障博士生课程教学质量;六是严抓培养全过程监控与质量保证,加强学位论文和学位授予管理;七是建立学位授权评估体系,强化对博士生教育质量的外部监督;八是将交叉学科设为新学科门类,大力推动跨学科博士生培养;九是不断提高博士生助学金资助标准,进一步满足博士生学习和生活需求。

本书通过构造"入口→过程→出口"这一完整的博士生教育质量评估分析框架,采用全国层面博士生调查数据,从博士生就读体验的视角,对我国博士生教育质量进行全面和综合评估。研究结果显示,从入口方面的就读动机、培养过程中的就读体验和出口方面的就业结果和就业满意度等方面综合来看,我国博士生教育质量整体上非常有保障,但培养过程中也存在一些不足和薄弱环节,亟待加强。

在对博士生教育整体质量进行评估的基础上,本书进一步对博士生教育的招生选拔、培养过程及培养结果之间的影响机理进行了系统研究。

从博士生生源质量与培养结果之间的影响机理来看,博士生的生源选拔方式与博士学位论文质量之间存在明显的关联性,博士生培养的贯通程度越高,则博士学位论文质量也越高,具体表现为不同贯通类型博士论文质量依次为本科直博(完全贯通)>硕博连读(大部分贯通)>提前攻博(部分贯通)。这种效应存在学科差异,在自然科学中,贯通培养的效果非常显著,而在人文学科和社会科学中的效果并不显著。换言之,贯通培养的总体效果依赖和取决于学科特性、学科知识生产模式和学科人才培养的内在规律。

从博士生导师指导方式与指导效果之间的影响机理来看,总体而言,在认知层面,集体指导制度已经成为一种规范,得到大多数博士生的认可。对于应该采取单一导师制还是双导师制或多导师制,存在显著的学科差异。相对来说,理工科的博士生和导师主张指导小组制的比例比人文学科、社会科学更高。单一导师制与集体指导制度的指导效果分析结果显示,人文、社科、理学、工学及农学等学科的博士生对于单一导师制和多导师制的满意度并无显著性差异,但是在医学学科当中,导师组指导的满意度和单一导师指导的满意度存在显著差异,博士生对导师组指导的满意程度更高。

从博士学位论文质量和学科文化的影响机理来看,本书认为,在学科文化各异的软、硬学科中,同行专家对博士学位论文的创新标准评价呈现明显差异。在以哲学、社会学为代表的软学科中,倾向于将学位论文视为一种带有学术训练性质的学业评价,而在以物理学为代表的硬学科中,明显将学位论文视为一种学术评价,非常强调成果的原创性和高质量学术论文的发表。博士学位论文质量保障具有涵盖"规范性底线"和"创新性底线"在内的"双重底线",但底线保障程度与学科文化呈现相关性。

在影响机理分析的基础上,本书进一步聚焦影响博士生教育质量提升的三大"机制瓶颈",对博士生教育服务需求机制调整、博士生教育发展内在稳定机制构建及博士生培养过程中的分类淘汰机制调整进行了专门研究。

博士生教育服务需求机制调整研究方面,本书在对博士生教育"上位功能"和"下位功能"双重功能定位的基础上,深入分析我国博士生教育发展面临的"上位需求"和"下位需求",进而对博士生教育主动服务需求面临的"内部约束"和"外部约束"进行理论分析,提出进一步提升博士生教育主动服务需求水平和能力,需要继续进行内部调控机制与外部调控机制协调互动的"上下联动型"机制改革。

博士生教育发展内在稳定机制构建方面,本书在明晰制约博士生教育发展主要影响因素的基础上,对博士生教育稳定发展的"内部决策机制"和"外部决策机制"进行理论分析,进而构建出博士生教育发展需要实现的投入与产出相平衡、直接消费需求与间接消费需求相平衡、内外部决策机制相平衡三大平衡关系。

博士生培养过程中的分流与淘汰机制调整方面,本书从贯通式培养模式的视角设计一套新的博士生教育分流与淘汰机制。在贯通型培养模式下实施博士生分流与淘汰新机制的总体思路是贯通培养,过程分流;弹性设计,双向选择;节点把控,重在落实。实施大口径和灵活多样的招生录取办法,实现博士生与导师(组)相互之间的动态过程选择,建立高效、灵活且多样的经费资助模式,多部门协同联动进行动态管理和实现就业派遣顺畅化,是改革中的关键举措。

此外,本书还对博士生延期毕业状况、博士生就业特征与趋势及博士毕业生进入博士后科研站的情况进行了专门分析。在对延期博士生群体特征进行呈现的基础上,本书认为,根据不同学科"内在规定性"和学科知识生产属性制定合理的培养周期是重要的改革趋势。从博士生就业特征与趋势来看,博士毕业生的职业选择呈现出由学术领域不断向非学术领域扩散,在学术市场上的选择不断由重点大学向非重点大学扩散,在就业地域选择上不断由"属地就业"向"非属地就业"扩散,在出国(境)选择上不断向更多国家和地区扩散等新趋势,这些新趋势要求政府、高校及个人积极做好多元化的应对策略。对博士后群体入站特征及其差异的多维度解析,有助于深入了解博士后就业市场的独特性,这对我国博士生培养机制改革和人力资源强国建设具有重要的意义和价值。

在上述研究的基础上,本书进一步提出了提升博士生教育质量的相关政策建议:持续深化学位授权审核机制调整,将"单轨授权"调整为"双轨授权";以招生选拔机制调整为切入口,带动博士生教育综合改革不断向纵深推进;进一步发展博士专业学位教育,适当控制学术型博士生规模;调整博士生培养经费投入机制,完善科研经费与奖助学金资助体系;提高导师指导能力,扩大导师队伍,引进国外优秀人才任教;进一步增强课程与科研的联系,推动本硕博课程体系一体化建设;加强博士生培养的过程管理,不断完善中期考核与分流淘汰机制;实施"双向分权",不断推进博士学位论文质量保障重心"内移"和"下移";多措并举促进博士生高端智力资源合理地在区域和单位间有序配置和流动;强化思想政治与学术道德教育,激发博士生的创新精神与创新动力;不断提升对外交流水平,促进博士生教育国际化迈上新台阶。

博士生教育是高等教育中一个崭新的研究领域,具有独特性和复杂性。本书从质量评价和机制调整的角度切入进行系统研究,这些研究结果可以为高校和院系调整博士生培养理念、培养目标及培养方案提供持续改进的方向,有助于完善博士生教育内部质量保障体系,还可以为政府相关职能机构完善博士生质量评估、改进博士生教育质量考核机制、优化教育经费拨款等提供政策建议,有助于完善博士生教育外部质量监督体系。本书的研究结论,不仅可以检验博士生教育领域相关改革的实际效果,还可以为未来博士生教育改革提供决策依据和政策参考。

目 录

第一章 导论 ... 1
1.1 研究背景与研究问题 ... 1
1.2 研究价值 ... 5
1.3 框架结构与研究内容 ... 6

第二章 核心概念与理论基础 ... 10
2.1 核心概念 ... 10
2.2 理论基础 ... 15

第三章 博士生教育发展现状及质量状况 ... 19
3.1 我国博士生培养总体现状 ... 19
3.2 调查概况 ... 25
3.3 入口方面 ... 26
3.4 培养过程 ... 31
3.5 出口方面 ... 42

第四章 选拔方式与博士生培养质量 ... 47
4.1 问题的提出 ... 47
4.2 文献综述 ... 50
4.3 数据来源与分析策略 ... 53
4.4 研究结果 ... 55
4.5 相关讨论 ... 64

第五章　导师指导方式与博士生培养效果 …… 66
- 5.1　问题的提出 …… 66
- 5.2　博士生导师制度的国际比较 …… 70
- 5.3　博士生导师指导方式的效果检验 …… 75

第六章　学科文化与博士学位论文质量 …… 81
- 6.1　博士论文评价的模式、维度及标准 …… 82
- 6.2　学业评价抑或学术评价：创新的基本标准 …… 90
- 6.3　学科文化与论文评价：创新的评价标准 …… 93
- 6.4　相关讨论 …… 101

第七章　博士生教育服务需求机制调整 …… 103
- 7.1　科学认识博士生教育两种需求是进行机制调控的逻辑起点 …… 104
- 7.2　博士生教育主动服务需求受双重调控机制约束 …… 109
- 7.3　学位授权机制调整是盘活内外部调控机制的"核心杠杆" …… 111

第八章　博士生教育发展内在稳定机制构建 …… 116
- 8.1　制约博士生教育发展内在稳定机制的主要因素 …… 117
- 8.2　博士生教育发展内在稳定机制受双重决策机制约束 …… 121
- 8.3　构建博士生教育发展内在稳定机制需实现三大关系平衡 …… 124

第九章　博士生教育分流与淘汰机制调整 …… 127
- 9.1　分流与淘汰机制对提升博士生教育质量的意义 …… 128
- 9.2　博士生培养分流与淘汰机制的现状调查 …… 131
- 9.3　实施分流与淘汰机制的关键切入点 …… 145
- 9.4　分流与淘汰机制设计及其关键环节 …… 148

9.5 分流与淘汰机制的主要配套举措 ………………………………… 152

第十章　博士生延期毕业情况 ………………………………………… 156
　10.1　研究设计 ………………………………………………………… 159
　10.2　博士生延期率 …………………………………………………… 161
　10.3　博士生延期时间 ………………………………………………… 167
　10.4　相关讨论 ………………………………………………………… 172

第十一章　博士毕业生就业特征与趋势 ……………………………… 174
　11.1　博士毕业生的就业期望与实际就业差异 ……………………… 176
　11.2　博士毕业生的就业趋势 ………………………………………… 182

第十二章　博士毕业生进入博士后科研站情况 ……………………… 194
　12.1　研究设计 ………………………………………………………… 200
　12.2　博士毕业生进入博士后科研站情况 …………………………… 202
　12.3　博士毕业生进入博士后科研站的类型 ………………………… 207
　12.4　相关讨论 ………………………………………………………… 213

第十三章　博士生教育质量提升策略与研究展望 …………………… 215
　13.1　提升策略 ………………………………………………………… 215
　13.2　研究展望 ………………………………………………………… 226

后　记 …………………………………………………………………… 228

第一章 导论

博士生教育居于国民教育体系的最顶端,经过三十多年的发展,我国博士生教育正式进入以质量和内涵为主题的"质量时代"。迄今为止,我国已探索出了一条具有中国特色的博士生教育发展道路,基本建立起中国特色的博士生教育培养体系和质量保障体系。当前我国研究生教育正在经历由大到强的转变,国内经济社会发展面临转型升级、高质量发展的挑战,人民群众对研究生教育的需求也更加多样化;国际上大国竞争日益激烈,研究生教育的战略性、重要性更加凸显,准确识变、科学应变、主动求变更为迫切。在国家"双一流"建设重大宏观战略决策部署下,不断提升博士教育质量并进行质量治理,成为未来我国研究生教育改革中的一个核心议题。

1.1 研究背景与研究问题

近二十年来,博士教育质量成为世界范围内的一个热门话题。博士教育因担负着知识生产和创新人才培养的双重重要使命,各国均高度重视。同时,人们对博士教育质量也不断提出抱怨和质疑,政府官员抱怨博士教育经费投入效益不高,学者抱怨博士生学术水平下降,企业界抱怨博士的应用能力和问题解决能力不强,而博士生抱怨待遇低及职业发展受限,等等。世界各国的博士生教育均经历着批评、质疑、危机及应对的"痛苦涅槃"。博士生教育和博士质量的危机是世界范围内的普遍现象。总的来说,博士质量的危机有两重表现:其一,在博士生教育规模扩大和博士类型多样化的背景下,传统的以单一学科为中心、仅仅注重学术原创性的质量观念受到了挑战;其二,知识生产方式的转型对作为未来知识工作者的博士生提出了诸多新的要求。①

迄今为止,我国已探索出了一条具有中国特色的博士生教育发展道路,基本建立起具有中国特色的博士生教育培养体系和质量保障体系。就规模而言,目前我国已成为仅次于美国的博士生教育大国,已经是世界上规模最大的研究型博士学位授予国。但是,与党中央的要求和人民群众的期盼相比,与肩负的历史使命和国际高水平研究生教育相比,我国博士生教育仍然存在明显差距。

概括而言,目前我国博士生教育主要存在以下六个方面的问题。

第一,进一步简政放权,转变博士生教育治理方式的问题。目前,我国博士生教育发展方式正在由规模型、外延型发展向内涵型、质量型发展转变,发展形态正在由统一性、规范性向个性化、特色化转变,发展动力正在由自上而下、外在推动向自下而上、内在追求转变,发展趋势正在由国内追踪向国际引领转变,治理方式也正在由行政、项目、审批、微观、直接管理向指导、引导、协调、宏观、间接服务转变,这些重要的变革趋势迫切要求博士生教育体制机制进行相应的改革。例如,省级统筹能力问题有待进一步提高、院校自主权需要进一步扩大、社会与企业对博士生培养的参与不足,等等。根据 2017 年 3 月颁布的《博士硕士学位授权审核办法》(2024 年修订),经省级学位委员会推荐,符合硕士学位授予单位申请条件的学校,若无重大异议,可直接确定为拟新增硕士学位授予单位,这大大提高了省级政府的统筹能力,但在博士生教育的资助投入、规划等方面,省级部门还需发挥更大的作用。在博士生教育的治理当中,学位授权审核成为一个矛盾焦点,如何在保障质量审核、严格标准要求的同时,激活、释放地方的办学活力,形成良好的、相互支撑的研究生教育生态,是一个重大的挑战。

第二,博士生教育的类型、结构与定位问题。从类型结构来看,我国

---

① 陈洪捷. 知识生产模式的转变与博士质量的危机[J]. 高等教育研究,2010(1):57—63.

博士研究生分为学术学位和专业学位两种类型,但和美国、英国等发展成熟的博士研究生教育体系相比,我们存在两大问题:其一是研究型博士(Ph.D)和专业博士(Professional Doctorates)的区分在观念认知、培养模式和政策定义方面都不够明显;其二是专业博士教育的发展定位始终不够明晰,规模一直较小,不能满足产业发展升级对高层次应用型人才的需求,一些关键核心技术领域博士生数量严重不足。此外,硕士生定位以及硕士和博士的衔接问题也比较突出。

第三,博士生教育政策与评价机制方面的问题。如博士生奖助制度的激励作用发挥不够突出;高校在科研评价与绩效评价方面对教师的教学与培养工作重视不够,无法有效激励导师投入充足的精力培养博士生;实施博士生分流退出机制面临户口、劳动力市场对接、学籍管理等多方面的制度瓶颈,等等。由于这些问题的存在,研究生学习创新和导师潜心育人的自主激励和约束机制尚未真正有效建立起来。

第四,博士生培养模式方面的问题。目前的培养体制在激励博士生自主学习和研究方面有欠缺或措施不当。同时,高校在科研评价和绩效评价方面,对教师的教学和培养工作关注不够,教学培养地位有弱化的倾向。此外,比较突出的表现是跨学科博士生培养缺乏制度支撑,科研院所和大学相互独立培养研究生,资源无法整合。此外,博士生分流淘汰制度尚未真正建立起来。

第五,博士生教育科教结合的机制问题。主要表现为博士生教育与科学研究的深度融合存在一些机制上的障碍。研究生教育能够实现科教结合,资助机制是一个重要方面。以美国为例,在自然科学领域,联邦政府给教师的资助项目中,特别规定有一部分经费是用于给研究生发工资,一般称为助研(RA)经费。在人文社会科学领域,学生获得助研岗位的比例要低很多,但学生可以从多种基金会以及联邦政府(如教育部)独立申请研究经费,通过这个机制确保研究生能够独立从事科研活动。相对而言,目前我国科研基金与研究生培养的结合缺乏有效的机制支撑。

第六,博士生教育国际化问题。博士生教育中国内优秀生源外流严重,对国际生源吸引力不强。我国博士生教育国际化程度偏低,国际影响力还不强,优质国际化师资和课程数量明显不足。

此外,高校缺乏专职科研队伍,博士后数量相对较少,导致博士生科研任务负担过重等问题也较为突出。这些问题极大制约了我国博士生教育培养质量的提升,也制约了博士生培养服务需求的能力。

总的来说,目前有关博士生教育质量问题的研究存在比较大的拓展空间。

第一,在博士质量评价内涵方面,国内相关研究注重于宏观层面的院校质量和学科点质量评估,而国外相关研究更侧重于从微观层面的学生追踪和反馈性调查评价入手,进行回溯性评价,采取的研究视角更为全面,研究内容更为丰富。因此,开展基于学生追踪和反馈数据调查的博士质量监测评估工作,构造包括"入口→过程→出口"在内的完整的博士质量评估分析框架,从"以博士生为中心"的视角对我国博士生教育质量进行全面和综合评估,是未来亟待开展的研究工作。

第二,从研究问题的维度来看,目前国内外相关研究更倾向于揭示博士生教育质量的现状,尚没有对博士生教育质量关联机理及生成机制的深入研究,尤其缺乏建立在坚实数据基础上的探讨内在机理层面的实证类研究成果。博士生研究工作具有高端和专门的特点,博士生教育兼具教育培养和知识生产两种性质,对这一问题的研究难度更大,亟待进行拓展研究。

第三,经过三十余年的发展,我国博士生教育取得了巨大的成就,但在新的经济、社会、科技以及全球化的背景下,我国博士生培养体制机制面临一些新问题,局部调整很难产生明显效果,有必要对体制机制问题进行全局性的诊断和系统分析。但是,目前对博士生教育体制机制问题的研究较为分散,较少将体制机制问题作为一个系统进行分析,缺乏顶层设计和全局考虑。

第四,当前我国博士生教育体制机制的核心问题是博士生教育治理机制问题,其中涉及的重要问题包括:如何廓清博士生教育的功能定位?

如何进一步改革学位授权审核机制？如何进一步简政放权、推进管办评分离，构建政府、学校、社会的新型关系？这些问题还需要进一步进行深入系统的研究。

本书正是在此背景下展开有关我国博士生教育质量评价和机制调整的相关研究工作。具体而言，本书希望回答如下几个核心研究问题。

第一，从"入口→过程→出口"的过程视角来看，我国博士生教育质量整体状况如何？博士生培养过程中存在哪些深层次问题？

第二，博士生教育的招生选拔、培养过程及培养结果之间的关联机理是什么？不同关键影响因素对博士生教育质量的影响程度和影响方式是什么？

第三，从博士学位论文质量和博士生就业状况为主要表征的培养结果来看，博士生培养整体效果如何？在不同维度上存在何种差异？

第四，影响博士生教育质量提升的"机制瓶颈"在哪里？从哪些方面入手寻找机制改革的核心突破口？

第五，博士生教育质量服务需求机制应如何调整？博士生教育发展的内在稳定机制应如何构建？博士生培养过程中的分流淘汰机制调整的逻辑起点在哪里？调整思路是什么？

第六，博士生教育质量的提升策略是什么？如何构筑博士生教育的内外部双重质量保障体系？

1.2 研究价值

第一，丰富博士生教育乃至高等教育学科的基础理论及实证研究。博士生教育是一个新兴的研究领域，是高等教育研究中相对薄弱的领域，而且博士生培养跨越高级人才培育和知识生产等领域，其中大量的理论和实践问题亟待给予回答。本书对博士生教育质量进行多维度评价，对其内在关联机理进行理论和实证探讨，对影响博士生教育发展的关键机制进行研究,在此基础上提出博士生教育质量提升的主要策略。

第二,有助于完善我国博士生教育质量内部保障体系和外部质量监督体系。本书的研究成果可以为高校和院系调整博士生培养理念、培养目标及培养方案提供持续改进的方向,有助于完善博士生教育内部质量保障体系,还可以为政府相关职能机构完善博士质量评估、改进博士生教育质量考核机制、优化教育经费拨款机制等提供政策建议,有助于完善博士生教育外部质量监督体系。

第三,为我国博士生教育改革及博士生教育质量治理提供直接的政策依据与改革建议。近年来,为保障和提升博士生教育质量,政府和高校层面进行了一系列大刀阔斧的改革,例如,政府层面出台《博士、硕士学位授权学科和专业学位授权类别动态调整办法》等一系列改革举措,高校层面不断进行博士生招生办法改革,推行"申请—审核(考核)"制,建立博士生分流和淘汰机制等一系列改革举措。本书的研究成果可以检验改革的实际效果,还可以为未来博士生教育改革方向与改革举措提供直接的政策依据。

1.3 框架结构与研究内容

1.3.1 框架结构

在阐述选题价值和意义、述评国内外研究现状和初步界定博士生教育质量概念和影响机制的基础上,本书力图综合运用理论分析、实地调研、案例研究、问卷调查、统计分析等多种研究方法和手段,结合高等教育学、组织社会学、政策评估、知识社会学相关理论,对博士生教育质量评价和机制调整问题进行系统研究,总体分析框架结构见图1-1所示。

其中,博士生教育服务需求机制调整、博士生教育发展内在稳定机制构建及博士生培养过程中的分流淘汰机制调整研究是本书相互关联的三个核心内核,以招生、资助及分流等为突破口的机制改革研究和以课程体系、国际化和跨学科为抓手的模式改革研究是在核心内核基础上的政策性研究,各部分的研究均紧密围绕现状与问题、比较与借鉴和机制创新等维度展开。

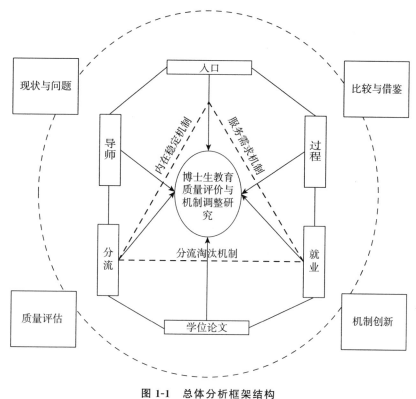

图 1-1 总体分析框架结构

1.3.2 研究内容

第一,博士生教育发展现状及质量现状评价研究。该部分在对我国博士生培养总体状况介绍的基础上,通过构造"入口→过程→出口"这一完整的博士生教育质量评估分析框架,采用全国层面博士生离校调查数据,从博士生就读体验的视角,对我国博士生教育质量进行全面和综合的监测评估。主要内容包括:(1)入口方面,从博士生的就读动机和职业期望两个角度展开分析,在此基础上对就读动机和职业期望的院校差异、学科差异及个体差异进行量化分析。(2)培养过程方面,对博士生培养过程中的课程教学、学术交流、课题参与、导师指导和经济资助等方面展开分析,在此基础上对不同培养环节的院校差异和学科差异进行量化分析。(3)出口方面,从博士毕业生的就业去向和就业满意度两个方面展开分析。

第二,博士生教育质量的关联机理研究。主要内容包括:(1)博士生选拔方式与培养结果的关联机理。提升博士生教育质量必须进一步深入推进机制改革,其中,改革的核心突破口之一便是招生与选拔机制。该部分从博士生的招生选拔方式切入,以博士学位论文质量作为博士生培养结果质量的核心表征指标,实证分析普通招考、提前攻博、硕博连读及本科直博这四类不同招生选拔方式下的不同效果及其差异,以揭示博士生生源质量与培养结果之间的关联机理。(2)博士生导师指导方式与指导效果之间的关联机理。导师指导方式和指导效果对博士生培养质量起着非常关键的影响作用,该部分在对博士生导师指导制度进行国际比较的基础上,利用相关大型调查数据和访谈研究素材,对博士生导师的指导方式与博士生的满意度之间的关联机理进行实证研究。(3)博士学位论文质量与学科文化的关联机理。该部分利用博士学位论文相关评阅数据和素材,对博士学位论文质量与学科文化的关联机理进行实证分析。

第三,博士生教育关键机制调整研究。主要内容包括:(1)博士生教育服务需求机制调整研究。该部分在对博士生教育"上位功能"和"下位功能"双重功能定位的基础上,深入分析我国博士生教育发展面临的"上位需求"和"下位需求",进而对博士生教育主动服务需求面临的"内部约束"和"外部约束"进行理论分析。(2)博士生教育发展内在稳定机制构建的理论研究。该部分在明晰制约博士生教育发展主要影响因素的基础上,对博士生教育稳定发展的"内部决策机制"和"外部决策机制"进行理论分析,进而构建博士生教育发展需要实现的三大平衡关系。(3)博士生培养过程中的分流与淘汰机制改革研究。该部分从贯通式培养模式的视角设计新的博士生教育分流与淘汰机制,这对于提升博士生教育质量、促进博士生教育综合改革具有重要的参考意义和价值。

第四,博士生培养效果及其差异研究。就业状况是博士生培养效果最为重要的反映维度。该部分利用全国层面和代表性高校层面的相关数据,从博士毕业生就业期望与实际就业差异、博士生就业趋势等方面对博士生就业结果进行综合考察。此外,还对毕业后进入科研站的博士后群体特征进行了专门考察分析。

第五,博士生教育质量提升策略研究。该部分是全书研究的最终落脚点,力图构筑包含入口质量保障、过程质量保障和结果质量保障在内的完整的博士生教育内外部质量保障体系,探寻我国博士生教育质量提升的内在路径,并对博士生教育领域的系列改革举措效果进行检验,为未来博士生教育改革提供政策依据。

第二章 核心概念与理论基础

本章首先界定研究涉及的核心概念,然后对涉及的相关研究理论进行回顾。

2.1 核心概念

2.1.1 博士生教育质量

从一般意义上讲,教育质量指的是教育产品的供给满足人们需求的程度,满足需求的程度越高,则表明教育质量也越高。随着经济、社会的不断发展,人们对教育质量抱有越来越多的期望和要求,教育质量这一概念的内涵也变得越来越丰富和多元化。此外,人们对教育质量的评价和认同与所持有的质量观密不可分。因此,教育质量问题是以对教育的目的和教育价值提问的形态呈现出来的,高等教育的质量观一般有三大传统,即社会本位论、个体本位论和知识本位论。[①] 社会本位论的质量观强调,只有满足社会需要的高等教育,才能获得合理性和合法性,也因此才具有质量。个体本位论的质量观主张,个体的价值高于社会的价值,教育目的应以个人价值为中心。知识本位论的质量观特别强调和重视学科知识自身的逻辑和结构,认为只有促进学术发展和知识进步的高等教育,才是高质量的。

---

① 刘振天.论"过程主导"的高等教育质量观[J].北京大学教育评论,2013(3):171-180.

有研究者对博士质量、博士点质量和博士生教育质量三个基本概念之间的区别和联系做了相应探讨,具体见表2-1所示[①]。

表2-1 博士质量、博士点质量和博士生教育质量概念辨析

概念	评价对象	问责对象	质量指标
博士质量	博士	博士学位获得者	知识贡献、创新能力、知识水平、科研能力、组织协调能力、满足社会需求的能力、社会贡献、学术生产力
博士点质量	博士点(博士生导师、博士生、研究设备、资金投入)	博士点负责人	教师的学术声誉;教师的学术产出;教师的学术影响力(论文被引频次、学术获奖);博士教育的效果(如博士毕业率);博士点的特征(人数规模、图书资料、研究资助);博士的质量(尤其是博士毕业生的职业发展状况);毕业博士对博士点的满意度
博士生教育质量	博士生教育(即博士点和博士生导师培养博士生的过程)	博士生导师	学术指导的质量;学术训练的质量;博士生毕业率;博士生就业率;博士毕业生的职业发展状况

博士生教育质量的概念较为宽泛,它测量的是博士生教育活动的质量。一般而言,博士生教育的质量可以从输入、过程和输出三个方面来进行测量。从广义来讲,博士生教育的质量包括博士点质量、博士质量以及博士教育活动本身(即学术指导、课程教学、学术训练等)的质量[②]。从狭义来讲,博士生教育的质量一般指的是博士生教育活动过程的质量,其衡量指标一般包括博士生导师学术指导质量、学术训练质量、学术氛围、学术服务的质量、博士生的毕业率、博士生的学业成就等,其中,学术指导的

---

① 沈文钦.博士培养质量评价:概念、方法与视角[J].北京大学教育评论,2009,7(2):47—59+189.

② 陈洪捷,等.博士质量:概念、评价与趋势[M].北京:北京大学出版社,2010:21—22.

效果和学术训练的效果往往被认为是最重要的评价指标[①]。

博士教育质量评价通常是一种学科化、个体化的行为,往往呈现出不确定性、主观性和多样化的特征。随着知识生产模式的转型和博士生教育的扩张,博士教育质量评价的视角逐渐由单一的学术标准向多元化的标准转变,概括而言,主要包括产品视角的评价、过程视角的评价、职业发展视角的评价和效益视角的评价[②]。从产品视角到过程视角和发展视角是博士教育质量评价的新趋势。

从宏观层面来看,博士生教育中的类型结构、科类结构、区域结构非常重要。宏观层面的博士生教育类型结构主要指学术型博士学位和专业型博士学位之间的结构和比例关系;博士生教育科类结构主要指人文学科、社会科学及自然科学等不同学科、专业之间的合理比例及其发展趋势状况;博士生教育区域结构主要指博士生教育资源(包括博士点、博士生导师及博士生)在全国不同区域之间的配置状况。因宏观层面的研究成果已较为丰富,本书在我国博士生培养总体状况中进行了概要性分析,此外,在调控机制部分的理论研究中亦有所涉及。

本书中的博士生教育质量主要包括生源质量、培养质量、结果质量三个层面,每个层面均可以从主观和客观两个维度进行分析。

生源质量是博士生教育质量的根本保障,生源质量现状监测评估从主观和客观两个方面展开,主观方面包括对读博动机(分为学术动机和非学术动机)和职业期望(分为学术性工作期望和非学术性工作期望)进行分析;客观方面从个体的人口学特征、学科背景及工作背景等多方面展开。

培养过程是影响博士生教育质量的关键环节。培养质量现状监测评估从主观和客观两个方面展开,主观方面根据追踪和反馈调查数据,对博士生在读期间的个人努力、投入情况及压力承受情况进行调查分析;客观方面对博士生培养过程中的关键影响因素进行统计分析,主要包括导师

---

① 陈洪捷,等. 博士质量:概念、评价与趋势[M]. 北京:北京大学出版社,2010:22.
② 陈洪捷,等. 博士质量:概念、评价与趋势[M]. 北京:北京大学出版社,2010:29—32.

指导情况、课程教学情况、课题参与情况、学术交流情况及经费资助情况等方面。

结果质量是博士生教育质量的直接体现。结果质量也可以从主观和客观两个方面进行反映：主观方面从读博收获、读博满意度及就业满意度等方面进行测量；客观方面从博士学位论文质量、学术成果质量、就业质量及薪资待遇等方面进行测量。

发展质量是博士生教育质量的最终体现，可以从博士毕业生的工作满意度、职业发展满意度、职位升迁、收入及福利待遇等方面进行测量和评价。

受研究时间、研究精力和数据资料所限，本书对博士毕业生的发展质量评价并未涉及，有研究者利用涉农学科数据对博士毕业生的发展质量进行了初步研究[1]。

2.1.2 博士生教育机制

教育机制指的是教育现象各部分之间的相互关系及其运行方式，主要包括教育的层次机制、教育的形式机制和教育的功能机制三种机制[2]。

与教育机制紧密相关的另一个概念是教育体制。孙绵涛认为，教育体制是教育机构和相应教育规范的结合体，教育体制包括各级各类教育机构和各种教育规范或教育制度，以及由各级各类教育机构与相应教育规范相结合所形成的各级各类教育体制[3]。教育体制改革与教育机制创新在内涵和外延各具特点，同时，教育体制改革与教育机制创新在诸多方面又是相互联系的[4]。

与一般意义上的教育现象和教育研究不同，博士生教育主要以高深

---

[1] 罗英姿,张佳乐.我国毕业博士职业选择与发展影响因素的实证研究：以涉农学科为例[J].高等教育研究,2018,39(11):25—36.
[2] 孙绵涛,康翠萍.教育机制理论的新诠释[J].教育研究,2006(12):22—28
[3] 孙绵涛.教育体制理论的新诠释[J].教育研究,2004(12):17—21.
[4] 孙绵涛,康翠萍.教育体制改革与教育机制创新关系探析[J].教育研究,2010(7):69—72.

知识的传播和高深知识的生产为载体,而且在博士生教育中,默会知识的成分占很大比重,这类高深知识和默会知识的传播和生产没有特定和既成的规律可循,充满前沿性、探索性和不确定性。因此,本书中对博士生教育机制的概念界定,主要采用归纳和描述的方式进行。

博士生教育机制主要包括学位授权审核机制、博士生选拔机制、资助机制、分流淘汰机制、学位论文评议和答辩机制、主动服务需求机制、内在稳定机制、绩效评价机制、针对学术不端行为的惩戒机制等等。其中,学位授权审核机制、主动服务需求机制、分流淘汰机制和内在稳定机制是本书重点分析的影响博士生教育质量的核心机制。

2.1.3 学科文化

学科是构成大学组织的核心内核。不同的学科由于学科知识生产和传播的特点不同,形成不同的学科文化。学科文化是一个范畴宽泛、内涵丰富的概念,可以从不同的维度和视角进行解读和界定。1959年,英国学者斯诺(C. P. Snow)首次提出自然科学与人文学科"两种文化",此后,学科文化在高等教育研究中的重要性越来越显著。比如美国学者凯根(Jerome Kagan)提出自然科学、社会科学和人文学科"三种文化"的划分①。陆根书和胡文静借鉴克鲁伯(A. L. Kroeber)和克拉克洪(C. Kluckhohn)对文化界定的方法,从描述性概念、系统性概念、结构性概念、遗传学概念、规范性概念、去结构性概念和历史学概念七个方面对学科文化的概念进行了仔细梳理,认为可以将学科文化作广义和狭义两种不同类型的解释。广义的学科文化概念不仅包括学科的物质文化,也包括学科的制度文化和精神文化;而狭义的学科文化则是从事某一学科的人的思想观念、价值体系、行为规范、社会认同、制度体制和文化产品等一系列范畴的总和。②

---

① 凯根.三种文化:21世纪的自然科学、社会科学和人文学科[M].王加丰,宋严萍,译.上海:上海世纪出版集团,2014:1.
② 陆根书,胡文静.一流学科建设应重视培育学科文化[J].江苏高教,2017(3):5—6.

上述对学科文化的分类界定和描述对本书研究具有重要的启发意义,但仍然是较为宽泛的范畴指涉,并没有直接对不同学科之间学科文化的差异进行揭示。

本书中对学科文化的界定,主要结合博士生教育中高深知识生产和传播的特点,从知识论本身和社会层面两个维度,借鉴比格兰(A. Biglan)和比彻(T. Becher)等人对学科文化的分类,尝试从高深知识层面的学科文化和社会层面的学科文化两个维度上对学科文化进行界定。

具体而言,一方面,高深知识层面的学科文化指不同学科由于其学科知识生产及传播的特点不同而形成不同的学科文化,这一定义侧重从知识生产本身的特性进行不同学科知识的类型划分及描述;另一方面,社会组织层面的学科文化指对于不同学术部落的知识生产活动,根据研究人员的密度、研究人员之间的联系程度及分工合作方式等形成的不同类型,这一定义侧重从社会组织、管理的特性方面进行不同学科文化的类型划分及描述。采取这两个维度对学科文化进行类型划分和描述,可以更深刻地认识博士生教育中人才培养的规律和特点,也有利于从内部视角探讨学术训练和学术职业自身的规律和特点。

2.2 理论基础

2.2.1 知识生产模式理论

(一)知识生产模式Ⅱ理论

20世纪70年代以来,有关知识生产方式转型的研究成为科学社会学领域的核心研究问题之一。为了解释这一转型,学者们提出了"终结的科学""学术资本主义""三螺旋模型"等新概念[①],在这些转型理论当中,

---

① 文东茅,沈文钦.知识生产的模式Ⅱ与教育研究:北京大学教育学院的案例分析[J].北京大学教育评论,2010(4):65.

迈克尔·吉本斯(Michael Gibbons)等人在《知识生产的新模式：当代社会科学与研究的动力学》一书中提出的知识生产模式Ⅱ理论影响尤为深远。吉本斯等人将传统的知识生产模式称为模式Ⅰ，将在传统的知识生产模式之外出现的新的知识生产模式称为模式Ⅱ，这种新的知识生产模式在知识的生产方式、生产情境、组织方式以及质量控制等方面都与传统的知识生产模式有很大不同，甚至影响着生产什么样的知识。

吉本斯等人认为，知识生产模式Ⅱ具有如下主要特征[①]。

第一，应用情境中的知识生产。这意味着研究问题的选择、研究的宗旨、研究成果的传播等均受到应用情境的制约。在模式Ⅱ中，知识生产是更大范围内多种因素共同作用的结果，这种知识希望对工业、政府或社会中的某些人有用，这种需求从知识生产开始就一直存在。这种知识始终面临不断的谈判、协商，直到各方参与者的利益都被兼顾为止。

第二，跨学科性。在模式Ⅱ中，知识生产往往是跨学科甚至是超学科的，是一个动态演进的知识建构模式。在模式Ⅱ中，至关重要的是，成果的传播永远可以在新的配置中进行，而这种传播一部分通过正式渠道进行，一部分则通过非正式渠道进行。

第三，异质性与组织多样性。在模式Ⅱ中，解决问题的团队构成随着要求的改变而不断变化，并不是由一个中心主体来计划或协调。典型的是，研究团队的组织更少以稳固的制度化的方式出现，成员们可能与不同的人，在不同的地点，围绕不同的问题，重新组合到不同的团队当中。

第四，社会问责与反思性。在模式Ⅰ中，知识和学术被认为是完全自主的，而在模式Ⅱ中，学术研究还必须考虑研究可能带来的社会影响和后果。由于不断意识到科技发展可能对公共利益造成的各种影响，越来越多的团体希望能够影响研究进程的结果。社会问责已经渗透到知识生产的整个进程之中，这不仅反映在对研究结果的阐释和传播中，还体现在对于问题的定义以及研究的优先次序的设置上。

---

① 吉本斯,利摩日,诺沃提尼,等. 知识生产的新模式：当代社会科学与研究的动力学[M]. 陈洪捷,沈文钦,等译. 北京：北京大学出版社,2011:4-16.

第五,质量控制。在模式Ⅰ中,质量从根本上依靠同行评议来对个人所做的贡献进行评价,而在模式Ⅱ中,质量由一套更为宽泛的标准来决定,这套标准反映了评议体系更为广泛的社会构成,因而是一种更加综合的、多维度的质量控制。

(二)知识生产模式Ⅲ理论

在全球本土化背景下,世界不同地域、人群、社会经济、技术和文化等不同情境和要素相互融合,使人们对知识生产方式产生了新的认识。在创新驱动的知识经济社会中,以"多层次"(multi-level)、"多节点"(multi-nodal)、"多形态"(multi-modal)、"多主体"(multi-agent)为组织结构特征和以共同演进(co-evolution)、共同专属化(co-specialization)、竞争合作(co-opetition)为逻辑运行机理的多维协同创新,日益成为世界主流知识创新范式。与此同时,全球本土化的时代浪潮和由非线性动态知识创新驱动的协同创新集群的兴起,共同促生了知识生产模式Ⅲ的产生[①]。

在新的知识生产模式下,当代博士生教育已经进行了一系列的调整和改革,如增加博士学位的类型、培养模式多样化、跨学科培养博士、与工业界合作培养等[②]。

在新的知识生产模式下,政府、高校和企业将形成一种三重螺旋的互动状态,在三重螺旋的创新组织状态下,创意在政府、高校、企业自由流动,产生与众不同的效果。

知识生产模式的不断转型对博士生教育提出了新的要求和期许,也从根本上形塑着博士生教育新的质量观和质量意识。

2.2.2 学科文化理论

学科是迄今为止人类所掌握的最重要的一种复杂知识系统形态[③]。

[①] 武学超. 模式3知识生产的理论阐释:内涵、情境、特质与大学向度[J]. 科学学研究,2014(9):1297-1304.
[②] 陈洪捷. 知识生产模式的转变与博士质量的危机[J]. 高等教育研究,2010(1):57-63.
[③] 龚怡祖. 学科的内在建构路径与知识运行机制[J]. 教育研究,2013(9):12-24.

在现代社会,博士生的培养基本上是以学科或跨学科为载体进行制度化培养。因此,有必要对代表性的学科文化进行系统的梳理,为博士生教育改革奠定坚实的理论基础。

1973年,美国学者比格兰从三个维度将学科领域划分为八个学科群落,这三个维度具体包括:学科的硬(hard)/软(soft)维度;学科的纯(pure)/应用(applied)维度;学科的生命系统(life system)(生物学)/非生命系统(nonlife system)(历史学)。此后,英国学者比彻和特罗勒尔(P. R. Trowler)发展了比格兰的分类,提出了四个领域的知识分类框架:纯硬学科、纯软学科、应用硬学科和应用软学科[1]。比彻将学科视为一种文化现象,认为学科文化体现于心智相似的人组成的学术共同体当中,每个学科均具有行为方式、价值体系和独特的智识任务。

比彻学科文化理论的独特贡献在于,从学术共同体的认知和社会维度分析了学者与学科之间的关系,认为学术部落内部共享着相同的信念、文化和资源,不同学科的知识特性是形成不同学术部落与领地的根源[2]。

比彻指出,硬学科和软学科的区分对应的是严密知识领域和非严密知识领域的区分。严密知识的范围一般较为清晰,研究的问题比较确定和狭窄,一般由因果关系命题、普遍的结论和法则组成结构完善的理论。与严密知识不同,非严密知识范围较为宽泛,界限模糊,问题的定义不是特别严格,注重定性和特殊性的分析,等等。

比彻根据知识生产本身的特性进行的学科知识类型划分及描述,对不同学科博士生培养具有重要的启发意义。博士生培养以学科为载体,不同学科文化特色要求博士生的培养及质量考核应多样化,不宜"一刀切"。此外,博士生培养的周期、节奏、把控力度、对课题依赖程度等也应差别化对待,而这取决于不同学科的知识特点和知识生产方式的差异。

---

[1] 比彻,特罗勒尔. 学术部落及其领地:知识探索与学科文化[M]. 唐跃勤,蒲茂华,陈洪捷,译. 北京:北京大学出版社,2015:1-9.

[2] 王东芳. 学科文化视角下的博士生培养[M]. 北京:中国社会科学出版社,2017:24.

第三章 博士生教育发展现状及质量状况

本章首先从发展规模、学科结构、学位类型、培养过程中的关键改革举措等方面对我国博士生培养的总体状况进行分析,然后基于全国层面博士毕业生调查数据,从入口、培养过程和出口对博士生教育质量状况进行总体评价,为后续研究内容奠定基础。

3.1 我国博士生培养总体现状

七十多年来,我国累计培养了 1000 多万名博士、硕士,2020 年在学研究生达到 300 万人,已成为世界研究生教育大国。经过七十多年的奋斗,我国构建起了完备的研究生教育体系,基本实现了高层次人才的自主培养,有力支撑了科技创新和国家战略发展。特别是党的十八大以来,以习近平同志为核心的党中央坚持把教育放在优先发展的战略地位,推动教育事业快速发展,研究生教育也有了迅猛的发展。

2019 年以来,为进一步满足高层次人才的需要,我国采取了进一步扩大博士培养规模的发展战略,2021 年博士招生 13 万;同时,改变了专业学位博士研究生培养长期规模过小的局面,2020 年 9 月发布了《专业学位研究生教育发展方案(2020—2025)》,对专业学位博士研究生培养空前重视,2021 年安排 1.78 万专业学位博士招生计划,是 2015 年(1489 人)的 12 倍。

下面从九个方面对我国博士生培养的总体状况进行梳理。

第一,博士生培养规模持续扩大,以服务国家科技需求的理工医科为主体。在知识经济时代,人才是国家竞争力的核心。为了在全球竞争中取得领先地位,世界各国纷纷加大了人才培养力度,特别是加强了对博士人才的培养。如图3-1所示,二十多年来,我国对于高层次创新型人才的需求不断增强,博士招生总规模快速扩张,从1997年的12917人增长为2020年116047人,招生规模增幅达到798.4%。除军事学外,其他十二个学科门类的博士生招生规模整体都呈持续上升态势。从每年的招生人数占比来看,工学、理学和医学博士生的比例最高,基本稳定在68.3%—78.9%之间。其中,工学博士生招生数在短短5年间从2016年的29643人增长为2020年的47898人,增幅达到61.6%,反映了国家近年来对国际科技竞争与应用型科技创新人才培养的高度重视。需注意的是,结合已有研究可知,我国理工科博士学位授予数虽然在2007年之后超过美国,但主要是因为工学博士学位的授予数超过美国,而理学博士学位的授予数从2000年至2014年一直明显低于美国[①]。

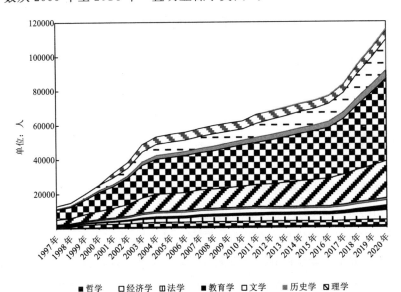

图3-1 1997—2020年我国博士生招生规模变化情况

---

① 张炜.美国国家科学基金会关于博士学位的定义与数据:解读、比较及预测[J].高等工程教育研究,2022(2):179−185.

第二,专业学位博士生规模渐进式扩张,高度重视高层次专业型人才培养。研究生教育发展不仅意味着数量和规模的发展,更重要的是研究生教育整体模式发生了重要的变化,研究生教育出现了从学术导向型向兼顾学术与社会需求的混合型模式的转型。在过去十年中,专业学位研究生教育迅速崛起,以促进经济社会发展为目标,为各行各业培养了大量的高级专业人才,成为我国社会经济发展的重要支柱。

截至2019年,我国累计授予博士专业学位4.8万人,共有博士专业学位授权点278个。从图3-2来看,2009年专业学位博士招生数为851人,仅占当年博士招生总人数的1.4%,而2020年的招生数达到13719人,占比11.8%。2021年,对博士专业学位授权单位安排了1.78万人的招生计划,占比提升为14.3%。我国专业学位博士的招生人数近年来呈渐进式增长趋势,以服务产业的迫切发展需求。不过需注意的是,已有研究发现,美国2005—2015年间博士学位授予数中,专业学位授予数甚至超过了学术学位[①]。因此,从现状来看,无论是与国内学术学位博士还是与美国专业学位博士的培养规模相比,我国专业学位博士培养规模仍有巨大的发展潜力和增长空间。

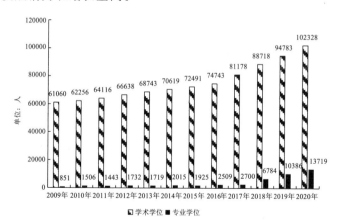

图 3-2　2009—2020 年我国博士生招生类型变化情况

---

① 王传毅,杨佳乐,李伊明.美国在学博士规模究竟有多大:测算模型及其应用[J].研究生教育研究,2019(1):87-91.

专业学位研究生教育的发展,不仅体现在类别的增加方面,也体现在数量上的发展。2011年我国硕士专业学位授予规模为19.8万人,博士专业学位授予规模为3327人,硕士和博士专业学位授予规模占当年总体硕士授予和博士授予规模的比例分别为35.04%和5.91%。而到2020年,我国硕士专业学位年授予规模达到41.74万人,博士专业学位年授予规模达到5595人,硕士和博士专业学位授予规模占当年总体硕士授予和博士授予规模的比例分别提升为57.20%和7.74%。2020年我国硕士专业学位年授予规模是2011年的2.11倍,博士专业学位年授予规模是2011年的1.68倍。十八大之前,我国硕士专业学位和博士专业学位的总体授予规模分别为77.1万人和1.16万人。十八大之后,2012—2020年,我国硕士专业学位和博士专业学位总体授予规模分别为285.89万人和4.18万人,十八大之后专业硕士和专业博士的授予规模分别是十八大之前的3.71倍和3.60倍,与十八大之前相比得到了非常迅猛的发展。

专业学位研究生教育规模扩大,是以高校研究生培养类别结构优化和培养能力增强为基础的。在十八大之前,2011年全国博士专业学位授权点为83个,而到2020年,全国博士专业学位授权点增长为270个,是2011年的3.25倍。专业学位研究生教育的发展,同时为我国研究生教育的区域均衡发展做出了贡献,各省的博士专业学位点都有了明显的增加。2011—2020年,博士专业学位点共增长了187个,北京从12个增加到38个,上海从8个增加到24个,增幅较大的省有辽宁(3增至13)、江苏(8增至21)、浙江(4增至14)、陕西(4增至15)等,山西、贵州、云南、宁夏等省(区)实现了专业学位博士点从无到有的历史性跨越。

随着专业学位研究教育迅速崛起,我国研究生教育的整体格局发生了重大变化,从学术人才培养为主转向兼顾学术人才和专业人才的培养模式,这是我国研究生教育发展过程中的一次重要转型。这次转型意味着,研究生教育除了满足高等学校和科学研究的需要之外,更加贴近经济社会发展,贴近工业、服务业等各个行业和不同领域对高层次人才的需求。而且随着研究生教育的转型,高等教育随之加强了与社会经济主战场的联系,高校与社会的关系得到进一步加强。同时,专业学位研究生教育迅猛发展,也带动了全国研究生教育均衡发展,为缩小区域间高等教育差距做出了重要贡献。

第三,不断深化博士生招生制度改革,注重选拔优秀博士生源。为完善招生选拔办法,提高博士生源质量,2013年教育部等部委联合发布《关于深化研究生教育改革的意见》,明确提出建立博士研究生选拔"申请—审核"机制。"申请—审核"制是国际通行的博士招生选拔方式,即院系对递交入学申请博士学位的学生进行筛选,合格者接受能力测试。"申请—审核"制强调发挥专家组审核作用,坚持能力、素质与知识考核并重,着力加强对专业素养、学业水平、科研能力、创新潜质和综合素质的综合评价和全面考查。2020年,教育部、国家发展改革委和财政部联合发布《关于加快新时代研究生教育改革发展的意见》,其中强调扩大直博生招生比例,研究探索在高精尖缺领域招收优秀本科毕业生直接攻读博士学位的办法。

第四,大力加强博士生导师队伍建设,规范导师行为,提升指导质量。导师是保障博士生培养质量的关键。近年来,教育部相继发布了《关于全面落实研究生导师立德树人职责的意见》《关于进一步规范和加强研究生培养管理的通知》《关于加强博士生导师岗位管理的若干意见》和《研究生导师指导行为准则》等一系列与博士生导师队伍建设相关的政策文件,反映出我国对博士生教育中存在的师德师风不良、导学关系冲突、导师指导质量不足等问题的高度关注。

第五,加强博士生课程建设,大力保障博士生课程教学质量。课程学习是我国学位和研究生教育制度的重要特征,是保障研究生培养质量的必备环节,但博士生课程质量长期以来都是我国博士生教育中的薄弱环节。2014年,教育部发布了《关于改进和加强研究生课程建设的意见》,强调从课程体系、课程审查、选课管理、教师教学、课程考核等方面改进。2020年,国务院学位委员会办公室发布《学术学位研究生核心课程指南

(试行)》和《专业学位研究生核心课程指南(试行)》,涉及研究生核心课程1500多门,为研究生课程设置和人才培养提供精细化服务和指导。

第六,严抓培养全过程监控与质量保证,加强学位论文和学位授予管理。由于有相当大比例的博士生不能在规定年限内完成学业而延期毕业,近年来不少高校将博士生的基本学习年限由3年调整为4年,为博士生提供相对充裕的科研学习时间,保障培养质量。国务院学位委员会、教育部于2014年发布《关于加强学位与研究生教育质量保证和监督体系建设的意见》《博士硕士学位论文抽检办法》,2020年又发布《关于进一步严格规范学位与研究生教育质量管理的若干意见》,致力于加强中期考核制度、分流退出机制、学位论文质量保障体系、学术不端处置机制等方面的建设。此外,在学位授予标准方面,有一部分高校响应"破五唯"政策,降低或取消了对博士生论文发表的硬性要求。

第七,建立学位授权评估体系,强化对博士生教育质量的外部监督。学位授权点合格评估是我国学位授权审核制度和研究生培养管理制度的重要组成部分。为保证学位与研究生教育质量,做好学位授权点合格评估工作,国务院学位委员会、教育部于2014年制定了《学位授权点合格评估办法》,2020年又对其进行了修订完善,对博士学位授权点的评估提出了详细的程序和严格的要求。

第八,将交叉学科设为新学科门类,大力推动跨学科博士生培养。在知识生产模式转型背景下,跨学科博士生的培养对于推动科学创新、满足经济社会需求、应对"卡脖子"问题具有深远意义。2020年,国务院学位委员会、教育部正式设置第十四个学科门类——"交叉学科",同时,国家自然科学基金委员会正式设立交叉科学部,标志着学科交叉融合与交叉学科建设在人才培养、科学研究等维度上升为国家战略。2021年,国务院学位委员会下发《博士、硕士学位授予和人才培养学科专业目录(征求意见稿)》,在新增的交叉学科门类中设有6个一级学科,除了2020年已设置的集成电路科学与工程、国家安全学之外,还包括设计学、遥感科学与技术、智能科学与技术、区域国别学。在"投入"端,国家层面已对跨学科博士生培养提供了有力的制度和资源支持,但在"过程"与"结果"端,对于跨学科培养的具体模式(组织结构、导师指导、科研训练、课程教学)及其短期与长期培养成效仍在探索之中。

第九,不断提高博士生助学金资助标准,进一步满足博士生学习和生活需求。为支持博士生培养工作,调动青年高端人才积极性,财政部、教育部于2017年发布《关于进一步提高博士生国家助学金资助标准的通知》,提出从2017年春季学期起,全面提高全日制博士生国家助学金资助标准:中央高校博士生从每生每年12000元提高到15000元,地方高校博士生从每生每年不低于10000元提高到不低于13000元。2020年,教育部、国家发展改革委、财政部联合发布的《关于加快新时代研究生教育改革发展的意见》中也强调要改革完善资助体系,激发研究生学习积极性。尽管如此,资助水平仍是我国博士生教育中的薄弱环节。

3.2 调查概况

开展质量调查的目标是通过面向即将毕业离校的研究生开展质量反馈与跟踪调查,使培养单位全面、及时地了解本单位研究生培养质量的基本状况,为培养单位创新研究生培养模式、完善研究生质量保障体系、提高研究生培养质量提供参考依据。这种以研究生为对象、以学术视角为中心的调查与研究具有新颖性。

此次调查是面向即将毕业的研究生的大规模调查,调查内容涵盖研究生的求学动机、课程学习、导师指导、课题参与、实习经历、国际化经验、经济资助状况、毕业去向等方面,可以比较全面地反映我国研究生的在读情况及质量评价。

本次调查的对象为2017届毕业研究生群体。在调查样本选取上,本轮调查在2015年下半年开展的预调查和2016年开展的第一轮正式调查的基础上进行扩大规模抽样调查,设定以院校(培养单位)为单位进行整群抽样。抽样院校设定在100所左右,需要在院校类型、院校所在地区、院校专业特色及院校研究生培养规模上均有典型性和代表性,对抽取出的院校以全覆盖调查的方式进行问卷调研。

具体的抽样原则为:(1)覆盖一流大学建设高校、一流学科建设高校、中国科学院大学(简称"国科大")和中国社会科学院大学(简称"中国社科大")、其他院校四个层次;(2)覆盖教育部高校、其他部委高校、地方院校三种类型;(3)覆盖东、中、西三大地区;(4)兼顾综合性大学、有行业特色大学;(5)兼顾研究生培养的不同规模。按照上述抽样原则,本次调查确定出100所院校作为样本院校,共计回收博士生有效问卷8207份。

本次调查关注博士生培养质量的院校差异和学科差异,从不同维度对博士生的就读体验状况进行了全面、系统的分析,旨在为我国博士生教育体制机制改革提供数据支撑和判断依据。下面将从入口、培养过程和出口三方面呈现目前博士生教育质量的总体情况及不同维度上的差异。

3.3 入口方面

3.3.1 博士生的就读动机

从总体上看,"提升自我能力""对学术研究有兴趣"和"为找到更理想的工作"是博士生选择读博的三大原因。调查结果显示(见图3-3),九成以上的博士生选择读博的主要动机是"提升自我能力",八成以上的博士生选择读博的主要动机是"对学术研究有兴趣",另外,也有73.6%的博士生指出"为找到更理想的工作"比较符合或非常符合他们的求学动机。

从本次调查结果可以看出,选择读博是博士生群体谨慎考虑后的选择,认为"随大流"属于求学动机的只占9.9%。另外推迟就业也不是博士生当初选择读博的主要动机,非常符合和比较符合的比例只占11.2%。

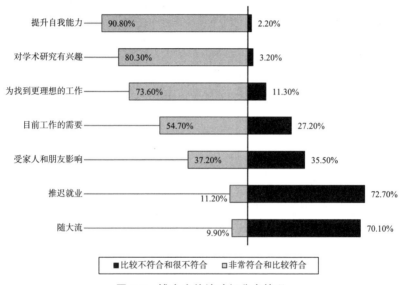

图 3-3 博士生就读动机分布情况

从就读动机的院校类型①差异来看(见图3-4),认为对学术研究有兴趣"非常符合"其求学动机的,不同类型院校之间存在明显差异。具体来说,国科大和中国社科大,以及一流学科建设高校的博士生,认为对学术研究有兴趣"非常符合"其求学动机的比例明显高于一流大学建设高校。

---

① 根据研究需要,课题组将博士生的培养单位划分为五大类,分别为一流大学建设A类高校、一流大学建设B类高校、一流学科建设高校、中国科学院大学(简称"国科大")和中国社会科学院大学(简称"中国社科大")以及其他高校。

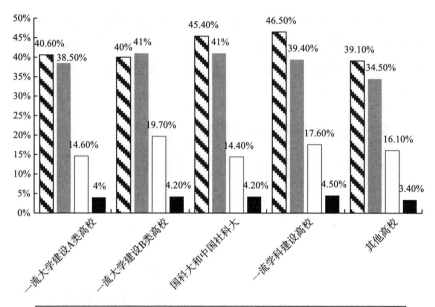

图 3-4　博士生就读动机的院校差异

从就读动机的学科差异情况来看(见图 3-5),"对学术研究有兴趣"是各学科博士生选择读博的重要原因,其中人文学科博士生认为"对学术研究有兴趣"符合(包括比较符合和非常符合)其求学动机的比例超过90%,社科和理科的比例也超过了八成。认为"对学术研究有兴趣"符合其求学动机比例最低的是医学博士生,为72.1%。

"为找到更理想的工作"也是各学科博士生选择读博的重要原因,其中医科博士生认为"为找到更理想的工作"符合其求学动机的比例最高,达到82.4%。值得注意的是,专业博士的相应比例相对较低,为69.8%。

在认为"推迟就业"符合其求学动机的博士生中,农学和理学的比例最高,分别为15.4%和14.1%。

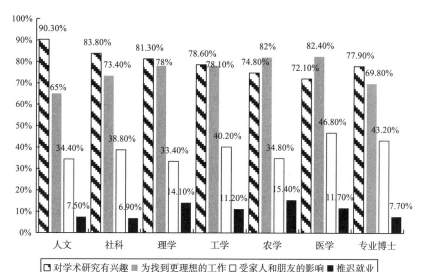

图 3-5 博士生就读动机的学科差异

3.3.2 博士生的职业期望

调查结果显示(见图 3-6),在岗位类型的期望上,绝大部分博士生希望选择学术岗位和科研院所工作,比例达到 78.7%。另外,博士生更加偏好科研的学术岗位而非侧重教学的学术岗位。希望到企业做研发工作的博士生比例较低,仅占 7.4%。

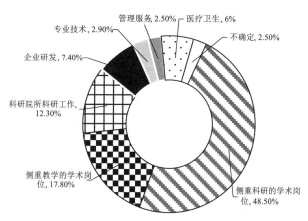

图 3-6 博士生岗位类型期望的分布情况

从就业部门的选择来看(见图3-7)，期望到高校工作的博士生比例最高，占59.4%，其次为科研机构，占19.1%。期望到企业工作的博士生只占9%，表明企业工作对博士生仍然缺乏足够的吸引力。

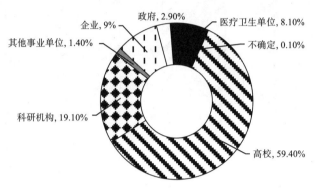

图3-7 博士生就业部门期望的分布情况

从职业期望的学科差异来看(见图3-8)，人文学科博士生当中，希望从事侧重科研或侧重教学学术岗位工作的比例最高。一成左右的社会科学领域博士生希望从事管理服务工作，这一比例远远超过其他领域的博士生。理工农科博士生则更期望进入科研院所从事科研工作，且工科博士生期望从事企业研发和专业技术工作的比例也相对较高。另外，六成医科博士生期望进入医疗卫生单位工作，比例明显高于其他学科。

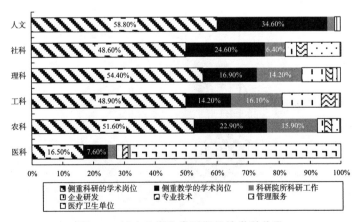

图3-8 博士生岗位类型期望的学科差异

调查结果显示(见图 3-9),期望到高校工作的博士生中,人文类选择比例最高(89%),其次依次为农学类(79.4%)、社科类(69.1%)、理学类(61.3%)。在学术型博士生当中,医学类博士生希望到高校就业的比例最低,为 22.1%。博士生期望到企业工作的比例也存在显著的学科差异,比例最高的是工科博士生,为 14.40%,比例最低的是人文学科的博士生,仅占 0.9%。总体而言,企业就业对于博士生缺乏吸引力。

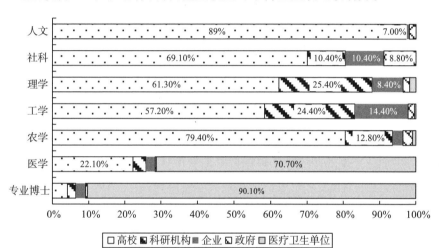

图 3-9　博士生就业部门期望的学科差异

3.4　培养过程

3.4.1　课程教学

调查结果显示,总体而言,博士生对课程的满意度偏低。具体来看(见图 3-10),认为专业课程中高质量课程所占的比例、专业课程对拓展学术视野的帮助程度、专业课程对学术研究的帮助程度、授课教师对专业课程的重视程度"非常高"和"比较高"的比例之和均不足 80%。

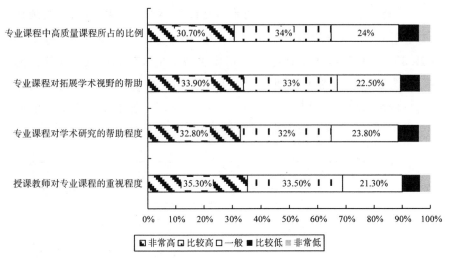

图 3-10 博士生对课程的满意度评价情况

下面对课程教学满意度情况的影响因素进行分析。从表 3-1 的回归结果来看,对培养单位科研水平满意度更高的博士生,对课程的满意度也更高。这从一方面证实了科研和教学的正相关性。

表 3-1 课程满意度影响因素的回归分析结果

影响因素		系数	标准误差	t 值	显著性
人口统计学特征	男性	−0.315***	0.087	−3.64	0.000
学科类型（参照人文）	农科	−1.568***	0.248	−6.33	0.000
	社科	−0.425**	0.198	−2.14	0.032
	理科	−1.480***	0.182	−8.12	0.000
	工科	−1.244***	0.184	−6.76	0.000
	专业博士	0.462	0.346	1.34	0.181
	医科	−0.803***	0.239	−3.36	0.001

续表

影响因素		系数	标准误差	t 值	显著性
学校类型(参照一流大学建设A类高校)	一流大学建设B类高校	0.173	0.208	0.83	0.406
	国科大和中国社科大	0.308***	0.099	3.13	0.002
	一流学科建设高校和其他高校	0.756***	0.132	5.74	0.000
录取方式	普通招考	−0.036	0.088	−0.41	0.681
科研水平满意度		2.377***	0.045	53.09	0.000

注：*、** 和 *** 分别代表显著性水平为 $p<0.1$、$p<0.05$、$p<0.01$。

从学校类型来看，研究发现，在控制性别、学科类型、录取方式和科研水平满意度之后，学校等级越低，对课程的满意度反而越高。具体来说，一流学科建设高校和其他高校博士生对课程的满意度高于一流大学建设高校。

从学科类型来看，与人文学科的博士生相比，农科、理科、工科、社科以及医科的博士生对于课程的满意度都显著更低。

从录取方式来看，普通招考博士生的课程满意度要高于硕转博和直博生，但在控制学科类型、性别、学校类型、对学校科研水平的满意度之后，这一差异变得不显著。

3.4.2 学术交流

从博士生在读期间的学术交流情况来看，调查结果显示，目前绝大部分博士生在读期间均参与了数量不等的学术会议，未参加过学术会议的博士生只占8.1%。

从博士生参加境外学术交流机会情况来看，调查结果显示，总体而言，70.6%的博士生没有参加过境外学术会议。另外，有19.3%的博士生参加过一次境外学术会议,参加过一次以上境外会议的博士生非常少。

在以上描述分析的基础上,下面运用回归分析的方法,对博士生是否参加境外学术会议的影响因素进行分析。表3-2的回归结果表明,在控制年龄、学科、院校类型、就读方式等因素的前提下,男性博士生参加境外会议的概率是女博士生的1.116倍。

表 3-2 博士生是否参加境外学术会议的二元 logistic 回归分析结果

		系数	标准误差	显著性	优势比
人口统计学特征	男性	0.110*	0.063	0.078	1.116
	年龄	−0.036***	0.009	0.000	0.965
学科类型(参照医学)	人文	0.061	0.241	0.801	1.063
	社科	−0.193	0.232	0.405	0.824
	理科	0.146	0.220	0.507	1.157
	工科	0.534**	0.221	0.016	1.705
	农科	−0.197	0.255	0.440	0.821
一流大学建设A类高校		0.422***	0.069	0.000	1.525
学术参与	博士期间有境外学习经历	2.054***	0.102	0.000	7.800
就读方式	脱产博士生	−0.135	0.352	0.702	0.874
交互项	一流大学建设A类高校 * 博士期间有境外学习经历	0.269**	0.136	0.047	1.309
Log likelihood		7161.451			
伪 R^2		0.144			

注:*、** 和 *** 分别代表显著性水平为 $p<0.1$、$p<0.05$、$p<0.01$。

在控制其他因素的前提下,一流大学建设A类高校博士生参加境外学术会议的概率是其他类型高校的1.525倍。另外,博士生在读期间是否有境外学习经历对于他们是否参加境外学术会议有重要的影响,有境外学习经历的博士生,参加境外学术会议的概率是其他博士生的7.8倍。

3.4.3 课题参与

从博士生在读期间的课题参与情况来看,调查结果显示,目前绝大部分(95%)博士生在读期间均参与了数量不等的课题研究工作,只有5%的博士生在读期间没有参与过任何课题研究。在参与课题数量方面,大部分博士生参与课题数量集中在1—3项之间,参与课题数量超过4项的比例约为27.3%,其中13%的博士生参与了超过5项课题。

从课题参与的院校差异情况来看,不同类型高校博士生在课题参与数量方面存在一定差异,具体表现为,一流大学建设B类高校、国科大和中国社科大博士生在读期间没有参与过任何课题的比例比其他三类高校的博士生低3—4个百分点(见图3-11)。

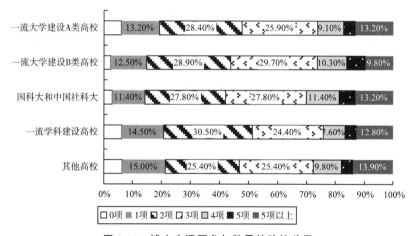

图3-11 博士生课题参与数量的院校差异

从课题参与的学科差异情况来看,不同学科在博士生课题参与数量方面存在差异。具体表现为,人文和社科类博士生在读期间没有参与过任何课题研究的比例明显高于理工农医类学科,尤其是人文学科的博士生,在读期间课题参与数为0的比例高达29.7%(见图3-12)。

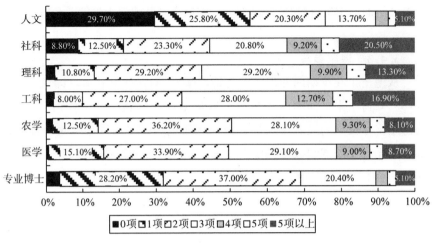

图 3-12 博士生课题参与数量的学科差异

3.4.4 导师指导

从博士生在读期间的导师指导情况来看,总体而言,博士生对导师的学术水平及学术影响力评价比较高(见图 3-13)。65.1%的博士生对"导师在本学科领域有精深的造诣"这一表述表示"非常同意"。另外,也有 32.3%的博士生对"导师是一个国际知名的学者"这一表述表示"非常同意"。

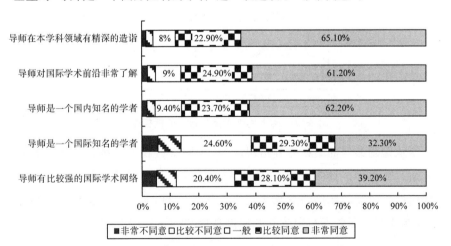

图 3-13 博士生对导师学术水平及影响力的评价状况

从导师对博士生的指导频率情况来看,总体而言,博士生和导师之间见面频率比较频繁,超过七成的博士生与导师每周交流一次或以上,一学期一次的比例比较小,仅占 3.2%(见图 3-14)。

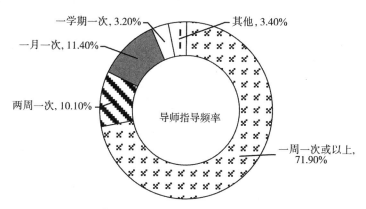

图 3-14 导师指导频率分布情况

当然,导师和博士生的见面频率存在学科差异。相对而言,人文学科博士生和导师见面的频率要明显低于理工农医学科(见图 3-15)。

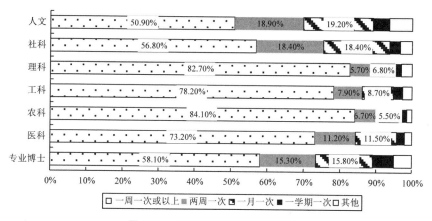

图 3-15 导师指导频率的学科差异

图 3-16 中从十个方面测量了博士生对导师指导的满意度。由图 3-16 可知,整体上博士生对导师指导非常满意。相对而言,博士生对导师在职业规划方面提供指导的满意度要略低一些。

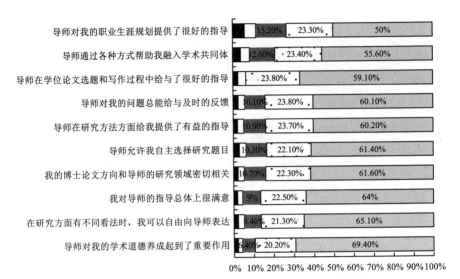

图 3-16 导师指导满意度分布情况

问卷中一共用了10道题目测量博士生对学术指导的满意度,将10个题目的得分加总,得到导师指导满意度的总分,将其作为因变量进行OLS回归分析。自变量包括博士生的人口学特征、导师特征以及博士生的科研社会化过程。

表 3-3 导师指导满意度的OLS回归分析结果

影响因素		系数	标准误差	t 值	显著性
人口统计学特征	男性	−0.505**	0.204	−2.48	0.013
学科类型（参照人文）	农科	−3.747***	0.578	−6.48	0.000
	社科	−0.548	0.479	−1.14	0.253
	理科	−3.913***	0.430	−9.09	0.000
	工科	−3.225***	0.437	−7.37	0.000
	专业博士	−0.335	0.668	−0.5	0.616
	医科	−1.940***	0.569	−3.41	0.001

续表

影响因素		系数	标准误差	t 值	显著性
导师特征	女性	−0.470	0.285	−1.64	0.101
	教授或研究员	2.188***	0.627	3.49	0.000
	学位（参照国内学位）	0.672**	0.231	2.91	0.004
	导师指导频率	0.0237***	0.002	13.85	0.00
科研社会化过程	在读期间国内、国际论文发表总数	0.2034***	0.048	4.23	0.000
	有出国交流经历	0.993***	0.245	4.05	0.000

注：*、** 和 *** 分别代表显著性水平为 $p<0.1$、$p<0.05$、$p<0.01$。

表3-3的回归结果显示，从导师指导满意度的影响因素来看，学科差异显著。除了社科和专业博士之外，其他学科博士生对导师指导的满意度均显著低于人文学科博士生。从导师职称来看，导师为教授或研究员的博士生，其满意度要高于导师为副教授或讲师的博士生。此外，导师在境外获得博士学位的博士生，其满意度更高。博士生的科研社会化过程对其学术指导的满意度有显著影响，具体来说，有出国学习经历的博士生，其满意度更高。在读期间学术论文发表数量更多的博士生，其满意度更高。另外，导师指导频率对博士生的学术指导满意度也有正向影响。

3.4.5 经济资助

（一）首要经济来源是个人负担还是公共负担

研究生教育兼具私人产品与公共产品的性质。在博士生教育阶段，博士生不仅是学习者，也是知识生产的重要贡献者。根据这一视角，可以将博士生的学习和生活来源分为私人负担和公共负担两种类型。总体来看，在8207名博士生中，首要经济来源为公共负担的人数达到6123人，占74.6%，首要经济来源为私人负担的有2084人，占25.4%。

表 3-4 博士生首要经济来源是否为公共负担的二元 logistic 回归分析结果

影响因素		系数	标准误差	显著性	优势比
人口统计学特征	男性	−0.123	0.076	0.104	0.884
学科类型 (参照专业博士)	人文	0.069	0.230	0.763	1.072
	社科	−0.129	0.218	0.554	0.879
	理科	1.940***	0.222	0.000	6.958
	工科	1.160***	0.217	0.000	3.191
	农科	1.657***	0.272	0.000	5.243
	医科	0.296	0.235	0.208	1.345
学校类型 (参照其他)	一流大学建设 A类高校	2.038***	0.205	0.000	7.678
	一流大学建设 B类高校	2.023***	0.272	0.000	7.560
	国科大和 中国社科大	2.178***	0.217	0.000	8.826
	一流学科建设高校	0.655***	0.216	0.002	1.926
学术表现与 学术参与	在读期间论文 发表总数	0.032*	0.019	0.083	1.033
参加课题总数		0.108***	0.023	0.000	1.114
Log likelihood		4910.108			
伪 R^2		0.150			

注:*、** 和 *** 分别代表显著性水平为 $p<0.1$、$p<0.05$、$p<0.01$。

下面对脱产博士生首要经济来源是否为公共负担的影响因素进行分析。表 3-4 的回归结果显示,从影响博士生的首要经济来源是否为公共负担的影响因素来看,在控制了学科类型、学校类型、学术表现和学术参与的前提下,女性博士生的首要经济来源为公共负担的概率要高于男性博士生,但是这一差异在统计上不显著。

院校类型也存在显著差异,在控制其他因素的情况下,一流大学建设高校、国科大和中国社科大、一流学科建设高校的博士生,其首要经济来源为公共负担的概率均显著高于其他高校的博士生,其中一流大学建设A类高校博士生的首要经济来源为公共负担的概率是其他高校博士生的7.678倍。

(二)奖助学金是否满足需要

调查结果显示,有29.2%的调查者认为奖助学金"能够满足"其日常学习和生活的需要,选择"不能满足"的比例为21.5%。另外,奖助学金能否满足学习和生活需要和博士生是否脱产就读有密切关系。具体来说,在职博士生认为奖助学金不能满足学习生活需要的比例达到45.4%,比脱产博士生大约高27个百分点。

表3-5 奖助学金是否满足需要的二元logistic回归分析结果

影响因素		系数	标准误差	显著性	优势比
人口统计学特征	女性	0.151**	0.070	0.032	1.163
学科类型 (参照专业博士)	人文	−0.226	0.240	0.347	0.798
	社科	−0.312	0.231	0.176	0.732
	理科	0.766***	0.227	0.001	2.152
	工科	0.565**	0.228	0.013	1.760
	农科	0.482*	0.261	0.064	1.619
	医科	−0.317	0.244	0.195	0.729
学校类型 (参照其他)	一流大学建设 A类高校	1.103***	0.192	0.000	3.012
	一流大学建设 B类高校	0.917***	0.243	0.000	2.503
	国科大和 中国社科大	1.533***	0.205	0.000	4.632
	一流学科建设高校	0.291	0.204	0.153	1.338

续表

影响因素		系数	标准误差	显著性	优势比
学术表现与学术参与	在读期间论文发表总数	0.006	0.017	0.733	1.006
	课题参与总数	0.029	0.021	0.173	1.029
就读方式	脱产	0.781***	0.299	0.009	2.184
Log likelihood		\multicolumn{4}{c}{5828.665}			
伪 R^2		\multicolumn{4}{c}{0.077}			

注：*、** 和 *** 分别代表显著性水平为 $p<0.1$、$p<0.05$、$p<0.01$。

在以上描述分析的基础上，继续运用回归分析方法，对博士生奖助学金是否满足需要的影响因素进行分析。表 3-5 的回归结果显示，从人口学特征来看，性别差异方面，与男性相比，女性博士生更偏向于认为自己的奖助学金能够满足需要。另外，学科差异方面，与专业博士相比，理科、工科和农科博士生更加认为奖助学金能够满足需要，但人文、社科博士生与专业博士相比并无显著差异。从院校类型来看，与其他高校相比，一流大学建设高校、国科大和中国社科大的博士生认为奖助学金能够满足需要的比例显著更高。从就读方式来看，脱产博士生认为奖助学金能够满足需要的比例是在职博士生的 2.184 倍。

3.5 出口方面

3.5.1 就业去向

调查结果显示，高校和科研机构是吸纳博士生就业的主体单位，此外，也有一定比例的博士生进入中小学校等单位就业，博士生就业单位性质分布呈现多元化特征。具体来说，在就业去向明确而且直接就业（不含博士后)的博士生中,接近一半去了高等院校,另有14.8%进入科研院所,进入各类企业的比例也接近20%(见图3-17)。

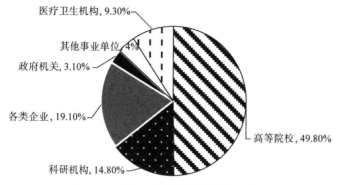

图3-17 博士生就业单位性质分布情况

从就业单位性质的院校差异情况来看(见图3-18),国科大和中国社科大的博士毕业生进入科研机构工作的比例达到32.10%,明显高于其他类型的高校。除了国科大和中国社科大,一流大学建设A类高校直接进入高等院校工作的博士生的比例低于其他类型的高校,其中一个原因是一流大学建设A类高校医科类博士生较多,进入医疗卫生机构的比例较高(14.90%)。

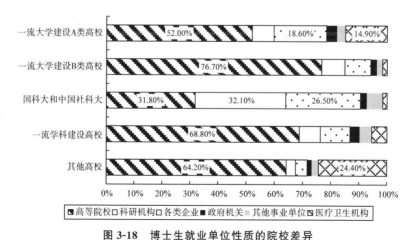

图3-18 博士生就业单位性质的院校差异

从学用匹配情况来看,总体而言,博士生的学用结合程度很高。直接就业的博士生当中,认为其工作和所学专业密切相关的比例达到57.3%,认为比较相关的比例达到36.6%,而认为基本不相关的比例仅为6.10%。

从学用匹配的就业部门差异来看,选择基本不相关的比例由高到低依次是政府机关(22.7%)、各类企业(14.1%)、其他事业单位(9.4%)、高等院校(3.5%)、科研机构(2.9%)和医疗卫生单位(2.9%)。在不同单位类型就业的博士生当中,选择密切相关的比例由高到低的三个单位类型依次是医疗卫生单位(76.6%)、科研机构(66.8%)、高等院校(61%)。具体见图 3-19 所示。

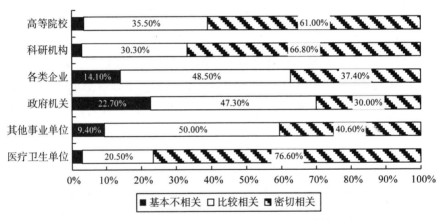

图 3-19 不同就业部门博士生学用匹配分布情况

3.5.2 就业满意度

调查结果显示,有 73.8% 的博士生对自己的就业状况表示非常满意和比较满意,有 23.30% 的博士生对自己的就业状况满意度为"一般",而对就业状况表示非常不满意和比较不满意的比例仅为 3% 左右,这表明,博士生的就业满意度总体状况良好。

下面运用回归分析的方法对博士生对就业结果是否满意的影响因素进行分析。将"比较满意"和"非常满意"视为"满意",赋值为 1,"非常不满意""比较不满意"和"一般"视为"不满意",赋值为 0。

表 3-6 的回归结果显示,模型 1 中,只放入人口学特征变量,发现性别对就业满意度没有显著影响,但年龄的影响显著,年龄越大的博士生,对就业结果感到满意的概率越低。模型 2 中,加入了学科变量,结果显示,理科博士生的就业满意度显著低于人文学科的博士生,其他学科和人文学科相比没有显著差异。模型 3 中,放入了实际就业部门的变量,结果显示,在控制了年龄、性别、学科等变量后,与在高等院校就业的博士生相比,在科研机构就业的博士生满意度更高。模型 4 中,加入了博士生期望就业部门和实际就业部门是否一致这一变量,结果显示,在控制其他因素的前提下,博士生就业期望部门和实际就业部门如果一致,可以显著提高博士生的就业满意度。

同时,模型 4 也显示,在性别、年龄、学科和期望就业部门与实际就业部门吻合度都相同的条件下,在科研部门、企业和政府就业的博士生,其就业满意度均高于在高等院校就业的博士生。一个可能的解释是,尽管大多数博士生都想到高等院校工作,但由于实际就业的高等院校类型并不符合他们的预期,因此就业满意度并不高。

表 3-6 博士生就业满意度影响因素的回归分析结果

影响因素		模型 1	模型 2	模型 3	模型 4
个人特征	男性	0.0981	0.0725	0.0619	0.0518
		(0.0681)	(0.0723)	(0.0731)	(0.0735)
	年龄	−0.0147*	−0.0293***	−0.0296***	−0.0352***
		(0.00761)	(0.00843)	(0.00853)	(0.00863)
学科（参照人文）	社科		0.223	0.206	0.208
			(0.157)	(0.158)	(0.159)
	理科		−0.283**	−0.302**	−0.256*
			(0.140)	(0.142)	(0.143)

续表

影响因素		模型1	模型2	模型3	模型4
	工科		−0.00676	−0.0187	0.0241
			(0.142)	(0.145)	(0.145)
	农科		−0.115	−0.174	−0.144
			(0.209)	(0.211)	(0.212)
	医学		0.0146	0.134	0.0822
			(0.184)	(0.246)	(0.242)
	专业博士		0.405	0.524	0.389
			(0.278)	(0.323)	(0.320)
实际就业部门（参照高等院校）	科研机构			0.235**	0.436***
				(0.106)	(0.110)
	其他事业单位			−0.165	0.280
				(0.169)	(0.179)
	企业			−0.0748	0.247**
				(0.0965)	(0.106)
	政府			0.314	0.663***
				(0.227)	(0.234)
	医疗卫生单位			−0.137	−0.00663
				(0.200)	(0.196)
期望就业部门与实际就业部门吻合					0.652***
					(0.0841)
常数项		1.432***	1.967***	1.980***	1.582***
		(0.243)	(0.314)	(0.318)	(0.324)
Log likelihood		−2743.9741	−2530.1915	−2524.7311	−2494.662
伪R^2		0.00010	0.0070	0.0091	0.0209
样本量		4777	4429	4429	4429

注：括号内为标准误；* 为 $p<0.1$，** 为 $p<0.05$，*** 为 $p<0.01$。

第四章 选拔方式与博士生培养质量

在第三章分析的基础上,本章将研究重心聚焦在博士生的招生选拔方式上,侧重探讨不同招生选拔方式对博士生培养质量的影响程度与影响方式,试图回答博士生生源选拔与培养结果之间可能存在的关联机理,从而为相关政策建议的提出提供实证依据和参考。

4.1 问题的提出

世界一流大学的一个重要特征是拥有卓越的本科和研究生教育,尤其是博士生教育,居于国民教育体系顶端的博士生教育的强弱已经成为衡量一个国家科技竞争力和国际综合竞争力的重要指标之一。没有强大的博士生教育,就没有强大的国家创新体系。中华人民共和国成立以来,在政府的强力推动和支持下,我国博士生教育实现了从小到大的快速发展,目前已跻身于世界博士生教育大国行列,基本实现了立足国内自主培养高层次人才的战略目标。

从发展历程来看,中华人民共和国的博士生教育大致经历了初成规模期(1981—1992)、平稳增长期(1993—1998)、快速增长期(1999—2011)和稳定发展期(2012年至今)四个发展阶段,学术型博士学位授予数实现了五次数量赶超:1996年超过韩国、2000年超过印度、2002年超过英国和日本、2005年超过德国、2012年超过美国[1]。目前我国是世界上规模

---

[1] 中国博士质量分析课题组. 中国博士质量报告[M]. 北京:北京大学出版社,2010:4-6.

最大的学术型博士学位授予国[①]。但与肩负的历史使命和国际高水平研究生教育相比,我国博士生教育质量仍存在一定差距。在培养规模扩张的同时,如何保持博士生教育质量的稳步提升,如何使我国由博士生教育大国转变为博士生教育强国,成为迫在眉睫的关键问题。

博士生教育质量评价通常是一种学科化、个体化的行为,往往呈现出不确定性、主观性和多样化的特征。秉持不同的质量观、从不同的视角出发,可能得出不同的质量认识。概括而言,博士生教育质量观主要包括学术成果导向的质量观、学术训练导向的质量观、职业导向的质量观和效益导向的质量观[②]。在上述四种质量观中,学术成果导向的质量观是最基本也是一直占据支配性地位的评价视角。其中,博士学位论文的质量被视为衡量博士生培养质量最重要、最准确也最全面的指标。博士生专业基础知识的广博和扎实程度、提出和解决学科领域专业问题的能力、继续从事创造性科学研究活动的后劲和潜力,均可以从博士学位论文的质量得到一定程度的体现。因此,从博士学位论文质量的视角对博士生教育的质量进行反映和测量,不仅具有重要研究价值,而且具备现实可行性。为了保障学位论文质量,我国建立了研究生学位论文抽检制度,该制度是具有中国特色的研究生教育质量外部保障措施之一,对于提升研究生培养质量具有良好促进作用。

提升博士生教育质量必须进一步深入推进体制机制调整,其中,调整的核心突破口之一便是招生与选拔机制。该机制的调整能够带动课程机制、资助机制、分流退出机制、跨学科机制、国际化培养机制等领域的综合改革,具有重要的研究价值。

我国博士生招生选拔机制改革的一个基本逻辑是进一步扩大培养单位招生选拔的自主权。回顾我国博士生招生选拔模式的发展历程可知,

[①] 中国学位与研究生教育发展年度报告课题组. 中国学位与研究生教育发展年度报告(2016)[M]. 北京:中国人民大学出版社,2017:151—152.

[②] 陈洪捷,等. 博士质量:概念、评价与趋势[M]. 北京:北京大学出版社,2010:29—32.

最早出现的是分段式(1981年),然后是提前攻博(1984年),接着出现了硕博连读(1986年)和直接攻博(1991年)[1],以及近年来实施的"申请—审核"方式(2013年)[2][3]。从培养过程贯通程度来看,提前攻博、硕博连读、本科直博是"小部分贯通→大部分贯通→完全贯通"的渐进改革过程[4]。贯通培养不仅可以提升人才培养效率[5]、增强博士生科研训练和研究的连续性[6]、促进博士生培养的国际化[7],而且可以将博士生培养过程中关键节点的"质量控制"落到实处[8]。那么,这种博士生招生选拔机制改革的实际效果究竟如何,"贯通式"与"非贯通式"博士生培养质量有何差异,这些是进一步深化招生选拔机制改革必须要弄清楚的问题。

本章试图回答的主要问题包括:第一,"贯通式"与"非贯通式"博士生的学位论文质量是否存在显著性差异;第二,不同贯通程度和采用不同选拔方式招录的博士生,其学位论文质量存在何种差异;第三,在不同层次院校和不同学科文化背景下,以博士学位论文质量衡量的贯通培养效果具有何种差异。

---

[1] 张国栋,吴松. 我国贯通式博士生培养模式的发展轨迹及思考[J]. 学位与研究生教育,2008(4):10-13.

[2] 吴东娇,包艳华,马永红. 改革开放以来我国博士研究生招生制度变迁的逻辑分析:基于历史制度主义视角[J]中国高教研究,2018(6):37-43.

[3] 李安萍,陈若愚,胡秀英. 博士研究生"申请—审核"制度探究[J]. 高教发展与评估,2018(1):74-82.

[4] 张国栋. 贯通式博士生培养模式的研究[M]. 上海:上海交通大学出版社,2016:120-123.

[5] 张莉. 本、硕、博贯通式人才培养模式的利弊分析及对策研究[J]. 学位与研究生教育,2015(6):13-16.

[6] 刘劲松,徐明生. 贯通式博士研究生培养模式困境与重构[J]. 研究生教育研究,2017(2):47-51.

[7] 张国栋. 我国贯通式博士生培养模式的研究[D]. 上海:上海交通大学,2008:71.

[8] 高耀,陈洪捷,沈文钦. 学术型博士生教育的分流与淘汰机制设计:基于贯通式培养模式的视角[J]. 高等教育研究,2017(7):61-68.

4.2 文献综述

4.2.1 博士学位论文质量影响因素的相关研究

国外学者对博士学位论文的影响因素进行了较为丰富的研究。伯克(S. Bourke)等人利用澳大利亚301篇论文样本,从作者个体特征(包括性别、前置学位、年龄、是否为国际学生、英语熟练程度)、就读经历特征(包括奖学金获得情况、攻读时间、学位类型、是否受到处分)、学科特征及院校特征等维度对博士学位论文专家评审结果的影响进行了实证研究[1]。在后续的研究中,伯克等人又进一步将导师维度(包括导师数量、指导经验、是否更换导师等)纳入分析框架,采用更大范围的样本进行实证研究[2]。研究发现,博士论文的评价结果与作者年龄、获奖学金情况、导师指导等因素有明显相关关系。也有研究专门聚焦于学科差异的视角,探讨不同学科文化背景下博士学位论文评价及质量之间的差异情况[3]。霍尔布鲁克(A. Holbrook)等人则从评审的视角探讨同行专家评阅意见之间的一致性问题,研究发现804篇论文中只有33篇(4%)存在一位或多位不一致的评阅意见,2121份评阅意见书中只有37份(小于2%)表现出显著不一致,这表明同行专家评阅意见存在高度一致性[4][5]。挪威学者谢

---

[1] BOURKE S, HATTIE J, ANDERSON L. Predicting Examiner Recommendations on Ph. D. Theses[J]. International Journal of Educational Research, 2004, 41(2): 178-194.

[2] BOURKE S. Ph. D. Thesis Quality: the Views of Examiners[J]. South African Journal of Higher Education, 2007, 21(8): 1042-1053.

[3] PRIETO E, HOLBROOK A, BOURKE S. An Analysis of Ph. D. Examiners' Reports in Engineering[J]. European Journal of Engineering Education, 2016, 41(2): 192-203.

[4] HOLBROOK A, BOURKE S, LOVAT T. Consistency and Inconsistency in PhD Thesis Examination[J]. Australian Journal of Education, 2008, 52(1): 36-48.

[5] HOLBROOK A, BOURKE S, LOVAT T. Investigating PhD Thesis Examination Reports[J]. International Journal of Educational Research, 2004, 41(2): 98-120.

维克(S. Kyvik)等人的研究发现,整体而言,自然科学的博士论文评价较高,而社会科学的博士论文评价较低,进一步的回归结果还显示,博士论文质量在传统研究型大学和应用型大学之间并不存在明显差异。然而,在"原创性""深度和广度""理论水平""方法论水平"维度,新升格大学的评价低于传统大学[1]。除量化研究方法之外,质性访谈、文本分析[2]等研究方法也被应用于分析博士学位论文质量的特征及其差异。

  国内学者对博士学位论文的影响因素主要集中在个体特征、导师指导、学术训练等不同层面。孔令夷通过构造结构解释模型发现,博士生所在院校实力、博士研究生招生政策以及博士生导师遴选政策等因素与博士学位论文质量关系最为密切[3]。李艳等人的研究发现,从个体特征而言,性别对博士学位论文质量影响并不显著,年龄越小、本科毕业于"985"高校的博士学位获得者的论文质量更高。从培养方式而言,录取类别、选拔方式、学习方式、学习年限、论文类型对论文质量的影响都比较显著,非定向、硕博连读、全脱产学习、学习年限为4年的博士生论文质量最高[4]。刘春荣等人利用某大学连续五年博士论文匿名评审数据对前置学校与博士学位论文质量之间关系的实证研究发现,前置学校层次对博士学位论文质量的影响依赖于学科性质,在理工类学科的影响存在显著差异,而在人文学科和社会学科并无显著性差异[5]。赵世奎等人利用国家抽检中不合格博士论文抽检相关数据对学术论文发表与博士论文之间关系进行的

---

[1] KYVIK S, THUNE T. Assessing the Quality of PhD Dissertations: A Survey of External Committee Members[J]. Assessment & Evaluation in Higher Education, 2015, 40(5): 768-782.

[2] JOHNSTON S. Examining the Examiners: An Analysis of Examiners' Reports on Doctoral Theses[J]. Studies in Higher Education, 1997, 22(3): 333-347.

[3] 孔令夷. 基于解释结构模型的博士学位论文质量关键影响因素分析[J]. 中国高教研究. 2012(4): 51-55.

[4] 李艳, 马陆亭, 赵世奎. 博士学位论文质量及其影响因素研究[J]. 江苏高教. 2015(2): 105-109.

[5] 刘春荣, 郭海燕, 张志斌. 前置学校与博士学位论文质量关系的实证研究:基于北京师范大学博士学位论文匿名评审结果的分析[J]. 学位与研究生教育, 2018(5): 45-49.

研究发现,在读期间学术论文发表的数量与质量与博士论文质量存在一定的正向相关关系[①]。

4.2.2 博士生选拔方式对培养质量影响的相关研究

我国博士生招生选拔方式在办学实践的基础上日益多元和丰富,那么,不同招生选拔方式下博士培养质量有何差异呢?牛梦虎采用国内52所高校的导师调查数据进行研究发现,不同学科对博士生招生方式有着不同的偏好,自然科学类学科更适合采用直接攻博和硕博连读等贯通方式进行培养[②],特别表现在高水平大学和高层次人才的导师中[③]。王昕红等人对长学制直博生从选择到退出过程进行的实证研究发现,长学制博士生入学动机多元化,学术经历差异较大,取得博士学位的意愿呈现分化趋势[④],且面临的非学术压力较大[⑤]。徐岚等人对厦门大学以学制改革为切入点的研究生培养方案改革实践的研究认为,以适当延长博士学制、提高硕博连读与直博生比例为主要特征的改革有助于适应我国研究型大学与国际接轨的需要[⑥]。刘宁宁采用全国33所研究生院高校调查数据进行的研究发现,前置学校层次对博士生创新能力的影响并不显著[⑦]。

---

① 赵世奎,宋晓欣,沈文钦.博士学位论文质量与学术论文发表有关系吗?:基于165篇问题博士学位论文的分析[J].学位与研究生教育,2018(8):41-45.
② 牛梦虎.我国博士生招考方式改革的学科路径探析:基于对研究生院高校教师的调查分析[J].高等教育研究,2015(7):46-53.
③ 闵韡.理工科博士生招生方式对培养效果的影响:基于35所研究生院理工科博士生的调查[J].研究生教育研究,2018(2):36-41.
④ 王昕红,张俊峰,何茂刚.长学制直博生从选择到退出的实证研究[J].高等教育研究,2016(6):50-58.
⑤ 王昕红,李文慧,张俊峰,等.长学制直博生的学业压力、自我效能与学业坚持[J].学位与研究生教育,2016(10):56-61.
⑥ 徐岚,陶涛,吴圣芳.以学制改革为切入点的研究生培养方案修订:厦门大学的行动研究[J].高等教育研究,2017(1):37-47.
⑦ 刘宁宁.不同高校生源博士生科研创新能力差异研究:基于1007名工科博士生的分析[J].中国高教研究,2017(11):54-59.

4.2.3 研究不足

通过系统梳理国内外代表性文献可以发现,现有相关研究存在如下不足。

第一,从研究视角来看,受制于研究数据的限制,目前对博士生不同招生选拔方式效果的比较侧重从就学动机、攻读意愿及学术训练等主观感知的维度和层面展开讨论,缺乏从反映博士生培养质量的核心指标——博士学位论文质量层面展开的实证研究成果。尽管个别研究涉及不同招生选拔方式下的培养效果的比较,但由于使用的仅是个别院校层面的小样本数据,研究结论的可靠性和普适性受到质疑。

第二,从研究内容来看,目前对博士生招生选拔方式改革的学科路径仍侧重于从外部的主观性调查入手,尚缺乏从博士生培养内部结果性评价层面展开的相关研究,不同特征学科博士生招生选拔方式改革的实践路径及其效果仍缺乏充分的经验数据结论支持。

第三,从研究方法来看,现有研究较多采用描述性统计及相关分析等方法,并未严格控制相关影响因素的影响,导致变量之间相关关系的识别不精确,进而导致研究结论的严谨性和客观性受到影响。

为了弥补上述研究不足,本章采用跨年度国家层面的博士学位论文专家评议结果权威数据,对不同招生选拔方式下博士学位论文的质量差异进行实证研究,为国家层面及院校层面博士生教育机制改革提供经验支持。

4.3 数据来源与分析策略

本章研究使用的数据来源于"全国博士学位论文质量报告(2015、2016)"研究项目。因专业学位博士生教育规模相对较少且主要集中在医学领域,生源选拔和培养模式复杂和多元,本章将研究范围严格限定在学术型博士生教育领域。

从博士生选拔方式来看,在 2015、2016 年分析样本中的占比依次为公开招考(71.01%、70.48%),本科直博(2.66%、3.55%),硕博连读(21.13%、20.77%)和提前攻博(4.55%、4.31%)。从学位论文评阅反馈结果来看,自然科学类博士学位论文总体合格率略高于人文、社科类博士学位论文总体合格率。从分项评价指标维度来看,专家评价等级得分均值由高到低依次为选题、基础知识与科研能力、论文规范性、创新性及论文价值[①]。

本章对于因变量博士学位论文质量的测量包括总体质量和分项质量两个层面。具体而言,总体质量通过是否是合格论文(1=合格论文;0=存在问题论文[②])、是否一次性通过[③](1=一次性通过;0=非一次性通过)、合格意见数、专家评价等级赋值平均分四个指标进行测量,上述四个指标均为正向指标。分项质量通过选题、创新性及论文价值、基础知识与科研能力和论文规范性四个指标进行测量。

自变量为博士生的选拔方式,即是否贯通式培养(1=贯通式,0=非贯通式)。在贯通培养方式下,根据贯通程度的不同又细分为"完全贯通"(本科直博)、"部分贯通"(硕博连读或提前攻博)两种类型,且硕博连读(在新入学硕士生中进行选拔)的贯通程度高于提前攻博(在硕士课程学习后进行选拔)。控制变量方面主要包括培养单位层次(1=一流大学;

[①] 全国博士学位论文通讯评议评价意见表分项评价依然按照学术学位人文社会科学类、学术学位自然科学类和专业学位三类分别制定,分项评价均包含选题、创新性及论文价值、基础知识及科研能力、论文规范性四个方面,分项评价按照"优秀""良好""一般"和"较差"四档进行评价。

[②]《博士硕士学位论文抽检办法》中规定,每篇博士学位论文聘请3位同行专家进行评审。3位专家中有2位以上(含2位)的专家评议意见为"不合格"的学位论文,将认定为存在问题的学位论文。3位专家中有1位专家评议意见为"不合格"的学位论文,将再送2位同行专家进行复评。复评中出现1位及以上专家评议意见为"不合格",则该篇论文被认定为存在问题的学位论文。

[③] 一次性通过指抽检论文只经过初评环节评审,非一次性通过指抽检论文经过复评环节评审。

0=非一流大学)、学科大类①(3=自然科学;2=人文学科;1=社会科学)、性别(1=男性;0=女性)、民族(1=汉族;0=少数民族)、攻读时间、博士学位论文类型(3=基础研究;2=应用研究;1=综合研究)、博士学位论文选题来源(1=有国家级项目资助;0=没有国家级项目资助)。

从变量类型来看,因变量分为分类变量和连续变量两种类型,相应地,回归模型也采用二元逻辑回归模型和OLS回归模型进行分析。

研究思路方面,首先,分别分析"贯通式"与"非贯通式"博士生学位论文的总体质量和分项质量差异;其次,分析不同程度贯通培养博士生学位论文的总体质量和分项质量差异;再次,以学位论文质量为依据,分析不同层次培养单位贯通式培养博士生的效果;最后,分析不同学科领域贯通式培养博士生的效果。

4.4 研究结果

4.4.1 贯通式与非贯通式博士学位论文质量的比较

首先来看总体质量差异。表4-1显示,在控制了院校层次、学科类别、博士生个体特征及博士学位论文特征等相关影响因素之后,与非贯通培养博士生相比,2015年和2016年贯通式博士生学位论文在合格率、一次性通过率、合格意见数及专家评价平均分四个总体质量指标上的表现均显著更好。这充分表明,贯通式博士生学位论文的质量总体上显著好于非贯通培养博士生。

---

① 自然科学包括理学、工学、农学、医学四个学科门类;人文学科包括文学、历史学、哲学、艺术学四个学科门类;社会科学包括法学、教育学、经济学、管理学四个学科门类。样本中已排除军事学学科门类。

表 4-1 贯通与非贯通博士生学位论文总体质量的比较

解释变量	是否合格论文		是否一次性通过		合格意见数		评议平均分	
	2015年	2016年	2015年	2016年	2015年	2016年	2015年	2016年
贯通式培养	0.912***	0.397*	0.495***	0.423***	0.065***	0.040***	0.538***	0.566***
	(3.726)	(1.653)	(3.256)	(2.931)	(4.416)	(3.046)	(10.269)	(12.098)
一流大学建设高校	0.389**	0.453***	0.287**	0.214**	0.049***	0.046***	0.369***	0.408***
	(2.447)	(2.752)	(2.558)	(1.996)	(3.103)	(3.438)	(7.805)	(9.539)
人文学科	0.606**	0.796***	0.449**	0.643***	0.121***	0.146***	0.717***	0.590***
	(2.049)	(2.714)	(2.127)	(3.301)	(3.307)	(4.470)	(6.920)	(6.329)
自然科学	0.691***	1.216***	0.452***	0.851***	0.124***	0.170***	0.784***	0.815***
	(4.179)	(6.866)	(3.528)	(7.127)	(4.874)	(7.497)	(12.411)	(13.856)
男性	−0.099	−0.068	0.092	0.120*	−0.001	0.001	0.056	0.077*
	(−0.657)	(−0.427)	(0.868)	(1.140)	(−0.031)	(0.052)	(1.219)	(1.805)
汉族	0.147	−0.301	0.124	−0.196	0.012	−0.018	−0.092	0.168*
	(0.456)	(−0.854)	(0.522)	(−0.856)	(0.313)	(−0.611)	(−0.811)	(1.713)
攻读时间	−0.129***	−0.147***	−0.096***	−0.068**	−0.022***	−0.019***	−0.101***	−0.103***
	(−3.041)	(−3.008)	(−2.947)	(−1.999)	(−2.960)	(−3.424)	(−6.134)	(−6.755)
应用研究	−0.042	−0.441**	−0.122	−0.440***	−0.022	−0.066***	−0.100	−0.115*
	(−0.214)	(−1.969)	(−0.807)	(−2.851)	(−0.806)	(−2.790)	(−1.402)	(−1.737)
基础研究	0.328	0.021	0.224	0.011	0.037	−0.009	0.321***	0.315***
	(1.615)	(0.088)	(1.505)	(0.072)	(1.515)	(−0.456)	(4.780)	(5.122)
有国家级项目资助	0.311*	0.572***	0.436***	0.329***	0.055***	0.054***	0.484***	0.425***
	(1.883)	(3.021)	(3.501)	(2.732)	(3.210)	(3.640)	(9.627)	(9.082)
常数项	2.413***	3.117***	1.633***	1.919***	4.733***	4.785***	11.359***	11.068***
	(5.908)	(6.906)	(5.257)	(6.441)	(81.603)	(112.089)	(74.795)	(82.192)
N	4243	4774	4243	4774	4243	4774	4243	4774
R^2					0.037	0.049	0.195	0.210
F					12.756	17.333	97.157	124.194

注：(1)括号内为 t 值，根据个体聚类的稳健标准误计算；(2)* 为 $p<0.1$，** 为 $p<0.05$，*** 为 $p<0.01$；(3)控制变量中，参照组分别为其他高校、社会科学、女性、少数民族、综合研究、无国家级项目资助，本章以下表格同。

从控制变量的情况来看,博士学位论文的总体质量在不同层次院校、不同学科、攻读时间、不同论文类型及不同选题来源上存在显著差异。具体而言,一流大学建设高校博士生学位论文的总体质量要显著高于其他高校;与社会科学相比,自然科学和人文学科博士学位论文的总体表现显著更好,不同学科领域学位论文的总体表现由高到低依次为自然科学、人文学科、社会科学;攻读时间与博士学位论文总体表现为显著负向相关;与综合研究类学位论文相比,基础研究类学位论文的总体质量相对好一些,而应用研究类论文则相对差一些;获得国家级科研项目资助的学位论文的总体质量显著好于无国家级项目资助的论文。

表 4-2 贯通与非贯通博士生学位论文分项质量的比较

解释变量	选题		创新性及论文价值		基础知识与科研能力		论文规范性	
	2015年	2016年	2015年	2016年	2015年	2016年	2015年	2016年
贯通式培养	0.116***	0.117***	0.170***	0.154***	0.141***	0.165***	0.111***	0.130***
	(7.897)	(8.933)	(10.391)	(10.469)	(8.691)	(11.083)	(7.107)	(9.252)
一流大学建设高校	0.093***	0.082***	0.082***	0.106***	0.099***	0.119***	0.095***	0.102***
	(7.145)	(6.852)	(5.697)	(8.090)	(6.701)	(8.781)	(6.703)	(7.935)
人文学科	0.138***	0.086***	0.202***	0.175***	0.213***	0.167***	0.164***	0.160***
	(4.997)	(3.398)	(7.020)	(6.655)	(6.460)	(5.696)	(5.186)	(5.728)
自然科学	0.181***	0.155***	0.194***	0.223***	0.228***	0.247***	0.181***	0.190***
	(10.389)	(9.654)	(10.371)	(12.965)	(11.517)	(13.278)	(9.680)	(10.961)
男性	0.024*	0.021*	0.022	0.026**	0.013	0.023*	−0.003	0.008
	(1.875)	(1.762)	(1.609)	(2.000)	(0.880)	(1.694)	(−0.180)	(0.593)
汉族	−0.039	0.015	−0.014	0.016	−0.019	0.061**	−0.020	0.075**
	(−1.294)	(0.574)	(−0.426)	(0.585)	(−0.548)	(1.988)	(−0.581)	(2.531)
攻读时间	−0.024***	−0.017***	−0.034***	−0.033***	−0.026***	−0.033***	−0.017***	−0.020***
	(−5.400)	(−4.163)	(−6.650)	(−7.231)	(−4.974)	(−6.706)	(−3.665)	(−4.308)
应用研究	−0.012	−0.027	−0.033	−0.036*	−0.029	−0.028	−0.026	−0.024
	(−0.619)	(−1.475)	(−1.524)	(−1.789)	(−1.279)	(−1.307)	(−1.226)	(−1.213)

续表

解释变量	选题		创新性及论文价值		基础知识与科研能力		论文规范性	
	2015年	2016年	2015年	2016年	2015年	2016年	2015年	2016年
基础研究	0.065***	0.055***	0.101***	0.099***	0.085***	0.093***	0.070***	0.068***
	(3.563)	(3.213)	(5.088)	(5.317)	(4.027)	(4.716)	(3.453)	(3.657)
有国家级项目资助	0.122***	0.129***	0.152***	0.121***	0.119***	0.106***	0.092***	0.069***
	(8.572)	(9.760)	(9.798)	(8.459)	(7.609)	(7.178)	(6.080)	(4.870)
常数项	3.060***	3.002***	2.651***	2.602***	2.818***	2.723***	2.829***	2.741***
	(74.509)	(79.424)	(59.596)	(66.417)	(60.324)	(63.882)	(62.841)	(68.405)
N	4243	4774	4243	4774	4243	4774	4243	4774
R^2	0.145	0.139	0.180	0.186	0.152	0.182	0.110	0.121
F	71.447	77.770	87.697	107.004	74.744	104.461	50.653	66.416

其次来看分项质量差异。表4-2显示,在控制了相关影响因素之后,与非贯通培养博士生相比,2015年和2016年贯通式博士生学位论文在选题、创新性及论文价值、科研能力与基础知识、论文规范性四个分项评价指标上的得分均显著更高,尤其在创新性及论文价值这一核心指标上更为突出。

从控制变量的情况来看,博士学位论文的分项质量在不同层次院校、不同学科、攻读时间、不同论文类型及不同选题来源上存在显著差异。具体而言,一流大学建设高校博士生学位论文各分项质量均显著好于其他高校;与社会科学相比,自然科学和人文学科博士学位论文在各分项维度的得分均显著更高;攻读时间与博士学位论文的各分项评价指标得分之间呈显著负相关;与综合研究类学位论文相比,基础研究类学位论文各分项评价指标得分均显著更高;有国家级科研项目资助的论文在各分项评价维度的表现显著好于无国家级项目资助的论文。

4.4.2 细分贯通类型博士学位论文质量的比较

首先来看总体质量差异。表4-3显示,在控制了相关影响因素之后,与分段式博士生相比,2015年和2016年不同贯通程度博士生的学位论文在合格率、一次性通过率、合格意见数及专家评价平均分四个总体质量指标上的表现均更好;而且整体来看,贯通程度越高,学位论文的总体质量也越好。

表4-3 细分贯通类型博士生学位论文总体质量的比较

解释变量	是否合格论文		是否一次性通过		合格意见数		评议平均分	
	2015年	2016年	2015年	2016年	2015年	2016年	2015年	2016年
提前攻博	2.159**	0.385	0.407	0.281	0.084***	0.038	0.400***	0.414***
	(2.145)	(0.742)	(1.318)	(0.954)	(3.769)	(1.544)	(3.834)	(4.164)
硕博连读	0.877***	0.404	0.463***	0.396**	0.061***	0.036***	0.508***	0.522***
	(3.124)	(1.480)	(2.747)	(2.455)	(3.823)	(2.586)	(8.792)	(10.115)
本科直博	0.197	0.350	1.007*	0.870*	0.063	0.060**	1.033***	1.030***
	(0.373)	(0.567)	(1.944)	(2.028)	(1.369)	(2.277)	(7.646)	(10.299)
控制变量	控制	控制	控制	控制	控制	控制	控制	控制
N	4243	4769	4243	4769	4243	4769	4243	4769
R^2					0.038	0.048	0.197	0.213
F					10.922	14.334	83.247	107.791

其次来看分项质量差异。表4-4显示,一方面,本科直博、硕博连读和提前攻博三种不同贯通培养博士生的学位论文在各分项评价维度的表现均显著好于非贯通培养的博士生;另一方面,不同贯通程度博士生学位论文的分项质量由高到低依次为本科直博、硕博连读、提前攻博,换言之,整体而言,贯通程度越高,博士学位论文在各分项评价维度的表现越好,且这种差异在统计意义上显著。

表4-4 不同贯通类型博士生学位论文分项质量的比较

解释变量	选题		创新性及论文价值		基础知识与科研能力		论文规范性	
	2015年	2016年	2015年	2016年	2015年	2016年	2015年	2016年
提前攻博	0.090***	0.080***	0.120***	0.093***	0.099***	0.140***	0.091***	0.100***
	(3.141)	(2.840)	(3.834)	(2.982)	(2.970)	(4.496)	(2.885)	(3.470)

续表

解释变量	选题		创新性及论文价值		基础知识与科研能力		论文规范性	
	2015年	2016年	2015年	2016年	2015年	2016年	2015年	2016年
硕博连读	0.111***	0.107***	0.165***	0.150***	0.133***	0.150***	0.100***	0.115***
	(6.818)	(7.374)	(9.121)	(9.172)	(7.428)	(9.058)	(5.760)	(7.516)
本科直博	0.206***	0.224***	0.302***	0.259***	0.289***	0.293***	0.237***	0.254***
	(5.338)	(8.186)	(6.488)	(8.037)	(7.665)	(8.999)	(6.512)	(7.806)
控制变量	控制	控制	控制	控制	控制	控制	控制	控制
N	4243	4769	4243	4769	4243	4769	4243	4769
R^2	0.147	0.141	0.183	0.188	0.155	0.184	0.113	0.124
F	60.323	67.348	73.881	91.433	65.558	89.077	44.481	57.155

4.4.3 贯通效果在不同层次高校之间的比较

首先以学位论文总体质量的比较来进行分析。表4-5显示,在控制了学科类别、博士生个体特征及学位论文特征等相关影响因素之后,无论是一流大学建设高校还是其他高校,贯通式培养博士生的学位论文在一次性通过率、合格意见数及专家评价平均分四个总体质量指标上的表现均显著好于非贯通培养博士生,且差异趋势在2015年和2016年非常一致。这表明贯通培养的优势效应在不同层次培养单位中均存在,不因单位不同而呈现异质性。

表4-5 不同层次培养单位贯通与非贯通培养博士生学位论文总体质量的比较

解释变量	是否合格论文		是否一次性通过		合格意见数		评议平均分	
	2015年	2016年	2015年	2016年	2015年	2016年	2015年	2016年
贯通式培养	0.545*	0.520	0.431*	0.358*	0.044**	0.037**	0.585***	0.555***
	(1.644)	(1.378)	(1.865)	(1.694)	(2.015)	(2.069)	(7.367)	(8.234)
控制变量	控制	控制	控制	控制	控制	控制	控制	控制
一流大学建设高校样本数	1689	1972	1689	1972	1689	1972	1689	1972

续表

解释变量	是否合格论文		是否一次性通过		合格意见数		评议平均分	
	2015年	2016年	2015年	2016年	2015年	2016年	2015年	2016年
贯通式培养	1.349***	0.309	0.562***	0.459**	0.087***	0.044**	0.500***	0.581***
	(3.366)	(0.993)	(2.714)	(2.280)	(4.390)	(2.314)	(7.166)	(8.872)
控制变量	控制	控制	控制	控制	控制	控制	控制	控制
其他高校样本数	2554	2802	2554	2802	2554	2802	2554	2802

其次以学位论文分项质量的比较来进行分析。表4-6显示,在控制了相关影响因素之后,无论是一流大学建设高校还是其他高校,其贯通式培养博士生在选题、创新性及论文价值、科研能力与基础知识、论文规范性四个分项指标上的表现均显著好于非贯通式培养博士生。这也再次表明,不同层次培养单位均存在贯通式培养优势效应。

表4-6 不同层次培养单位贯通与非贯通培养博士生学位论文分项质量的比较

解释变量	选题		创新性及论文价值		基础知识与科研能力		论文规范性	
	2015年	2016年	2015年	2016年	2015年	2016年	2015年	2016年
贯通式培养	0.122***	0.101***	0.188***	0.158***	0.155***	0.167***	0.119***	0.129***
	(5.504)	(5.348)	(7.720)	(7.499)	(6.331)	(7.913)	(5.138)	(6.330)
控制变量	控制	控制	控制	控制	控制	控制	控制	控制
一流大学建设高校样本数	1689	1972	1689	1972	1689	1972	1689	1972
贯通式培养	0.112***	0.134***	0.154***	0.152***	0.131***	0.166***	0.103***	0.129***
	(5.691)	(7.311)	(6.956)	(7.312)	(6.013)	(7.840)	(4.888)	(6.688)
控制变量	控制	控制	控制	控制	控制	控制	控制	控制
其他高校样本数	2554	2802	2554	2802	2554	2802	2554	2802

4.4.4 贯通效果在不同学科之间的比较

接下来再对贯通效果在不同学科之间的差异进行实证分析。为了简化分析,本章将学科按照大类划分为人文学科、社会科学和自然科学三大类,然后对每一类子样本分别进行回归分析。

表 4-7 不同学科贯通与非贯通培养博士生学位论文总体质量的比较

解释变量	是否合格论文		是否一次性通过		合格意见数		评议平均分	
	2015年	2016年	2015年	2016年	2015年	2016年	2015年	2016年
贯通式培养	0.953***	0.736**	0.600***	0.647***	0.068***	0.053***	0.536***	0.582***
	(3.558)	(2.342)	(3.568)	(3.767)	(4.488)	(4.491)	(9.728)	(11.745)
控制变量	控制	控制	控制	控制	控制	控制	控制	控制
自然科学样本数	2979	3290	2979	3290	2979	3290	2979	3290
贯通式培养	0.716	−0.054	0.078	−0.212	0.094	−0.032	0.634***	0.507***
	(1.171)	(−0.147)	(0.211)	(−0.789)	(1.443)	(−0.498)	(3.562)	(3.356)
控制变量	控制	控制	控制	控制	控制	控制	控制	控制
社会科学样本数	923	1068	923	1068	923	1068	923	1068
贯通式培养	0.000	−1.576	−0.877	0.527	−0.011	−0.012	0.153	0.141
	(.)	(−1.228)	(−0.956)	(0.482)	(−0.096)	(−0.139)	(0.298)	(0.392)
控制变量	控制	控制	控制	控制	控制	控制	控制	控制
人文学科样本数	328	416	341	416	341	416	341	416

首先从学位论文总体质量的比较来进行分析。表 4-7 显示,在控制了相关影响因素之后,在自然科学领域,贯通式培养博士生学位论文在总体质量四个维度上的表现均显著好于非贯通式培养博士生;但在人文学科和社会科学领域,贯通式与非贯通式培养博士生学位论文的总体质量并不存在系统性显著差异。换言之,贯通式培养博士生的效果因学科不同而不同。

其次从学位论文分项质量的比较来进行分析。表 4-8 显示,在控制了相关影响因素之后,在自然科学和社会科学领域,贯通式培养博士生学位论文在四个分项指标上的表现均显著好于非贯通式培养博士生,但在人文学科领域,贯通式与非贯通式培养博士生的学位论文在四个分项指标上的表现不存在显著性差异。这说明,在改革博士生招生选拔方式时要充分考虑不同学科文化特色和知识生产方式的差异性。

不同贯通类型的博士学位论文质量在不同学科之间的差异启示我们,在改革博士生招生选拔方式时,必须考虑到不同学科文化特色和知识生产方式之间的差异性,采取灵活多样的人才选拔方式。未来应进一步扩大培养单位博士生入口选拔的灵活性和多样性以继续提升博士生教育质量,以招生机制改革带动博士生教育体制机制改革。

表4-8 不同学科贯通与非贯通培养博士生学位论文分项质量的比较

解释变量	选题		创新性及论文价值		基础知识与科研能力		论文规范性	
	2015年	2016年	2015年	2016年	2015年	2016年	2015年	2016年
贯通式培养	0.120***	0.120***	0.170***	0.161***	0.137***	0.172***	0.108***	0.130***
	(7.765)	(8.545)	(9.850)	(10.117)	(8.033)	(10.925)	(6.544)	(8.707)
控制变量	控制	控制	控制	控制	控制	控制	控制	控制
自然科学样本数	2979	3290	2979	3290	2979	3290	2979	3290
贯通式培养	0.101*	0.120***	0.171***	0.122***	0.230***	0.140***	0.133***	0.125***
	(1.932)	(2.970)	(3.172)	(2.886)	(3.996)	(2.880)	(2.771)	(2.812)
控制变量	控制	控制	控制	控制	控制	控制	控制	控制
社会科学样本数	923	1068	923	1068	923	1068	923	1068
贯通式培养	−0.008	−0.011	0.099	0.020	−0.017	0.036	0.080	0.095
	(−0.055)	(−0.109)	(0.717)	(0.188)	(−0.119)	(0.302)	(0.580)	(0.954)
控制变量	控制	控制	控制	控制	控制	控制	控制	控制
人文学科样本数	341	416	341	416	341	416	341	416

4.5 相关讨论

博士生招生选拔机制改革是深入推进博士生教育体制机制改革、不断提升博士生培养质量的重要突破口,能够带动课程机制、资助机制、分流退出机制、跨学科机制、国际化培养机制等综合改革的深入发展。

第一,为顺利推进博士生招生选拔机制改革,应更加强调和明确博士生教育综合机制改革的"重心下移,双向分权"方向和原则。一方面,要进一步下移博士生教育质量保障重心,赋予院系和导师(组)更大的选拔、培养及质量保障自主权,在培养单位内部做到行政权力进一步向学术权力分权,由刚性管理向柔性服务转变,这是博士生培养单位横向分权的题中之义;另一方面,要实现博士生教育发展决策控制权由行政系统的上层向下端转移,政府主要发挥宏观指导和外部保障作用,避免对培养单位研究生培养活动采取直接的微观干预。

第二,应进一步增强博士生入口选拔的灵活性和多样性,从而不断提升博士生教育质量,以招生机制改革带动整个博士教育体制机制改革。相对于传统分段培养模式而言,贯通模式更有利于选拔优秀博士生源,相对较长的培养周期也有助于博士生的知识积累与学术创新,但在实施时仍需要考虑博士培养的学科异质性。从知识特性和学科文化的视角来看,不同学科领域的知识生产、知识创新和知识传授具有较大差异。对于有严密知识网络的硬学科领域而言,其知识范围一般比较清晰,研究的问题比较确定和具体,知识发展具有累积性和线性特征,强调客观性且不受个人价值倾向的影响,更适合采用贯通方式培养高层次人才。而对于非严密知识网络的软学科领域而言,知识范围一般比较模糊,研究的问题比较宽泛且不确定,知识发展具有重复性和非线性特征,具有主观性且容易受个人价值倾向影响,因此,更适合采用多元复合方式选拔和培养博士生。

第三，除学科异质性之外，还需要充分考虑到培养单位的异质性。尽管无论是一流大学建设高校还是其他高校，贯通式培养博士生的学位论文质量显著更高，但在其他高校当中，单位的研究实力、博士生培养水平及培养经验可能千差万别，需要理性区别。一般而言，取得博士学位授予权的时间较长、有相对充裕的博士生招生指标及丰富博士生培养经验的单位更适合采取博士生贯通培养模式。因为只有经历长期的分段培养经验，培养单位才能形成比较成熟的博士生培养制度和培养模式，也才能熟练掌握博士生培养的周期、流程、节点以及博士学位授权学科的培养规格、标准，从而切实保障人才培养质量。从这个意义上而言，分段培养是贯通式培养的前提和基础。因此，对于一些博士生培养经验不足、新近获批博士学位授予资格的培养单位和学科而言，需要根据实际情况采取更为切合实际的博士生选拔和培养模式。

第四，在实行长学制贯通培养模式的同时，培养单位还需要充分做好贯通培养博士生的分流、退出甚至淘汰工作。一方面，对于在关键考核中达不到规定标准的准博士生，需要畅通"被动分流"的途径和渠道，以保证博士教育的质量和规格；另一方面，可能有部分学生由于兴趣爱好、职业追求等发生变化而提出"主动分流"，因此也需要畅通这部分群体的分流（退出）途径和渠道。此外，做好贯通式培养工作对培养单位的管理和服务提出了更高要求，更适宜采取柔性、灵活的管理方式，努力全面做好博士生的选拔、资助、课程学习、科研训练、国际交流、学位论文撰写、延期（超期）管理、就业指导与职业发展等相关服务工作。此外，还应在制度设计时鼓励长学制博士生选择周期更长、难度更大、更具挑战性和创新性的前沿基础课题，不断提升博士生培养质量和水平。

第五章　导师指导方式与博士生培养效果

博士生导师是高层次人才培养工作中的主要组织者和实施者。在博士生培养过程中,博士生导师始终担负着引路人和监督者的责任。博士生导师遴选制度作为博士生导师队伍建设的制度保障,对于提高高校办学自主性、调动教师工作积极性、促进博士生教育发展具有十分重要的作用。在第四章生源选拔方式研究的基础上,本章进一步探讨博士生导师的指导方式与培养效果之间的关系。

5.1　问题的提出

当前,提高培养质量已经成为我国博士生教育的关键任务,而导师一般被认为是博士生教育质量保障当中最为关键的环节,相当多的研究都认为博士生指导教师是影响博士生培养质量、学位获得和学生满意度的核心要素。[①] 根据英国高等教育学会 2008 年对 16524 名研究生(其中绝大部分为博士生)的问卷调查,学生是否对其博士生教育经历感到满意,最主要的两个因素分别是学术指导和学术氛围。[②] 从我国的情况来看,博士生学术指导的效果和满意度有待进一步提高,英国《自然》出版集团

[①] PAGLIS L L, GREEN S G, BAUER T N. Does Adviser Mentoring Add Value? A Longitudinal Study of Mentoring and Doctoral Student Outcomes [J]. Research in Higher Education, 2006, 47(4):451—476.

[②] KULEJ M, PARK C. Postgraduate Research Experience Survey 2008 Final Report[R]. Higher Education Academy,2008.

2015年对1600多名曾在其旗下杂志发表论文的中国科学家进行了问卷调查,结果表明,海归博士对博士期间学术指导的满意度要显著高于本土博士,满意度分别为60%和34%。[①]

一般来说,博士生的学术指导模式可分为单一指导制和团队指导制两种类型。2010年,欧洲大学协会在广泛征求欧洲各大学意见的基础上,提出萨尔茨堡Ⅱ原则,在学术指导方面,该原则认为"学术指导应该是集体的努力行为",并且明确规定主导师和导师组的责任。[②] 那么,为何欧洲要推行集体指导制度?不同类型的指导方式之间有何优劣?这是值得关注的问题。

回到中国的情景,中国的博士生是如何看待学术指导制度的?他们倾向于选择单一指导制还是集体指导制?就实际效果和满意度而言,两种指导方式的优劣如何?中国的博士生指导方式有哪些需要改进的地方?这是本章希望回答的问题。

学术指导与师生关系始终是博士生教育研究中的热门问题。已有研究主要集中于以下方面的议题:学术指导的模式与风格[③],导师与学生关系的性质[④],学术指导质量的测量[⑤],导师指导学生数量的影响因素[⑥],学

[①] 《自然》出版集团. 转型中的中国科研. [EB/OL]. (2015-4-16). http://www.nature.com/press_releases/turning_point_cn.pdf.

[②] European University Association. Salzburg Ⅱ Recommendations [R]. Brussels: European University Association, 2010.

[③] MURPHY N, BAIN J D, CONRAD L. Orientations to Research Higher Degree Supervision[J]. Higher Education, 2007, 53(2): 209-234.

[④] MANATHUNGA C. Supervision as Mentoring: The Role of Power and Boundary Crossing[J]. Studies in Continuing Education, 2007, 29(2): 207-221.

[⑤] BELL-ELLISON B A, DEDRICK R F. What Do Doctoral Students Value in Their Ideal Mentor? [J]. Research in Higher Education, 2008, 49: 555-567.

[⑥] CROSTA P M, PACKMAN I G. Faculty Productivity in Supervising Doctoral Students' Dissertations at Cornell University[J]. Economics of Education Review, 2005, 24(1): 55-65.

术指导质量的影响因素①,等等。

从已有研究来看,不少国家反映博士生的学术指导质量不尽如人意。2002年,由北欧研究生教育协会(Nordic Academy for Advanced Study)和北欧大学合作协会(Nordic University Cooperation)成员组成的工作小组对北欧博士教育展开了调查。调查指出,北欧的博士教育质量存在一些不能让人满意之处,比如导师花在学术指导上的时间过少,有些博士生和导师一年才见面几次。②

总的来说,由于集体指导或团队指导是一个新的趋势,这方面的研究相对较少。英国学者帕里(Odette Parry)等人研究了博士生学术指导中的学科差异,指出在人文社科领域,学术指导通常是某一位导师的责任,而在自然科学领域,博士生的学术指导被看成是"共同的责任",而且博士后人员在指导博士生当中发挥着重要作用。③英国学者汉弗瑞(Robin Humphrey)等人基于纽卡斯尔大学的数据,对比分析了单一导师制和联合指导制度的效果。其研究表明,接受联合指导的博士生更容易在四年之内毕业。④澳大利亚也越来越多实行集体指导制,相应也有一些研究,如盖林(Cally Guerin)等人分析了团队指导中的反馈机制,指出博士生团队指导存在复杂多变的权力关系,博士生则试图寻求导师团队的共识。⑤希斯(Trevor Heath)对昆士兰大学的博士生进行问卷调查,结果发现接

---

① SCHROEDER D S, MYNATT C R. Female Graduate Students' Perceptions of Their Interactions with Male and Female Major Professors[J]. The Journal of Higher Education, 1993, 64(5): 555—573.

② LARSEN P O. Quality in Research Training: Nordic Co-operation on Quality Assessment of Research Training[R]. Nordic Academy for Advanced Study, 2004: 13.

③ PARRY O, ATKINSON P, DELAMONT S. The Structure of Ph. D. Research[J]. Sociology, 1997, 31(1): 121—129.

④ HUMPHREY R, MARSHALL N, LEONARDO L. The Impact of Research Training and Research Codes of Practice on Submission of Doctoral Degrees: An Exploratory Cohort Study[J]. Higher Education Quarterly, 2012, 66(1): 47—64.

⑤ GUERIN C, GREEN I. 'They're the Bosses': Feedback in Team Supervision[J]. Journal of Further and Higher Education, 2015, 39(3): 320—335.

受单一导师制和集体指导制的博士生,满意度并无显著差异。[①]

从已有研究来看,尚存在一些可供拓展的空间。第一,大部分有关博士生学术指导的研究均为质性研究,选取的样本较为有限,本章研究采用的大样本数据可以弥补这一不足;第二,绝大部分研究将博士生的学术指导视为一对一的行为,对于导师集体指导制的关注甚少,对单一指导制和集体指导制的效果进行比较分析更是鲜见,这也是本章研究试图加以弥补之处。

本章研究的定量分析数据来源于2007—2008年的中国博士质量调查,该项调查共回收博士生有效问卷20666份,涵盖全国248所有博士学位授予权的高等院校。该项调查不仅极具代表性(涉及当时全国绝大部分获得博士学位授予权的高校),而且问卷质量较高,以该项调查为数据来源具备充分的说服力。

定性分析资料来源于有关研究生教育问题的访谈调研,访谈材料一方面为分析博士生指导的相关问题提供了丰富的素材,另一方面也为定量数据提供佐证和补充。

在分析质性材料时,我们采用了克拉克(Burton Clark)的学术分化(Academic Differentiation)概念,以发现被访者在对待学术指导问题上的院校差异和学科差异,这一分析框架也是克拉克在其经典著作《学术生活:小世界,不同的世界》中所采用的。[②]

此外,在分析美国博士指导制度的特点时,我们利用了ProQuest博士论文数据库的相关信息进行分析,通过分析博士论文作者的致谢词,可以简单了解作者与导师之间的互动情况,以及导师组不同成员在论文写作过程中所发挥的作用。

---

① HEATH T. A Quantitative Analysis of PhD Students' Views of Supervision[J]. Higher Education Research & Development,2002,21(1):41-53.
② CLARK B R. The Academic Life:Small Worlds,Different Worlds[M]. Princeton:Carnegie Foundation for the Advancement of Teaching,1987.

5.2 博士生导师制度的国际比较[①]

5.2.1 博士生导师制度的基本类型

总体来看,世界各国普遍采用的博士生指导模式主要分为指导委员会制、双导师制和单一导师制三种类型。

（一）以主导师为主的指导委员会制

这种指导方式以美国、加拿大为代表。在美国,学生通过了资格考试后,接下来就由教授组成的论文指导委员会（dissertation committee, supervisory committee, supervisory Team 或 Ph.D. committee）来管理。指导委员会一般由3—7人组成,一般来说,至少有一位必须来自相邻学科,指导委员会的主席即博士生的主导师。

指导委员会的主要职责包括:第一,每年必须至少开一次会,监督学生的学习进展;第二,主持博士生的综合考试和论文开题;第三,在学生写作博士论文过程中提供必要的指导;第四,阅读博士论文,并给出修改意见以及是否通过的意见;第五,如果博士论文举行口试答辩,指导委员会将对是否通过该论文进行投票,并签字。[②] 当然,在论文指导过程中,主导师负主要责任。

加拿大的博士生教育制度和美国非常类似,在博士生教育阶段也普遍实行论文指导委员会制度。荷兰的很多大学也采取论文指导委员会制度。委员会包括一名主导师、一名副导师,以及其他相关人员,只有正教授才具备担任主导师的资格。美国的指导委员会制度的特点非常鲜明。

[①] 本节内容与北京大学沈文钦老师和北京航空航天大学赵世奎老师合作完成。

[②] International Affairs Office. U.S. Department of Education. Structure of the U.S. Education System: Research Doctorate Degrees[R/OL]. (2008-02-10)[2014-09-21]. https://www2.ed.gov/about/offices/list/ous/international/usnei/us/doctorate.doc.

首先,它提倡博士生指导的集体责任制,让博士生能得到具有不同学科背景和研究专长的教师的指导,有利于拓展学生的学术视野,加强学生的创新意识。例如,著名社会学家迈耶(John Meyer)指导的一位博士在其学位论文致谢词中曾这样描述导师组中不同老师给他的教益和帮助:

> 约翰·迈耶直接影响了我的思想,以及我从事该研究和其他工作的方法。没有他,这个项目会少很多趣味和信心,也不会那么值得投入。从进入研究生院的第一天起,我就受惠于南希·图姆的帮助和指导,她给我提供了我完成这项任务所需要的很多工具。与奇奇·拉米雷斯的讨论使我更加聚焦,对项目的目标更为清晰。我不能要求更好的博士论文委员会了,能与他们一起工作我感到非常幸运。①

在某些情况下,博士论文甚至可以同时提交给两个院系,获得两个院系的博士学位。例如,美国大学史研究的新锐学者洛斯(Christopher P. Loss)当年博士指导委员会的四位教师就来自历史学系和教育学院两个院系,最后他同时获得了教育学的哲学博士学位和历史学的哲学博士学位,而其博士论文也由普林斯顿大学在2012年出版,并获得学界的好评。②

论文指导委员会不仅是博士论文的指导者,也是博士论文的评审者和直接把关人。只要指导委员会的所有成员都认可所指导的博士生的学位论文的质量,则这篇论文就获得通过,并不需要其他同行对论文进行评阅。这和英国、中国等国家所实行的由其他同行来评审博士论文的做法大不相同。

(二)双导师制与联合导师制

这种指导方式以英国、澳大利亚为代表。不少英国大学(如伦敦大学

---

① SCHOFER E A. The Expansion of Science as Social Authority and Institutional Structure in the World System, 1700—1990[M]. Stanford University, 1999.
② LOSS C P. Between Citizens and the State: The Politics of American Higher Education in the 20th Century[M]. Princeton: Princeton University Press, 2012.

学院、艾克斯特大学、布里斯托大学)都实行双导师制,主导师称为 first supervisor 或 principle supervisor,副导师称为 second supervisor、subsidiary supervisor 或 mentor。主导师全权负责对博士生的指导,而副导师则辅助主导师对博士生进行具体指导,包括提供选课意见,对博士论文进行修改和润饰,等等。英国经济与社会研究委员会(ESRC)2009 年发布的《博士生训练与发展准则》鼓励双导师制或导师小组制,尤其是从事跨学科研究的博士生,导师可以是跨系或跨部门的联合,而新导师或经验不丰富的导师也应该有一个经验丰富的联合导师。①

作为英国的前殖民地,澳大利亚高等教育制度深受英国的影响,在博士生培养中也以双导师制为主。希斯对昆士兰大学 355 位博士候选人的调查研究发现,2/3 的博士生拥有一位或一位以上的副导师。② 伯克对 8 所澳大利亚大学 804 位博士生的博士学位论文评阅意见进行的分析结果发现,21%的博士生只有一个导师,4%的博士生有 4 个导师,而拥有两位导师的博士比例高达 49%。③ 2005 年,澳大利亚研究者对该国博士生进行问卷调查,共回收 5395 份问卷,在 5395 名博士生中,有两位导师的占 58%,有三位或三位以上导师的占 22%,单一导师的仅占 20%。④ 这表明,澳大利亚的大学主要实行双导师制。此外,西班牙、土耳其等国也实行双导师制。西班牙格拉纳达大学在博士生通过综合考试之前为其安排一名辅导员,负责进行选课等方面的指导,通过综合考试后再安排一名专门进行博士论文指导的导师,这样,博士生在学习阶段事实上有两位导师。⑤ 和美国的指导委员会制度不同的是,英国的主导师和副导师均不能

---

① 林杰.英美国家研究生导师资格认定制度管窥[J].学位与研究生教育,2007(9):74—77.
② HEATH T. A Quantitative Analysis of PhD Students' Views of Supervision[J]. Higher Education Research & Development, 2002, 21(1): 41—53.
③ BOURKE S. Ph. D. Thesis Quality: The Views of Examiners[J]. South African Journal of Higher Education, 2007, 21(8): 1042—1053.
④ CUMMING J. Representing the Complexity, Diversity and Particularity of the Doctoral Enterprise in Australia[D]. The Australian National University PhD Dissertation, 2007:161.
⑤ European University Association. Doctoral Programmes for the European Knowledge Society[R]. Brussels, Belgium, 2005:23.

参加论文评审,论文评审主要由校内和校外的两位评审专家来负责,澳大利亚的博士生导师同样也不参加自己指导博士生的论文评审工作。

(三) 单一导师制

单一导师制以德国、日本、中国等国家为代表。德国在传统上是严格实行单一导师制的。导师在博士生培养中发挥着至关重要的角色,以至于被称为"博士父亲"(Doktorvater)。但近年来,德国的一些大学也逐渐引入导师小组制(team supervision)或多导师制(multiple supervision)。

随着博士教育规模不断扩大,日本的单一导师制同样面临着改革的要求,完全依靠教师个人的努力和自律性,显然越来越难以保证博士生的培养质量。因此,日本采用团队方式指导博士生的大学也越来越多。例如,筑波大学研究生院规定,指导小组由3名教师组成,其中有1名必须来自其他学科。为了避免指导流于形式,该研究生院规定,除了参加导师的实验外,博士生还必须参加两位副导师的实验活动。此外,为了加强博士生和其他教师的交流,许多大学设置了"接待时间"(Office Hour)制度。每位导师向学生公开自己的特定办公时间,在此特定时间内,学生可以无须预约拜访老师。[1]

导师制度的分类,除了导师的人数之外,还可以按照学位论文是内部把关还是外部把关来进行分类。在欧洲,根据欧洲大学协会2011年对欧洲112所大学进行的调查,其中107所大学均表示,其博士论文委员会成员由内部成员和校外成员组成。同样,有107所大学表示,博士论文评审委员会的成员由院系挑选或研究生院挑选,只有5所大学表示成员由导师选择。[2]澳大利亚的博士论文评审也实行外部把关制度,博士论文至少需要两名校外专家的评审。[3]

---

[1] 叶林.日本博士生教育的现状及启示[J].清华大学教育研究,2009(5):96-100.
[2] BYRNE J, JORGENSEN T, LOUKKOLA T. Quality Assurance in Doctoral Education-Results of the Arde Project[R]. European University Association,2013:18.
[3] BOURKE S, HOLBROOK A P. Examining PhD and Research Masters Theses[J]. Assessment & Evaluation in Higher Education,2013,38(4):407-416.

表 5-1 博士生学术指导制度的分类

指导方式	内部把关	外部把关
单一导师	—	中国、德国
双导师或联合导师	—	英国,澳大利亚
多导师/导师指导小组	美国	中国(部分),澳大利亚

5.2.2 博士生导师制度的改革方向

以上有关博士生学术指导制度的分类是基于传统实践的一种理想型建构(见表 5-1)。最近十多年来,德国、日本、巴西、比利时等国都对传统的一对一的学徒制指导制度进行改革,使得原有的分类变得不那么分明。

欧洲大学协会 2011 年的 ARDE 项目对欧洲大学的调查结果显示,61%的高校在有关博士生教育的规定中要求或者推荐指导团队的模式。德国的科学理事会甚至提倡实行博士委员会制度,该委员会一方面承担研究指导的功能,另一方面在主导师与学生发生冲突时可以起到协调作用。柏林自由大学 2006 年成立了旨在促进博士生结构化培养的达莱姆研究院,不同于传统的导师模式,该研究院尝试推行导师团队制。瑞典的卡罗林斯卡学院是全世界顶尖的医学研究中心之一,也是瑞典博士生教育的主要基地。2012 年度,该学院共有约 2300 名博士生,每位博士生至少有两位导师。比利时根特大学 2007 年正式在校内建立了五个博士研究生院,新建的博士研究生院采取博士指导委员会制度,以取代传统的单一导师制。指导委员会由主导师和另外两位委员组成。

当然,不管如何改革,学界始终存在一个共识,即博士生应该有一位主导师。事实上,不管是美国的指导委员会制度,还是英国的双导师制度,都有一位主导师,而且主导师在博士生指导中发挥着最关键的作用。

我国目前已经有一些高校开展导师指导委员会或联合导师制的改革探索。例如,西安交通大学从 2006 年左右开始改革导师遴选制度,选聘一批年富力强的副教授参与博士生指导,同时,为了弥补副教授指导经验的不足,要求每名副教授配备一名资深教授参与合作指导,年轻的副教授作为第一导师,资深教授作为第二导师。在上海交通大学,两个不同学科(医学与工学、医学与理学)的导师若有合作的科研项目,可以申请指标,博士生由两个导师共同指导。

5.3 博士生导师指导方式的效果检验

5.3.1 博士生指导满意度的影响因素

那么,博士生学术指导的满意度受到哪些因素的影响呢?本节利用多分类有序逻辑回归模型对此问题进行分析。中国博士质量调查中有一道选项"您认为导师对您撰写博士学位论文的帮助",其中"很大"赋值为5、"较大"赋值为4、"一般"赋值为3、"较小"赋值为2、"很小"赋值为1,以此来测量博士生对学术指导满意度的高低。由于因变量为定序变量,故适合采用有序因变量回归模型(Ordinal Logistic Regression)进行分析。模型中的解释变量包括导师指导方式(单一导师制还是联合指导制)和期望的指导方式与实际的指导方式是否一致两个二分类变量;此外,将性别、年龄、培养方式、学校背景(包括院校层次及院校所处地域)及导师指导情况(包括指导学生人数、与导师交流频次等)等作为控制变量纳入模型。

表5-2中的回归结果显示,单一导师制和联合指导制在满意度方面并无显著性差异,但若博士生实际的学术指导模式与其期望的学术指导模式相一致,他们对学术指导的满意度更高。控制变量方面,年龄大的博士生和女性博士生对学术指导的质量更为满意;师生互动交流次数越多,学术指导满意度越高;从学术指导的内容来看,从导师而不是同学、学术网络等渠道了解研究方法的博士生,其满意度更高;博士生学术指导的质量往往与博士生导师所指导的学生数量有一定关系,导师指导的学生数过多或者过少,学生的满意度均较低;从学生与导师的契合度来看,学生

参加的课题与学位论文的关系越密切,满意度越高。培养方式和学校背景对学术指导满意度的影响均未通过显著性检验。

表 5-2 博士生学术指导满意度的有序因变量回归分析结果

被解释变量		博士生学术指导满意度
解释变量	单一导师制(联合指导制)	0.114(1.78)
	期望的指导方式与实际指导方式一致(不一致)	0.421***(7.38)
控制变量	性别(女)	−0.145*(−2.51)
	年龄	0.039***(5.54)
	全日制(非全日制)	0.002(0.02)
	985院校(非985院校)	−0.054(−0.94)
	中部(西部)	−0.075(−0.83)
	东部(西部)	0.014(0.16)
	京津沪(西部)	−0.049(−0.60)
	指导学生数太多(适中)	−0.930***(−16.12)
	指导学生数太少(适中)	−0.480***(−3.42)
	与导师交流频次	0.209***(12.46)
	对研究方法和规范的了解主要来自导师(否)	1.725***(31.08)
	参与课题与学位论文的关系	0.788***(25.64)
截距1		1.244***(4.22)
截距2		3.620***(12.21)
N		13253

注:括号内为 t 值;* 为 $p<0.1$,** 为 $p<0.05$,*** 为 $p<0.01$。

5.3.2 单一导师制抑或导师组制

现行的博士生指导制度与学生期望的指导制度之间有差距。我国长期以来主要实行单一导师制,而赞成这种单一导师指导方式的博士生仅占 35.6%,其中,最高的人文学科也仅在 45% 左右,最低的医学学科仅为

28.7%,具体见表5-3所示。

表5-3 博士生对导师指导方式的评价(%)[①]

学科	现状	博士生最赞成的指导方式		
	单一导师	单一导师	双导师制	指导小组
人文	88.8	45.3	22.9	29.8
社科	85.4	43.1	22.3	33.3
理学	77.4	38.4	24.3	36.2
工学	70.2	32.6	27.8	38.4
农学	72.8	31.7	21.5	45.6
医学	68.6	28.7	19.9	49.7
管理	83.7	41.1	25.3	32
合计	75.3	35.6	24.9	38

访谈中,一位接受美方导师和中方导师共同指导的天文学专业博士生指出:

> 我在读博士期间有两个导师,一个是国外的导师,一个是国内的导师,我研一的时候他就跟我一起合作。有时三个人意见不统一,需要共同讨论达成统一。多导师制能培养出更好的学生,研究团队指导很好。

博士生导师在访谈中也明确表示支持实行导师集体指导的制度。例如,一位重点高校土壤学专业的博士生导师指出:

> 现在很多领域的研究都是跨学科研究,凭导师本人是很难胜任的。使导师组成为一种稳定的机制,对提高培养质量是不可缺少的。因为现在一个导师确实是很难指导,更何况有很多导师将许多精力花在了在课题上而不是培养学生上。

[①] 中国博士质量分析课题组.中国博士质量报告[M].北京:北京大学出版社,2010:78.

近年来,一些学校开始尝试推行双导师或导师小组制,但各高校并没有对双导师制或导师小组制作出明确的规定。

5.3.3 博士生学术指导方式满意度的学科差异比较分析

澳大利亚学者埃维斯(G. Ives)等人根据对22名博士生的访谈材料进行的研究表明,如果学生有两位活跃的导师,相对而言对学术指导的满意度更高。[①]库勒(David Cullen)等人对澳大利亚国立大学350名博士生的实证调研对比了单一导师、团队指导和联合指导这三种制度下博士生的满意率,研究结果显示,博士生对团队指导的满意率最高。[②]

那么,中国的实际情况如何呢?我们对分学科门类的样本进行逻辑回归分析,以揭示博士生学术指导方式满意度的学科差异状况。

由表5-4中的回归结果可知,各个学科门类样本中,年龄、导师指导学生数、与导师交流频次、参与课题与学位论文的关系等因素对博士生学术指导满意度有显著性影响。从导师指导方式来看,人文、社科、理学、工学及农学等学科的博士生对于单一导师制和多导师制的满意度并无显著性差异,而对于医学学科而言,博士生对于导师组制的满意程度显著高于单一导师制。

回归分析表明,除医学外,两种指导方式的满意度并无显著差异,但要考虑到,在一些学科如工程学科当中,一些博士生尽管名义上受单一导师的指导,但事实上是团队指导。例如,一位重点高校计算机专业的博士生导师就指出:

> 我们学校的研究生培养实际上也是以团队的形式进行培养的,比如说这个团队里面有几个研究生导师,招了多少研究生,一般也是

---

① IVES G, ROWLEY G. Supervisor Selection or Allocation and Continuity of Supervision: Ph. D. Students' Progress and Outcomes[J]. Studies in Higher Education, 2005, 30(5): 535—555.

② CULLEN D J, PEARSON M, SAHA L J. Establishing Effective PhD Supervision[M]. Canberra: Australian Government Publishing Services, 1994.

以团队的形式统一来负责指导的。每一个研究生最后总是挂一个导师，但是实际上我们是以团队方式来培养博士生的。

表5-4 分学科门类的博士生学术指导满意度有序因变量回归分析结果

解释变量	学术指导满意度						
	人文	社科	理学	工学	农学	医学	管理
单一导师制（联合指导制）	−0.00631	−0.0256	−0.204	0.157	0.180	−0.516*	0.164
	(−0.01)	(−0.08)	(−1.09)	(1.79)	(0.46)	(−2.31)	(0.61)
期望与实际指导方式一致（否）	0.354	0.511**	0.390*	0.373***	0.563	0.209	0.587**
	(1.37)	(2.62)	(2.54)	(4.41)	(1.49)	(1.07)	(2.62)
性别（女性）	−0.117	−0.0940	−0.192	−0.0705	−0.192	−0.442*	0.0246
	(−0.45)	(−0.50)	(−1.26)	(−0.75)	(−0.56)	(−2.42)	(0.11)
年龄	0.0629*	−0.00325	0.0351	0.0340**	0.0354	0.0406	0.0398
	(2.07)	(−0.16)	(1.52)	(2.99)	(0.80)	(1.81)	(1.60)
全日制（非全日制）	0.475	0.255	−0.403	−0.0412	−0.402	−0.0183	−0.0180
	(1.00)	(0.92)	(−1.07)	(−0.24)	(−0.56)	(−0.05)	(−0.06)
985院校（非985院校）	0.138	−0.0350	0.150	−0.0583	−0.723	−0.0331	−0.0904
	(0.48)	(−0.18)	(0.83)	(−0.69)	(−1.89)	(−0.18)	(−0.39)
中部（西部）	1.010	−0.999**	0.236	−0.0413	0.0546	−0.535	0.508
	(1.73)	(−2.67)	(0.93)	(−0.33)	(0.11)	(−1.75)	(1.44)
东部（西部）	0.663	−0.290	0.440	−0.180	0.720	0.0223	0.558
	(1.22)	(−0.77)	(1.82)	(−1.44)	(1.51)	(0.08)	(1.63)
京津沪（西部）	0.721	−0.471	0.126	−0.0761	0.920	−0.719**	0.402
	(1.38)	(−1.37)	(0.54)	(−0.66)	(1.78)	(−2.71)	(1.20)
指导学生数太多（适中）	−1.196***	−0.718***	−0.978***	−0.985***	−0.420	−0.460*	−0.923***
	(−4.28)	(−3.47)	(−6.16)	(−11.67)	(−1.15)	(−2.30)	(−4.16)
指导学生数太少（适中）	0.159	−0.379	−0.479	−0.785***	0.174	−0.329	0.832
	(0.24)	(−0.68)	(−1.46)	(−3.90)	(0.19)	(−0.68)	(0.96)
与导师交流频次	0.146	0.483***	0.129***	0.190***	0.443**	0.363***	0.496***
	(1.72)	(5.81)	(3.83)	(8.06)	(3.01)	(5.30)	(5.57)

续表

解释变量	学术指导满意度						
	人文	社科	理学	工学	农学	医学	管理
方法和规范了解来自导师（否）	1.820***	1.694***	1.622***	1.702***	2.510***	1.515***	1.810***
	(7.00)	(9.06)	(10.59)	(20.62)	(7.07)	(8.29)	(8.37)
参与课题与学位论文的关系	1.012***	0.968***	0.858***	0.834***	0.736***	0.839***	0.729***
	(7.58)	(9.57)	(9.32)	(17.05)	(3.37)	(7.42)	(6.22)
截距1	2.839*	0.207	1.172	1.210**	1.189	0.880	1.957
	(2.08)	(0.22)	(1.22)	(2.61)	(0.63)	(0.87)	(1.84)
截距2	5.544***	2.781**	3.353***	3.619***	4.212*	3.294**	4.411***
	(4.05)	(2.99)	(3.48)	(7.74)	(2.20)	(3.27)	(4.14)
N	925	1261	1837	5690	493	1355	981

注：括号内为 t 值；* 为 $p<0.1$，** 为 $p<0.05$，*** 为 $p<0.01$。

因此，我们的回归模型可能低估了集体指导制度的实际效果。另外，受现有调查数据维度和结构的限制，本章并未对学科差异产生的原因进行详细分析，这方面的局限性也是未来相关研究中需要继续努力的重要方向之一。

第六章 学科文化与博士学位论文质量

博士学位论文质量是衡量博士生培养质量最为核心的指标之一,特别是对于以培养从事学术研究后备力量的学术型博士生而言更是如此。在第五章分析的基础上,本章将继续对博士学位论文质量与学科文化的关系进行分析探讨。

在诸多关于博士生教育质量的讨论中,博士生学位论文的评价问题较少被关注。在众多衡量博士学位论文质量的指标当中,创新性是衡量博士学位论文质量的核心标准。但在不同学科之间,由于学科自身特质、学科文化等的差异,对于创新性标准的理解、衡量和评价却可能存在较大差异。科尔布和比格兰将学科划分为硬学科/软学科、纯学科/应用学科,比彻和特罗勒尔结合上述范畴提出了包含四个领域的知识分类框架:纯硬科学、纯软科学、应用硬科学和应用软科学[①]。硬科学和软科学之间对应的是严密知识领域和非严密知识领域的区分,严密知识的范围一般比较清晰,研究的问题比较确定和狭窄,强调客观性,不受个人价值倾向影响,而非严密知识的特点则恰恰相反,研究的范围比较宽泛,界限不太清晰,受个人价值观影响明显。另外,还可以从结构强制型学科(contextual imperative)和结构关联型学科(contextual association)这一对概念所对应的硬学科和软学科的划分进行理解,强制型结构指逻辑严谨的一系列观点,而关联型结构则指联系松散的一串观点,没有清晰的整体发展框架。对学科知识类型进行划分有助于深入理解不同学术部落的学科文化。

---

① 比彻,特罗勒尔. 学术部落及其领地:知识探索与学科文化[M]. 唐跃勤,蒲茂华,陈洪捷,译. 北京:北京大学出版社,2015:1—9.

在此背景下,本章采取比彻和特罗勒尔在《学术部落及其领地》一书中对学科的大致划分标准,选取哲学、社会学和物理学三个学科作为软学科、偏软学科和硬学科的代表,提出学科文化与博士学位论文的创新标准这一新的研究命题,并利用全国层面的博士学位论文评阅数据及专家文字评阅意见,尝试对这一命题进行解读和分析,探究博士学位论文评价中的创新标准。之所以选择哲学、社会学和物理学这三个一级学科作为研究对象,一方面是因为这三个学科的知识特征差异较大、学科边界相对清晰,这些"对比性和差异性特征"有利于对相关问题展开论述;另一方面,从对研究数据和材料的分析中来看,这三个学科各自特色突出、差异较为明显,且分析材料的工作量适宜。

本章内容试图回答的主要问题包括:第一,在学科文化各异的软学科、偏软学科和硬学科中,同行专家对博士学位论文的创新标准究竟是如何界定的?这些创新标准呈现何种差异?第二,在同一学科中,不同的评审专家对博士学位论文创新性的界定标准是否一致?这种界定标准差异大小与学科文化呈现何种相关关系?是否是"学科硬度"越高,则同行专家对博士学位论文创新标准界定的一致性也越高?

本章共收集整理哲学、社会学和物理学三个一级学科专家文字评阅意见 665 份,共计约 22.71 万字。在数据和材料的分析过程中,根据实际研究问题的需要,将数据材料、既有文献及研究者的研判不断进行循环互动,以寻找到最合适的分析计算方法,并对文字材料进行合理的开放式编码和统计分析,在此基础上形成主要研究结论并展开相关讨论。

6.1 博士论文评价的模式、维度及标准

评价博士学位论文的研究面临不同学科领域的巨大差异性、培养单位之间档案的保密性等重重困难,加之论文评价本质上属于一种智力层面的认知活动,涉及学习过程和知识迁移等环节,而这些环节的作用机

理,学界尚未达成一致共识,因此增添了研究的难度①,对相关问题的讨论既不够全面也不够深入。国外博士学位论文评价的代表性研究成果主要集中在英国、美国和澳大利亚,本章首先对博士学位论文评价的"英国模式""美国模式"和"澳大利亚模式"进行概要综述,然后对国外专家评价博士学位论文的维度和指标进行考察,并重点关注创新性指标(外文文献中与此相关的概念有 Originality、Creativity 和 Innovation,Originality 强调原创性,Creativity 强调新知识在特定情境下的意义,Innovation 侧重新发明的可转化性和经济价值)的评价标准②。

6.1.1 博士学位论文评价的多元模式

各国博士学位论文的评价过程存在极大差异③。在英国,博士学位论文评价过程包括专家初评并提供评阅意见书、论文答辩和专家组给出综合评价意见三个阶段,若出现专家评审意见不一致的情况,有时还需要专家组成员分别给出评价意见。出于保持独立性的考虑,专家手册规定,每位评审专家不能够在答辩前和同行或评阅论文指导教师交流博士论文评阅意见④。和荷兰、比利时等国采取公开答辩的方式不同,英国的博士论文答辩是极为隐秘的事情,伯恩汉姆(P. Burnham)将其描述为"英国高等教育体系中保守最好的秘密"⑤。

在美国,博士论文评审委员会通常由五位成员组成,包括论文导师和

---

① BOURKE S, HOLBROOK A P. Examining PhD and Research Masters Theses[J]. Assessment & Evaluation in Higher Education, 2013, 38(4): 407—416.
② BAPTISTA A, FRICK L, HOLLEY K. The Doctorate as an Original Contribution to Knowledge: Considering Relationships between Originality, Creativity, and Innovation[J]. Frontline Learning Research, 2015, 3(3): 55—67.
③ POWELL S, GREEN H. The Doctorate Worldwide[M]. McGraw-Hill Education (UK), 2007.
④ CLARKE G. Developments in Doctoral Assessment in the UK[M]// Critical Issues in Higher Education. Brill, 2013: 23—36.
⑤ BURNHAM P. Surviving the Viva: Unravelling the Mystery of the PhD Oral[J]. Journal of Graduate Education, 1994, 1(1): 30—34.

一位研究生院代表,因为委员会已经对博士论文有了若干年的跟踪了解,因此答辩不需要外部专家在场。在公开答辩前,委员会也无须提供书面评价意见,答辩的典型形式包括博士候选人对其研究的陈述、1－2小时的专家提问。最常见的答辩结果是论文通过或小修后通过,答辩后委员会将向学校提交一份评价报告。①

在澳大利亚,博士学位论文通常需要送至两到三位外审专家进行评审,其中超过一半的外审专家来自海外高校。每位专家单独撰写一份评阅意见书,篇幅为两到三页,并得出评审结果。评审结果一般分为"通过""小修后通过""大修后通过""修改后再次送审"和"不通过"五种。然后,校评审委员会根据专家意见书做出最终决定②。需要指出的是,外审专家并没有判定论文通过与否的最终决定权,不论是两位还是三位专家评审,都只是向校评审专家委员会或相关机构提交评阅意见书并做出建议,最终决策由该委员会综合考虑评阅意见书、论文指导教师的推荐等情况做出,并且澳大利亚没有论文答辩环节,论文评审是唯一的评价手段。

6.1.2 博士学位论文评价的维度与指标

评价博士学位论文需要有相对明晰的评价标准,这一点学界已达成共识,但具体应该对哪些方面进行评价仍未形成定论。国外学者在博士学位论文的评价维度和指标方面积累了相对丰富的研究成果,见表6-1。

典型的研究如下述。其一,美国的洛维茨(B. E. Lovitts)通过对来自全美9所博士/研究型大学74个系中276名教授的焦点小组访谈发现,博士学位论文可以有明确且可量化的评价标准,并建构了包含生物、工程、物理、数学、经济学、心理学、社会学、英语、历史、哲学十个学科博士论

---

① KYVIK S. Assessment Procedures of Norwegian PhD Theses as Viewed by Examiners from the USA, the UK and Sweden[J]. Assessment & Evaluation in Higher Education, 2014, 39(2): 140-153.

② BOURKE S, HOLBROOK A P. Examining PhD and Research Masters Theses[J]. Assessment & Evaluation in Higher Education, 2013, 38(4): 407-416.

文的评价量表,这些量表分别从引言、文献综述、理论、研究方法、结果/分析、讨论/结论等维度,描述了优秀、非常好、可接受和不可接受四个不同等级博士论文的特征,只有体现出创新性和重要性才符合优秀博士学位论文的标准。[1]

其二,澳大利亚的伯尔克(S. Bourke)、霍尔布鲁克(A. Holbrook)和洛瓦特(T. Lovat)等人通过分析博士论文的专家评阅意见书,发表了一系列的研究成果。这些成果对专家评阅意见书的分析步骤[2]和方法论依据[3]进行了详细说明,分析视角从最初对比不同评审结果论文的质量差异[4][5][6]和探讨专家评审意见的影响因素[7][8],逐渐转向更为细致的亚领域,包括对文献综述[9]和理论部分[10]的评价、专家针对如何进一步改进论

---

[1] LOVITTS B E. Making the Implicit Explicit: Creating Performance Expectations for the Dissertation[M]. New York: Routledge, 2007.

[2] HOLBROOK A, BOURKE S, LOVAT T. Qualities and Characteristics in the Written Reports of Doctoral Thesis Examiners[J]. Australian Journal of Educational & Developmental Psychology, 2004, 4: 126-145.

[3] HOLBROOK A, BOURKE S. An Investigation of PhD Examination Outcome in Australia Using a Mixed Method Approach[J]. Australian Journal of Educational & Developmental Psychology, 2004, 4: 153-169.

[4] LOVAT T, HOLBROOK A, BOURKE S. Examiner Comment on Theses That Have Been Revised and Resubmitted[C]//AARE Conference, Brisbane. 2002: 1-5.

[5] HOLBROOK A, BOURKE S, LOVAT T. Investigating PhD Thesis Examination Reports[J]. International Journal of Educational Research, 2004, 41(2): 98-120.

[6] HOLBROOK A, BOURKE S, LOVAT T. PhD Theses at the Margin: Examiner Comment on Re-examined Theses[J]. Critical Studies in Education, 2004, 45(1): 89-115.

[7] BOURKE S. Ph. D. Thesis Quality: The Views of Examiners[J]. South African Journal of Higher Education, 2007, 21(8): 1042-1053.

[8] BOURKE S, HATTIE J, ANDERSON L. Predicting Examiner Recommendations on Ph. D. Theses[J]. International Journal of Educational Research, 2004, 41(2): 178-194.

[9] HOLBROOK A, BOURKE S, FAIRBAIRN H. Examiner Comment on the Literature Review in Ph. D. Theses[J]. Studies in Higher Education, 2007, 32(3): 337-356.

[10] HOLBROOK A, BOURKE S, FAIRBAIRN H. Examiner Reference to Theory in PhD Theses[J]. Innovations in Education and Teaching International, 2015, 52(1): 75-85.

文质量给出的形成性评价(formative comment)[1]和评价意见的一致性[2]、评审过程中的认知方式和话语权[3],以及个别学科领域[4][5]的论文评价问题。这些研究将评阅意见书的编码维度概括为组织与结构、论文评价点(包括研究范围、重要性和贡献、发表情况、文献综述、研究方法、选题和研究发现等)、评价性要素(包括总结性评价和形成性评价)、评价者和评价过程(包括评价者的个人背景、评价工具的使用情况等)、话语性要素(包括第一人称的使用等)五个方面。

表6-1 国外评价博士学位论文的维度与指标

提出者	维度/指标
南丁格尔[6]	对知识增进做出实质性和创新性的贡献
古尔布兰德森[7]	创新性、研究的扎实程度、与既有学术成果的关联性、论文的实用价值
洛维茨[8]	优秀博士学位论文必须体现出创新性和重要性
伯尔克等	研究范围、重要性和贡献、发表情况、文献综述、研究方法、选题和研究发现

---

[1] HOLBROOK A, BOURKE S, FAIRBAIRN H. The Focus and Substance of Formative Comment Provided by PhD Examiners[J]. Studies in Higher Education, 2014, 39(6): 983—1000.

[2] HOLBROOK A, BOURKE S, LOVAT T. Consistency and Inconsistency in PhD Thesis Examination[J]. Australian Journal of Education, 2008, 52(1): 36—48.

[3] LOVAT T, MONFRIES M, MORRISON K. Ways of Knowing and Power Discourse in Doctoral Examination[J]. International Journal of Educational Research, 2004, 41(2): 163—177.

[4] BOURKE S, HOLBROOK A, LOVAT T. Using Examiner Reports to Identify Quality in PhD Theses[C]//AARE Conference: Quality in Educational Research, Cairns. 2005.

[5] PRIETO E, HOLBROOK A, BOURKE S. An Analysis of Ph. D. Examiners' Reports in Engineering[J]. European Journal of Engineering Education, 2016, 41(2): 192—203.

[6] NIGHTINGALE P. Examination of Research Theses[J]. Higher Education Research and Development, 1984, 3(2): 137—150.

[7] GULBRANDSEN J M. Research Quality and Organisational Factors: An Investigation of the Relationship[M]. Trondheim: NTNU, 2000.

[8] LOVITTS B E. Making the Implicit Explicit: Creating Performance Expectations for the Dissertation[M]. New York: Routledge, 2007.

续表

提出者	维度/指标
马林斯和凯利	学术性(其中包括创新性)、结构的严谨性、工作量、反思性

其三,英国的马林斯(G. Mullins)和凯利(M. Kiley)分别访谈了评审经验丰富[1]和缺乏评审经验[2]的专家,发现专家通常会对论文的学术性(包括创新性、连贯性、独立性等)、论述结构的严谨性(包括概念化、研究结论、研究设计、逻辑性和谋篇布局等方面)、研究的工作量和是否具有反思性做出评价。虽然专家的评审经验可能存在差异,但两类群体都遵循相似的评审程序,使用相似的评价标准。

现有文献显示,创新性是评价博士学位论文时提及频率最高的指标之一,表明是否具备创新性是评价博士论文的核心标准,因此有必要进一步探讨现有文献对于创新性标准的相关讨论。

6.1.3 博士学位论文创新性的评价标准

国外学者对博士生教育语境下的创新性进行了广泛讨论,将学位论文创新性定义为"新知识、新观点、新发现"[3][4]或是"批判性思维的运用"[5],创新性可以出现在论文的任何部分,从其他学科借鉴的内容首次用于本学科也属于一种创新。也有学者将创新性等同于可发表性,认为博士候选人将论文的部分内容予以发表,或是论文达到可发表水平,都应

---

[1] MULLINS G, KILEY M. 'It's a PhD, Not a Nobel Prize': How Experienced Examiners Assess Research Theses[J]. Studies in Higher Education, 2002, 27(4): 369-386.

[2] KILEY M, MULLINS G. Examining the Examiners: How Inexperienced Examiners Approach the Assessment of Research Theses[J]. International Journal of Educational Research, 2004, 41(2): 121-135.

[3] JOHNSTON S. Examining the Examiners: An Analysis of Examiners' Reports on Doctoral Theses[J]. Studies in Higher Education, 1997, 22(3): 333-347.

[4] SIMPKINS W S. The Way Examiners Assess Critical Thinking in Educational Administration Theses[J]. Journal of Educational Administration, 1987, 25(2): 248-268.

[5] DELAMONT S, ATKINSON P, PARRY O. The Doctoral Experience: Success and Failure in Graduate School[M]. New York: Falmer Press, 2000.

视作具备创新性。[1]

然而,对博士学位论文创新性的评价似乎存在着一个悖论:一方面,多数专家都表示达不到创新性贡献的博士论文不应该通过;另一方面,他们又承认不期望博士生能够做出这样的贡献。可能的原因在于,专家们都认为自己的学科是渐进式、积累式的,难以有真正突破性的创新贡献[2]。在一些基于实验室文化的、团队导向的学科中,界定创新的问题更为困难[3],这表明学科差异是分析博士学位论文创新标准的一个关键视角。

已有大量文献证实,学科文化是影响博士论文评价结果的核心因素之一[4],特别表现在专家对博士论文创新性的评价方面[5][6]。例如,在以STEM为代表的自然科学领域,专家通常以论文发表情况、是否有新发现和新理论来衡量创新性,而在人文社会科学领域,判断创新性的标准更为泛化,新方法、新数据、新选题及新视角等都属于创新[7][8]。有学者总结了不同学科中博士学位论文的创新标准[9],但仅局限于罗列单个学科对创

---

[1] DENICOLO P. Assessing the PhD: A Constructive View of Criteria[J]. Quality Assurance in Education, 2003, 11(2): 84—91.

[2] LOVITTS B E. Making the Implicit Explicit: Creating Performance Expectations for the Dissertation[M]. Routledge, 2007.

[3] Council of Graduate Schools. The Role and Nature of the Doctoral Dissertation[R]. Washington, DC: ERIC, 1991: 8.

[4] KUH C V, VOYTUK J A. A Data-Based Assessment of Research-Doctorate Programs in the United States[M]. Washington, DC: National Academies Press, 2011.

[5] ISAAC P D, QUINLAN S V, WALKER M M. Faculty Perceptions of the Doctoral Dissertation[J]. The Journal of Higher Education, 1992, 63(3): 241—268.

[6] KILEY M. 'You Don't Want a Smart Alec': Selecting Examiners to Assess Doctoral Dissertations[J]. Studies in Higher Education, 2009, 34(8): 889—903.

[7] CLARKE G, LUNT I. The Concept of 'Originality' in the Ph. D.: How Is It Interpreted by Examiners?[J]. Assessment & Evaluation in Higher Education, 2014, 39(7): 803—820.

[8] GUETZKOW J, LAMONT M, MALLARD G. What is Originality in the Humanities and the SocialSciences?[J]. American Sociological Review, 2004, 69(2): 190—212.

[9] LOVITTS B E. Making the Implicit Explicit: Creating Performance Expectations for the Dissertation[M]. Routledge, 2007.

新贡献的界定,并未深入进行学科之间的比较。也有学者从选题、理论、方法、数据、结论和研究不充分之处等多个维度考察不同学科对创新的评价标准①,但这些评价标准只针对人文社科领域,并不包含自然科学领域,因而未能揭示出学科差异的全貌。

与国外大量系统的研究成果相比,国内学者更关注博士论文的总体质量评价,多将创新性视为总体质量的一个方面。例如,陈洪捷等人的研究指出,我国博士学位论文选题更具前沿性,参考文献更全面,写作更规范,成果更有创新性,其整体状况与国际水平的差距正逐步缩小②。许丹东和吕林海从知识生产模式视角对博士学位论文的评价理念和标准进行了探讨,并从知识水平、创新能力、科研能力及写作水平等维度构造和阐释了博士学位论文的分类评价标准③。李霞和宋俊波以人文社科博士学位论文为研究对象,将反映博士学位论文质量特征的要素分为形式要素和实质要素两类,构建形式要素和实质要素特征评价指标,通过测量指标得分,分析了人文社科博士学位论文质量特征,研究成因并提出改进建议④。专门针对博士论文创新标准的研究只有几篇,零散地探讨了创新的表现形式⑤、评价不一致的来源⑥和影响因素⑦⑧,或是个别培养单位、

---

① GUETZKOW J, LAMONT M, MALLARD G. What is Originality in the Humanities and the Social Sciences? [J]. American Sociological Review, 2004, 69(2): 190－212.

② 陈洪捷,赵世奎,沈文钦,等. 中国博士培养质量:成就、问题与对策[J]. 学位与研究生教育, 2011(6): 40－45.

③ 许丹东,吕林海. 知识生产模式视角下的博士学位论文评价理念及标准初探[J]. 学位与研究生教育, 2017(2): 48－53.

④ 李霞,宋俊波. 人文社科博士学位论文质量要素特征评价:以中国人民大学人文社科类博士学位论文为例[J]. 学位与研究生教育, 2017(11): 13－17.

⑤ 董泽芳. 博士学位论文创新的十个切入点[J]. 学位与研究生教育, 2008(7): 12－17.

⑥ 刘少雪. 博士学位论文评价的主观性与客观性[J]. 高等教育研究, 2014(2): 54－58.

⑦ 李丽,胡祥培,张吉礼. 博士学位论文创新性及相关因素关联分析[J]. 研究生教育研究, 2015(2): 24－27.

⑧ 顾亚琳. "人文社科类"博士论文的创新性及影响因素的实证研究[D]. 南京:南京大学, 2017.

个别学科领域①的经验总结。

通过梳理国内外研究文献可以发现,一方面,从研究视角来看,专家衡量博士论文创新性的标准表现出学科区隔,但由于各培养单位论文评审档案的保密性,难以获得大样本数据支撑多学科的比较研究,一定程度上限制了研究结论的深度和广度。另一方面,从研究方法来看,除传统的问卷调查和访谈法之外,分析评审专家的评价意见可以揭示出丰富的信息,为研究博士学位论文评价问题提供新的方法和路径。在借鉴既有研究经验同时改进其不足的基础上,本章将基于全国层面的博士学位论文评阅数据,从学科文化视角分析同行专家对博士论文创新性的评价标准,旨在拓展博士论文评价问题的研究视域,为科学制定博士论文的评价标准提供参考依据。

6.2 学业评价抑或学术评价:创新的基本标准

客观而言,对博士学位论文应该达到的基本标准,不同培养单位、不同学科、不同专家之间可能存在一定程度上的分歧。为了保证我国学位授予质量,国务院学位委员会第 28 次会议决定,组织专家研究制定《一级学科博士、硕士学位基本要求》(以下简称《基本要求》)②,《基本要求》是各类研究生学位授予应该达到的基本标准。本章首先对《基本要求》中哲学、社会学和物理学三个一级学科博士学位论文的创新性要求进行总结、提炼和比较,概括不同学科博士学位论文创新的基本要求,然后利用博士学位论文专家评阅意见材料,对不同学科博士学位论文创新的程度进行分析,从应然和实然两个视角对不同学科文化视域下博士论文的创新标准展开讨论。

---

① 丛杭青,沈琪,陈大柔.博士论文协同创新机制与理念研究:以浙江大学人文学科为例[J].中国高教研究,2014(9):59—65.
② 国务院学位委员会第六届学科评议组.一级学科博士、硕士学位基本要求[M].北京:高等教育出版社,2014:出版说明.

前文已提及,博士学位论文既是学业评价,也是学术评价。那么在不同学科中,对于博士学位论文创新性的基本标准是如何界定的呢?下面基于表6-2的内容展开论述。

表6-2 哲学、社会学和物理学三个一级学科博士论文创新性的基本要求

一级学科	学位论文创新性的基本要求
哲学	第一,对哲学理论的某个关键概念或命题作出合理的质疑、澄清和修正;第二,对哲学争论中的一个重要问题,运用新材料、论证和方法,提出新的解决方案;第三,在哲学和其他学科的某个交叉点上,用跨学科的方法,研究新问题,提出新观点;第四,用实证材料和文本资料,论证和具体说明哲学理论联系实际的新途径;第五,应用特定的哲学理论观点,对新的社会现象作出具体、全面、合理的解释;第六,对某个哲学家的思想作出新的梳理、诠释和评价;第七,对重要的或新发现的哲学文本作出新的翻译、勘校、考证和注解。此外,博士学位论文的创新性必须取得同行专家认可;博士生应在中文核心期刊或相当于中文核心期刊的学术期刊、论文集、学术论著中发表学位论文的部分观点
社会学	第一,选题的创新,指在社会学的基础理论和前沿成果基础上,或从社会发展中的重要社会现象和社会问题中,提出新颖选题;第二,资料的创新,指运用新的社会调查数据和研究资料作为论据进行研究和分析;第三,方法的创新,指运用新的社会研究方法或统计分析方法,对所研究的社会现象和社会问题进行分析和论证;第四,结论的创新,指博士学位论文有明显的知识创新或重要的实践价值
物理学	应在本学科领域(科学上或专门技术上)作出创新性的研究成果,并发表与学位论文相关的学术论文。学术创新可以出现在提出问题、研究过程和最终成果的任何环节。学位论文应能反映出博士生具备了独立从事科学研究的能力

资料来源:国务院学位委员会第六届学科评议组. 一级学科博士、硕士学位基本要求[M]. 北京:高等教育出版社,2014:5—6;53—54;171—172.

首先,从应然的理想状态来看,哲学、社会学和物理学三个一级学科均将博士学位论文视为一种建立在学业评价基础上的学术评价。例如,哲学和物理学的《基本要求》中均明确提出博士学位论文的创新性必须取得同行专家认可,应该发表与学位论文研究主题相关的学术论文;社会学虽然没有明确提出学术论文发表的要求,但却要求学位论文有明显的知识创新和重要的实践价值,这也可以视为一种学术评价。

其次,从博士学位论文创新性要求的具体维度来看,哲学、社会学和物理学三个一级学科既有共性要求,同时也呈现出一定差异。从共性要求来看,三个学科均指出,学位论文的创新既可以是选题方面的创新,也可以是研究方法、研究材料或研究结论的创新。但是,《基本要求》中却没有明确指出创新性只需满足一点即可,还是需要在选题、材料、方法及结论方面同时满足。因此,对此标准的把握需要结合评审专家的实际评价标准进行度量。从差异要求来看,哲学由于自身学科文化和学科特质的特点,对哲学博士学位论文创新性的基本要求规定更加明确和细致,不仅包括对某些关键概念或命题的理论思辨,而且包括对思想家的思想或者文本的梳理、评价、考证或注释,而社会学和物理学一级学科中对创新维度的基本要求则相对比较模糊。

最后,在哲学、社会学和物理学三个一级学科中均对博士学位论文的创新性单独进行了规定,对创新性的要求与对选题与综述的要求和对规范性的要求并列。这同样体现出,一方面,在学科文化各异的三个学科中,博士学位论文被认定为一种学业评价基础之上的学术评价,期待通过博士学位论文的训练和研究,能够反映出博士生具备独立从事科学研究的能力。另一方面,学术规范和学术道德等方面的"规范性要求"不应作为评价学位论文质量的"底线标准"。换言之,博士学位论文质量应具有"双重底线",既包括"规范性底线",也包括"创新性底线"。

6.3 学科文化与论文评价:创新的评价标准

《基本要求》中对博士学位论文创新标准的规定是一种应然状态的要求,那么,在实然状态下,不同学科的同行专家对博士学位论文创新的评价标准是如何界定的呢?与应然的理想状态相比,实际评价标准与基本要求是否存在偏离?若存在偏离,其偏离程度如何?不同学科之间的创新评价标准又存在何种差异性?这是本节讨论的主要问题。

在选取具体的研究材料时,本节更加侧重选取评审专家的"极大化"综合评价,包括评审为"优秀"的和"不合格"的评阅意见,试图从评审专家"肯定性"或"否定性"的评价判断中提炼不同专家做出某种综合评价等级的主要判断理由,以此作为代表性依据,探讨不同学科文化背景的同行专家对博士学位论文创新评价标准的把握尺度和衡量重点,并与《基本要求》中规定的创新标准进行比对分析。

为了简化分析和便于展开后续学科间的对比,可以将博士学位论文创新评价标准大体划分为包括选题、材料、方法、结构、结论及成果在内的六个维度。实际上,对于博士学位论文创新标准究竟应该从哪些方面进行总结和评价,不同学科专家,甚至同一学科的不同专家之间,均可能会存在不同的"认定标准"。换言之,对博士学位论文创新标准进行维度划分本身是极易引起疑问的"争议性话题"。由于人文社科类评审专家对博士论文评价的尺度较为宽松,在同行专家评审意见的评价等级划分方面,哲学、社会学两个学科分为优秀、一般/不合格两个等级,而物理学划分为优秀和不合格两个等级。不同学科同行专家对博士学位论文创新性的典型评价标准见表 6-3。下面从三个方面对不同学科博士学位论文的创新标准进行比较分析。

第一,博士学位论文创新性的评价标准在具有不同学科文化的学术共同体之间呈现出明显差异性。概括而言,在哲学、社会学这些软学科或偏软学科中,同行专家更倾向于将博士学位论文视为一种带有学术训练性质的学业评价。具体体现为,在实际评审中,同行评审专家几乎均未特别强调发表学术论文,更未强调发表论文与博士学位论文研究主题的关联性及发表刊物的档次。与软学科形成鲜明对比的是,在以物理学为代表的硬学科中,同行评审专家不仅非常强调发表高质量学术论文,而且要求发表的学术论文必须与博士学位论文研究主题直接相关。

换言之,在硬学科中,博士学位论文中的主要研究成果必须已经取得同行专家的学术认同。这充分表明,在这些硬学科中,博士学位论文被认为是一种学术评价,特别强调成果的原创性。在物理学博士学位论文专家评阅意见中,下面一些评阅意见极具代表性:

> 值得一提的是,该文的主要结果已发表在国际一流刊物 PRA,表明该文的创新性和作者的学术水平已经获得国际同行的广泛认可。(W02—01;评价等级:优秀)

> 在高水平老师的指导之下,作者以第一作者在国际重要刊物上发表了 2 篇被国际检索 SCI 收录的文章,国内期刊 2 篇(SCI 与 EI 也分别检索),完成了这篇有创新成果的博士毕业论文。(W18—03;评价等级:优秀)

> 更重要的,作者在正式刊物上发表的学术论文非常少,仅以第一作者发表一篇学术论文,另外一篇非第一作者的文章内容也与该学位论文无关。在其他学校应该是达不到博士学位的硬指标要求的。另外再考虑到发表论文的质量和内容的重要性,我的判断为不合格。(W12—04;评价等级:不合格)

> 主要是没有第一作者的 SCI 论文发表,难以对其博士论文水平进行评判……故认为该论文不合格。(W114—01;评价等级:不合格)

第二,在具有不同学科文化的三个学科中,同行评审专家对博士学位论文创新标准的"合格水位"把握高低有别。具体而言,在以物理学为代表的硬学科中,博士学位论文质量保障具有涵盖"规范性底线"和"创新性底线"在内的"双重底线";而在软学科中,同行评审专家在作出否定性的最终评价中,依据的主要是"规范性底线"这一"单一底线",特别在哲学一级学科中,这种评价更为普遍和典型。

在物理学一级学科中,博士学位论文创新标准的"双重底线"可以在下面一些评价中得到体现:

> 本人认为该篇论文未达到博士论文基本要求,理由有:第一,该篇博士论文研究内容相对缺乏,作者仅仅做了一小部分研究;第二,博士论文一般要求对当前课题的研究进展详细阐述,该篇论文只是简单轻描淡写,此外对于工作总结和展望也是简单描述,这不符合博士论文基本要求。(W12—02;评价等级:不合格)

> 论文作者对关键的科学问题凝练不够清晰,所做的工作非常凌乱,缺乏系统性与深入性,就是一个大拼盘,大杂烩。此外,论文撰写不够规范,中英文摘要不够精练,不够书面语,英文摘要不符合科技论文的表达规范。(W15—03;评价等级:不合格)

而在哲学、社会学这两个一级学科中,大部分同行评审专家对博士学位论文作出"一般/不合格"等带有否定性评价所主要依据的是"规范性底线"这一"单一底线",例如:

> 该文选题不是很好。……文章的创新性也不强,没有提出太有新意的观点。(Z14—02;评价等级:合格)

> 该文选题是有意义的,研究的思路也有可取之处。但文章对一些核心概念的使用比较混乱,导致论文的叙述逻辑和论证思路不够清晰。(Z18—02;评价等级:不合格)

> 文章缺少问题意识,基本上是四平八稳地、以教科书式条理来展示逻辑框架和分析问题,创新点不多。(Z48—02;评价等级:合格)

表 6-3　哲学、社会学和物理学三个一级学科博士论文同行专家对创新性的评价标准

一级学科	等级	选题	材料	方法	结构	结论	成果
哲学	优秀	具有开创性和创新性	对材料的整理和论述具有很高的文献价值	高度思辨	结构清晰	提出卓有见地的观点	未特别强调
哲学	一般/不合格	选题过大；缺乏新意；缺乏问题意识	二手材料；外文资料参考过少；案例选取代表性不足；侧重描述而非分析解释	是散文而非哲学论文；非学术意义的调查报告；学科范式冲突	核心概念界定不清和混用；结构混乱；主旨不明；规范性差	内容浅薄；缺乏有新意的观点；理论分析深度不够；结论有偏颇	未特别强调
社会学	优秀	选题具有很好的理论意义和鲜明的现实意义	大量第一手资料；工作量饱满	研究方法严谨、规范	提出了新的分析框架；逻辑清晰	政策建议具体、可行	未特别强调
社会学	一般/不合格	选题过大，没有找到研究的突破口和切入点	二手数据；案例选取缺乏典型性，泛泛而论	一般描述和简单分析；学科范式冲突；研究方法不科学	分析框架有缺陷；规范性差；像论文集或调查报告；研究内容单薄	没有理论贡献；解决问题的对策建议薄弱；重复性知识再生产，无新意；研究结论不稳定、不科学	未特别强调

续表

一级学科	等级	选题	材料	方法	结构	结论	成果
物理学	优秀	研究热点和难点;选题的科学意义明显;选题前沿性	工作量饱满;数据可靠	研究方法科学、新颖	结构合理;重点突出	创新性强;结论有意义且令人信服	强调与博士学位论文研究主题直接相关的高质量的学术论文发表
	不合格	比较旧的研究对象;对关键的科学问题总结不够清晰	工作量不足;图片质量和可辨别度差	所做工作非常凌乱;学科范式冲突;研究方法缺乏新意	研究系统性不足;大拼盘、大杂烩	未特别强调	发表的论文质量不高;发表论文与博士论文研究主题无关

该文是一篇在目前学术评价习惯下撰写的很平常、很一般的博士学位论文。如果撇开这些影响因素,严格按照学术研究应有的规范和标准来要求,该论文离真正合格尚有距离。(Z38-01;评价等级:合格)

整篇论文,除了调查部分有相应调查内容,但却没有进行必要的理论分析和提升之外,其他部分的内容大都类似教科书相关知识的介绍,非常空洞和外在,与论文并无内在逻辑关系,与论题并无直接相关性,导致整个论文问题意识并不聚焦,说明作者缺乏必要的理论基础和专业训练。(Z53-01;评价等级:不合格)

从上述代表性评价中可以明显看出,一方面,哲学博士学位论文同行专家评审尺度较大,除极个别情况下,一般均能通过合格评审;另一方面,尽管强调单一的"规范性底线",一部分博士学位论文及评阅专家依然可能会突破这一唯一底线。以哲学为代表的人文学科是一种缺乏严密性的智力事业①,对知识的确认标准和陈旧标准存在争议,成果容易受个人价值观的影响,强调理解和鉴赏等学科特点,但作为一篇申请学位的博士论文,必须符合学位论文一般的(或通用的)要求和规范。例如,一篇合格的博士学位论文应该有明确的问题意识,应该结构合理,逻辑通顺,语句流畅,应该突出研究性且有一定的研究深度而非泛泛的常识性介绍,等等。此外,从《基本要求》中的评价标准和同行专家的实际评审标准的偏离度来看,以哲学为代表的软学科的偏离程度明显高于硬学科。例如,在哲学一级学科《基本要求》中规定,博士学位论文的创新性必须取得同行专家认可,但在实际评价标准中,这一"核心标准"几乎未被提及。

第三,博士学位论文研究范式是否与授予学位所在学科相冲突,是不同学科同行评审专家在评定一篇博士论文是否合格时所秉持的一个"重要标准",而且在不同学科中,评审专家对这一标准的把握尺度较为一致。有学者提出:"当学科确立以后,会同时按照知识逻辑和制度逻辑去运行,形成具有两种规范性力量的知识运行机制。"②学科一旦确立,就有其特定的核心概念体系、研究范式、研究惯例与方法。不同学科的研究范式从根本上规范着博士学位论文的选题、研究对象、写作风格及内在质量标准。即便是涉及跨学科的博士学位论文选题,也必须符合所申请学科博士学位的基本研究规范和研究范式。当然,跨学科既是未来学术研究和博士生培养的重要发展趋势,也是学位授予和博士学位论文评定中极易引起争议的难点话题。由于这一话题并非本章所分析论证的核心命题,故只提及而未展开论述。在物理学中,下面两个同行专家均明确指出学科研究范式冲突问题:

> 该篇博士论文主要涉及计算化学、材料化学、物理化学学科,与光学学科的关联度较小。虽然涉及光和物质相互作用的光谱技术和纳米光子学内容,但论文的主要研究内容并不属于物理学光学领域。

---

① 凯根.三种文化:21世纪的自然科学、社会科学和人文学科[M].王加丰,宋严萍,译.上海:上海世纪出版集团,2014:1.

② 龚怡祖.学科的内在建构路径与知识运行机制[J].教育研究,2013(9):12—24.

论文缺少有关光学理论和光谱技术的系统性的阐述和研究。虽然该生被授予的是物理学光学博士学位,但该论文不能表明该生在光学领域已经掌握了坚实宽广的基础理论和系统深入的专门知识。(W25-02;评价等级:合格)

从研究内容上看,本人更倾向于将该学位论文归属为生物学里的认知心理学方向,而不是该博士论文所申请学位的专业方向凝聚态物理。因为该论文没有涉及凝聚态物理中的任何概念,所以本人不同意授予凝聚态物理专业的博士学位。(W49-03;评价等级:不合格)

在哲学、社会学等软学科中,学科范式冲突问题也同样存在。从实际评价标准来看,一些专家虽然明确指出博士论文研究范式与申请学位的学科归属不一致,但是最终却并未作出否定性评价。另外,从实际评审尺度来看,尽管文字中给出"否定性"的评阅意见,但最终均给"勉强过关",可以从下面一些典型评语中明显反映出来:

该文论题具有前沿性,学术基础扎实,论理充分,符合博士学位论文的写作规范。一个疑问是论文作者的专业背景是科学技术哲学,而该论文的论题和学术特征是伦理学或逻辑学,这种论题与专业不一致的情形在学位和专业的管理上值得引起注意。(Z50-01;评价等级:合格)

论文为科学哲学方面的论文,授予的学位是科学哲学学位,但是论文仅仅梳理了大数据在社会方面的影响与作用,缺少对于大数据有见地、创新性的哲学分析,论文更偏于管理学、经济类,而不是哲学类论文。(Z57-01;评价等级:不合格)

该博士论文作为马克思主义哲学专业的博士论文,与该学科的研究方向与内容有一定距离,虽然标题是用"哲学视域下",但文章中对马克思主义哲学的把握比较浅显,把哲学原理和实际问题的结合处理成了两层皮,哲学原理运用显得牵强。所以,鉴于该论文存在的基本缺陷,论文属于基本合格。(Z59-03;评价等级:合格)

> 论文的研究方向为教育社会学,但论文只能称为"教育学"或"教育史"研究,看不出社会学理论或相关研究方法的运用。论文的核心概念及其论述很难成立,只是关键词的解释而已;而论文提出的所谓假设,并不符合社会学的研究规范。(S11-01;评价等级:不合格)

> 论文学科意识不强,无论是从社会学角度还是从教育学角度,都没有凸显其特有的学科视界。(S11-05;评价等级:合格)

博士学位论文创新标准的评价与学科文化密不可分。比彻等人按照学科成员联系的紧密程度将学科划分为趋同型学科和趋异型学科两种类型。趋同型学科能够保持合理、一致的标准和程序,以便进行知识控制。物理学就是趋同型学科的一个典型例子:

> 许多物理学家基本上受过相似的学科训练,思维方式相同,有着共同的对话模式和可接受的标准,他们尊崇"深奥的简单",对"自然的统一性有着准宗教的信仰"。①

而趋异型学科在观点和问题上缺乏一致性,没有统一的范式和标准,在很大程度上容许知识的反常,甚至在某种情况下允许会导致自我毁灭的争论的存在。哲学和社会学属于典型的趋异型学科。趋同或趋异只是抽象状态的一种划分,学科类型的实际情况更为复杂多样,甚至可能交互重合。上述划分虽然简单,但为人们更深入地理解学科文化提供了便利。因此,对于博士学位论文创新标准的界定和探讨,必须纳入特定的学科文化背景和"学术部落"视域中进行,舍此情境,就不太可能作出"恰当而准确"的评判,更难以在多个评审专家之间达成共识。

---

① 比彻,特罗勒尔. 学术部落及其领地:知识探索与学科文化[M]. 唐跃勤,蒲茂华,陈洪捷,译. 北京:北京大学出版社,2015:1-9.

6.4 相关讨论

第一,不同学科文化视角下同行专家对博士学位论文及其创新标准界定之间的差异,是不同学科文化传统、价值理念、知识生产方式和人才培养规律及特点的综合反映。一般而言,人文社科等软学科的博士生培养,需要相对宽松的学术氛围和研究环境,强调研读经典、讨论交流,注重对话与争鸣,培养周期较长且带有不确定性,明显受个人主观性因素的影响。与人文社科等软学科不同的是,以物理学为代表的硬学科中的知识生产具有累积性和线性特征,有清晰的正误标准且在学术共同体中容易达成共识,很少受个人价值倾向和情感的影响,而对这种知识生产方式下产生的新知识的评价也呈现出"硬学科—硬标准"的特点。学科文化的差异揭示出,在硬学科中,对博士生的培养和博士学位论文的评价有较为一致和明确清晰的标准和尺度,优秀人才成长的周期相对较短,从博士学位论文中应该能明确反映出申请者已具备了独立从事科学研究的能力。而在软学科中,对博士生的培养和博士学位论文的评价并没有清晰的标准和尺度,也相对比较排斥整齐划一的培养流程,培养过程呈现出个性化、灵活性和不确定性,获得博士学位并不能真正代表申请者已经具备了独立从事学术研究的能力和潜力,对学术能力和潜力的鉴别需要更长的周期和时间,相应地,学者的成长也需要更长的周期。鉴于目前博士生培养领域的改革更多是关注制度性和外在的因素,较为缺乏从学科视角切入的探讨,上述研究结论有助于从内部视角为深入推进博士生教育综合改革提供启示和借鉴。

第二,不同的学科具有不同的内部文化特征,包括学者的研究目标、典型的行为模式、互动方式、出版规则以及"学术部落"的核心价值与观念,由此决定了不同学科知识生产及评价的差异性。与硬学科相比,软学科的知识特征、知识生产及评价更为复杂多样,更容易受到个人色彩和价值观的影响,对知识创造的认定标准存在争议且难以达成共识。从知识分类和研究范式的对应关系来看,硬学科和软学科的区分对应的是严密知识领域和非严密知识领域的区分。从这个意义上而言,以物理学为代表的纯硬学科中博士论文的知识生产属于严密知识的范畴,这类知识研究的范围一般比较清晰,研究的问题比较确定,属于逐渐累积发展的"知识链",知识结构严密;而以哲学为代表的软学科,博士论文的知识生产属于非严密知识的范畴,这类知识研究的范围非常广泛,界限不清晰,问题的定义也不是特别严格,理论结构也相对不确定,知识结构呈现出松散的关联性特征。

第三,从哲学、社会学和物理学三个学科应然的《基本要求》来看,博士学位论文应包括"规范性底线"和"创新性底线"在内的"双重底线";但从实然的同行专家评价标准来看,底线保障程度与学科硬度呈现相关性,"学科硬度"越高,"双重底线"保障程度也越高。具体而言,哲学学科中,同行评审专家对博士学位论文的评审尺度较为宽松,而在物理学学科中,同行评审专家的评审尺度较为严格,社会学的评审标准的宽松度介于物理学和哲学之间。尽管软学科的知识生产会明显受到个人主观性和价值观的影响,对知识的确认标准和陈旧标准也存在一些争议,但是,无论在哪个学科中,作为学术研究训练成果的博士论文,必须满足学位论文的"通用规范"。这些"通用规范"包括:博士学位论文选题必须有问题意识,对研究中涉及的核心概念需要作出清晰的概念界定,对数据及材料的使用必须经过仔细考辨以确保证据的严谨性、代表性和说服力,研究方法合适,工作量达到授予博士学位要求的标准,逻辑思路顺畅,学术用语表达通顺,观点明确。因此,在博士生的培养过程中,除了尊重学科文化特质差异以外,还需要重视和加强基本的学术规范训练,以保障博士生培养质量。

第七章 博士生教育服务需求机制调整

本章对宏观层面的博士生教育服务需求机制进行专门分析,从理论框架上对学位与研究生教育的需求重新进行界定,并以此为逻辑起点,提出学位与研究生教育主动服务需求的双重调控机制及其调整路径。本章的研究不仅有助于丰富学界对学位与研究生教育主动服务需求的理论认识,而且对国家建立学位与研究生教育主动服务需求的动态调控机制和自主调节机制,具有重要参考价值。

我国自恢复研究生教育以来,结合国家战略需要和经济社会发展需求,探索出了一条有中国特色的研究生教育发展道路,基本实现了自主培养高层次人才的战略目标。然而与研究生教育肩负的重大历史使命和国际高水平研究生教育相比,我国学位与研究生教育仍然存在明显差距。2017年出台的《学位与研究生教育发展"十三五"规划》中指出,目前的学位与研究生教育未能建立起主动适应经济社会发展需求的自主调节机制,以质量为导向的评价机制和资源配置机制未能有效发挥作用,研究生教育的国际影响力与国家地位不相匹配。[①]未来,我国学位与研究生教育改革发展要继续坚持以服务需求、提高质量为主线,加快从研究生教育大国向研究生教育强国迈进。那么,目前我国学位与研究生教育发展中面临的现实需求有哪些?学位与研究生教育主动服务需求不到位受制于哪些机制性约束?应如何建立起学位与研究生教育主动服务需求的动态调控机制?

---

① 中华人民共和国教育部. 教育部 国务院学位委员会关于印发《学位与研究生教育发展"十三五"规划》的通知[EB/OL]. (2017-01-20). http://www.moe.gov.cn/srcsite/A22/s7065/201701/t20170120_295344.html.

学术界对这一主题的研究主要聚焦于研究生教育发展的普遍规律与内在机理[①],研究生教育发展的动力源、影响力及研究生教育质量的监督与保障[②],研究生培养单位内部的约束与激励[③],高等教育质量文化建设[④],高等教育质量监测评估[⑤],研究生教育与经济、科技的协调发展关系及内生机制[⑥],研究生教育发展思路[⑦],等等。这些代表性的研究文献对于本章研究具有重要启发作用。但现有研究尚未有直接涉及学位与研究生教育服务需求调控机制的政策类研究,也未形成具备可操作性的政策建议。

7.1 科学认识博士生教育两种需求是进行机制调控的逻辑起点

7.1.1 博士生教育发展面临两种需求:上位需求和下位需求

学位与研究生教育主动服务需求,首先必须科学认识需求的层次、类型、内涵及特点。理论上讲,需求因主体而异,因发展阶段(时间)而异,因面临形势(环境约束)而异,因此具备层次性、动态性及约束性。学位与研究生教育的性质决定了它在国家战略、区域经济社会发展及高校自身发

---

① 刘贵华,孟照海. 论研究生教育的发展逻辑[J]. 教育研究,2015(1):66—74.
② 刘少雪. 建国初期我国研究生教育发展若干问题讨论[J]. 高等教育研究,2011(6):42—47.
③ 阎光才. 研究生教育质量提升面临"内部"困局[N]. 光明日报. 2015-01-06(14).
④ 张应强,苏永建. 高等教育质量保障:反思、批判与变革[J]. 教育研究,2014(5):19—27.
⑤ 王战军,乔伟峰,李江波. 数据密集型评估:高等教育监测评估的内涵、方法与展望[J]. 教育研究,2015(6):29—37.
⑥ 袁本涛,王传毅,冯柳青. 基于协整理论的我国研究生教育与经济、科技协调发展研究[J]. 教育研究,2013(9):33—41.
⑦ 别敦荣,易梦春,李家新. "十三五"时期研究生教育发展思路[J]. 中国高教研究,2016(1):83—90.

展等不同层面均具有不可替代的重要作用①,据此,可以将学位与研究生教育的需求划分为以国家战略需求为重心的"上位需求"和以区域和大学自身需求为重心的"下位需求"。研究生教育的"上位需求"体现了它在国家战略竞争、人才竞争及科技竞争中扮演的重要支撑作用,而研究生教育的"下位需求"则直接体现为促进区域经济社会发展及高校自身发展中所具有的核心催化作用。

研究生教育的"上位需求"和"下位需求"是由研究生教育的"上位功能"和"下位功能"所决定的。所谓研究生教育的"上位功能",主要指以国家需求为重心的研究生教育功能定位,这种功能定位强调研究生教育是国家人才竞争和科技竞争的重要支柱,是培养高层次人才的主要途径,是国家创新体系的重要组成部分,是实施创新驱动发展战略和建设创新型国家的核心要素。② 所谓研究生教育的"下位功能",主要指以大学和区域的需求为重心的研究生教育功能定位,这种功能定位强调研究生教育是大学办学水平提高的主要标志,是支撑区域经济社会发展的重要力量。从院校的立场出发,是否进入研究生学位授权,特别是博士学位授权单位的行列,对于一所院校有着重大意义。这往往是提升本校学术水平、学科水平,进而吸引优秀的本科生源、高水平的学术人才的重要因素。③深刻理解研究生教育的"双重服务需求"与研究生教育的"双重功能定位"之间的关系是展开后续分析的重要基石。

一般而言,研究生教育的"上位需求"和"下位需求"相辅相成,互为一体。但当研究生教育发展到一定阶段以后,两种需求之间在一定程度上可能会出现不协调和不均衡的矛盾,特别是当不同的利益相关方基于不同的立场参与博弈,将会使这种矛盾变得更加突出。

---

① 陈洪捷,沈文钦,高耀,等. 学位授权审核机制改革与我国研究生教育治理路径的调整[J]. 教育研究,2016(1):17—25.
② 同上。
③ 同上。

7.1.2 博士生教育的"双重需求"值得重点关注和充分考虑

首先来看国家层面的"上位需求"。一是重大原始创新能力亟待提升。博士生教育在科学前沿"从0到1"的重大原创性成果依然缺乏,基础科学前沿领域的原始创新能力还有待增强,重大原创性成果缺乏。哲学社会科学的引领作用彰显不够,具有辨识度的思想文化成果还不够,中国特色自主知识体系亟待构建,国际学术话语权与我国整体地位不相称。对产业升级、引领未来发展的关键核心技术和"卡脖子"技术的支撑能力亟待加强。二是聚焦战略需求的学科生态有待形成。部分博士学位点的学科建设聚集不够明显,主干与支撑学科间关联不强、逻辑不清,跨学科、跨院系协同尚没有形成有效机制,围绕国家重大需求的可持续发展学科生态尚未完全形成。哲学社会科学体系建设仍需加强,研究精品力作还不够多,学术原创能力还不强,对推进国家治理体系和治理能力现代化的支撑力还不足。三是有组织的科研能力有待提升。有组织开展科研的意识不强,单打独斗、资源分散,导致科研项目和成果"小、散、弱",主动服务国家和地方重大战略能力有待加强。部分建设高校虽有融入区域发展和军民融合体系的意识,但在整合资源的能力、协同合作的机制、争取外部资源的支持上还存在不足。

其次来看省域层面的"下位需求"。区域之间、省域之间学位与研究生教育发展不平衡问题较为突出,广大中西部经济欠发达省份的学位与研究生教育发展面临巨大困境,迫切需要进行国家层面的机制创新。从学术学位授权点的省域分布来看,2015年博士硕士一级学科授权点相比的系数,北京为0.929,上海为0.951,这两市为全国最高,而中西部省份中,新疆(0.279)、云南(0.256)、河南(0.253)、西藏(0.25)、宁夏(0.25)和内蒙古(0.248)仅为0.2左右,广西(0.195)、贵州(0.187)、青海(0.16)和江西(0.143)则在0.2以下。从专业学位授权点的省域分布来看,2015年博士硕士专业学位授权点相比的系数,上海为0.053,为全国最高,北京(0.041)、广东(0.044)、吉林(0.041)、浙江(0.04)、重庆(0.049)等在

0.04左右,而山西、内蒙古、海南、贵州、云南、西藏、青海和宁夏八个省份尚未获得博士专业学位授予权。[①]由于博士研究生就业呈现出明显的"属地就业"特征[②],西部地区大多数省份一方面由于学位授权点的限制导致自身无法培养更多的高层次人才,另一方面也很难招收到合适的人才,即使花大力气引进也很难保证"留得住,用得好",持续出现"孔雀东南飞"的现象。这种需求旺盛但供给缺乏导致的突出结构性矛盾严重制约了广大西部地区经济社会的进一步发展,长远来看非常不利于区域差距的缩小。

最后来看高校层面的"下位需求"。中西部高校,特别是西部高校发展面临生源、师资及经费方面的多重困境。一是西部重点高校的优秀生源流失问题严重,直接影响这些高校的研究生培养质量。在研究生教育层面,东部地区重点高校像抽水机一样,不仅抽取了西部高校的优秀本科生,而且抽取了有志于攻读博士学位的硕士生。据人民网报道,近年来西部欠发达地区高校研究生生源质量持续下降。西北众多高校的推荐免试工作面临严峻挑战,不仅留不住本校优质人才,也吸引不到外校乃至外省的"尖子生"[③]。

二是随着博士生导师数量逐年增加,对博士生的生源需求呈现出明显的"刚性增长"态势。西部地区很多高校由于学位授权点(特别是博士学位授权点)限制和研究生招生(特别是博士生)名额限制,不仅既有的优秀教师资源流失,而且引进优秀青年教师资源困难重重。例如,原兰州大学校长曾撰文指出,该校大量高层次人才流失使学校原有的学科优势和人才培养秩序受到严重影响,仅1983—1985年间便向东部流失了111名

[①] 中国学位与研究生教育发展年度报告课题组. 中国学位与研究生教育发展年度报告(2016)[M]. 北京:中国人民大学出版社,2017:200-201.
[②] 高耀,沈文钦. 中国博士毕业生就业状况:基于2014届75所教育部直属高校的分析[J]. 学位与研究生教育,2016(2):49-56.
[③] 人民网. 被逼无奈 情有可原:也谈兰大推免生问题[EB/OL]. (2016-09-26). http://gs.people.com.cn/n2/2016/0926/c183343-29058624.html.

教师,其中包含大量骨干教师①。此外,一部分已工作的青年教师和暂未就业的博士毕业生还可以通过博士后的方式在发达地区寻求新的发展。例如,2015年我国进站博士后研究人员达16041人,其中北京4160人,远远超过其他省市,上海(1453人)、江苏(1517人)和广东(1212人)居后,而广西(97人)、贵州(52人)、甘肃(88人)、内蒙古(42人)、云南(96人)和新疆(81人)六省均不足百人,海南(9人)、西藏(2人)、青海(7人)和宁夏(3人)则在十人以下②,省域之间差距非常明显。

三是经费资源方面,西部大部分地区由于经济欠发达,对省域内高校经费支持力度有限,在市场经济"丛林法则"的竞争态势下,省域内研究生教育发展举步维艰。2017年1月,教育部办公厅出台了促进高校高层次人才合理有序流动的通知,指出高校高层次人才流动要服从服务于高等教育改革发展稳定大局和西部大开发、东北老工业基地振兴和"一带一路"等国家重大发展战略;不鼓励东部高校从中西部及东北地区高校引进人才;高校之间不得片面依赖高薪酬和高待遇竞价抢挖人才,不得简单以各种"学术头衔"或"人才头衔"确定薪酬待遇、配置学术资源。这些措施对缓解西部及东北地区人才流失的作用还需要长期进行观察。但长远来看,仅靠这些外力还远远不够,必须从国家机制设计层面为西部地区选人用人留人打造持续发展的空间和平台。

因此,在设计学位与研究生教育主动服务需求的调控机制时,有必要对国家层面的"上位需求"、省域层面和高校层面的"下位需求"给予重点关注和充分考虑,引导高层次人才长期稳定服务,进一步促进区域之间、高校之间的协调发展。

---

① 王乘. 做西部文章 创一流大学:西部地区高校要走出有特色高水平的创新发展道路[J].国家教育行政学院学报,2016(10):3-6.

② 王修来,曹阳,马宁玲,等. 中国博士后发展报告(2015)[M]. 北京:中国人事出版社,2016:17-19.

7.2 博士生教育主动服务需求受双重调控机制约束

提高质量是学位与研究生教育主动服务需求的必然要求,也是研究生教育发展的核心诉求。当前我国学位与研究生教育发展面临双重机制约束,一方面是培养单位内部自身机制约束,另一方面是外部社会的机制约束。

(一)内部调控机制约束

内部约束机制主要指培养单位充分利用各种资源、制度及机制要素进行最佳组合,为达到最优化人才培养、科学研究及社会服务的目标,而经学术组织内部程序制定和颁布执行的具有规范性要求、标准的规章制度和手段的总称。目前我国研究生培养单位基本上建立了较为完备的研究生培养和学位授予的制度、要求及规范,其中包括招生入学、课程学习、学术训练、学术交流、论文开题、中期考核、资格考试、论文撰写、预答辩、论文外审、正式答辩等诸多"关键节点控制"措施,以保证培养单位人才培养质量和学位授予质量。

(二)外部调控机制约束

外部约束机制主要指国家为保证人才培养质量和学位授予质量而经法定程序制定和颁布执行的包括学位授权审核制度、学位授权动态调整制度、研究生招生计划下达办法、研究生培养经费支持办法及学位论文抽检制度在内的一系列具有规范性要求、标准的规章制度和手段的总称。研究生教育发展的外部约束机制以国家行政权力为依据,以国民经济和社会发展的现实需求为指南,对我国学位与研究生教育的整体规模、结构、发展速度、发展重点及方向进行宏观调控,在很大程度上决定了我国研究生教育的规模与质量布局。学位与研究生教育的外部约束机制在保障国家研究生教育质量和研究生教育发展方向方面发挥着基础性、关键性的重要作用,但面对错综复杂的内外部形势以及知识创新速度加快、科技变革加剧、教育与人才竞争日趋激烈的现实环境,其作用发挥也会受到一定程度的限制。例如,目前的外部约束机制在调动各方资源(特别是省级层面和培养单位层面)参与研究生教育的积极性方面仍有较大的提升空间,在充分发挥研究生教育主动服务和支撑区域经济社会发展需求方面仍有较广阔的改进余地,在优化学科布局结构、促进学科交叉和新兴学科生成等方面仍有较广的施展空间。理想的情形是,外部约束机制应与内部约束机制形成联动状态,共同促进学位与研究生教育的良性和可持续发展。

(三) 机制调控原则

根据发展阶段的不同,外部约束机制对内部约束机制既可能产生促进作用,也可能产生抑制作用。因此,需要根据不同的发展阶段和面临的不同形势,对内外部双重调控机制进行改革,充分发挥外部调控机制在服务"上位需求"和"下位需求"中的关键引领作用。

当前在国家顶层设计层面,已经确定了专业学位人才培养更加注重产学结合、与行业需求对接,学术学位人才培养更加注重科教融合、与国家重大科研项目对接的指导方针[①]。未来进一步提升我国学位与研究生教育主动服务需求的水平和能力以促进研究生教育的良性发展,需要继续进行内部调控机制与外部调控机制相协调互动的"上下联动型"机制改革。在调控机制调整过程中,需要树立三个重要原则。

第一,做好顶层设计,理顺上下关系。顶层设计对于充分调动各方参与发展研究生教育的积极性具有重要的催化作用。在顶层机制设计时,需要切实关注和充分考虑省域层面和高校层面的"下位需求",保持外部调控机制的适度弹性和张力,同时,这种外部机制应具备宏观性、开放性、协商性、动态性和渐进性,避免过多干涉到培养单位的具体微观办学活动。

第二,坚持扶优扶新,扶需扶特。学位与研究生教育发展的根本出发点和落脚点是培养经济社会发展中急需的高素质创新型人才,而人才培养的核心任务则必然落在一流学科的建设中,一流学科又必然内嵌于自

---

① 刘延东. 在国务院学位委员会第三十三次会议上的讲话[N]. 中国教育报,2017-03-12(12).

身服务社会发展需求的"坐标系"中。从"下位需求"来看,各地区之间、各培养单位之间经济社会发展环境不同、基础条件不同、面对的内外部条件约束不同,因此,在调控机制设计时需要坚持"扶优扶新,扶需扶特"的重要原则,推动各地区形成高水平、有特色的研究生教育质量格局,进而推动东、中、西部学位与研究生教育协调发展,打造生态化的研究生教育发展模式。

第三,推进简政放权,加强授权管理。学位与研究生教育发展有自身内在发展规律和逻辑,同时受到知识逻辑、学科逻辑、社会逻辑和创造逻辑的支配,这四种逻辑分别决定了研究生教育的内容、结构、模式和动力[①]。因此,政府层面的外部调控必须从研究生教育发展的规律和特点出发,进一步转变中央政府和省级政府的职能和调控方式,继续深入推进简政放权。为进一步激发高校办学活力,应鼓励高水平研究型大学探索自主开展新增学位授权点审核及动态调整,设置新兴交叉学科和跨学科学位点,应鼓励培养单位探索自主开展新增专业学位领域的创新举措。与此同时,应将放权和监管有机统一,加强过程管理,优化监管流程,创新监管手段,为促进学位与研究生教育良性发展创造积极、宽松的宏观政策环境。

7.3 学位授权机制调整是盘活内外部调控机制的"核心杠杆"

学位授权审核是保证研究生教育质量的"第一关"。从法律意义上来说,现行的学位授权是一项国家行政授权,属于国家行政法律制度范畴;从制度的社会属性来看,现行的学位授权是教育质量的外部认证与保证制度,属于现代大学制度的范畴。因此,现行的学位授权审核具有双重制

---

① 刘贵华,孟照海. 论研究生教育的发展逻辑[J]. 教育研究,2015(1):66-74.

度属性①,对这种双重制度属性的清晰认识是进行学位授权审核机制改革的前提条件和必然要求。自《学位条例》实施以来,我国学位授权审核工作沿着"在实行一定的研究生教育规模总量和学科、专业结构行政控制的前提下,管理组织分层化、管理重心下移和不断增加培养单位的办学自主权"②的改革方向,并依照坚持标准、严格要求、保证质量、公正合理的原则努力前进。2017年出台的《博士硕士学位授权审核办法》中也明确要求学位授权审核要围绕国家区域发展战略和经济社会发展需求展开。但是,研究生学位授权审核制度在促进国家、社会和研究生教育发展方面,仍然面临诸多挑战,突出表现在学位授权审核过程中行政主体与行政相对方(相关高校和科研机构)之间的矛盾、制度预期目标与制度运行效果之间的矛盾③。

第一对矛盾突出表现为现行的学位授权审核制度对现代大学制度学术性质的特点缺乏充分考虑,对制度的调节功能、解决纠纷功能没有过多涉及,学位授权具体政策的科学性与合理性的依据、程序、政策连贯性及公开性不足;第二对矛盾突出表现为现行学位授权审核制度对我国研究生教育规模、科类、类型及层次等结构调控能力不足,导致研究生教育现实与人们的"理想期待"尚有一定差距。因此,在进行学位与研究生教育主动服务需求的调控机制设计时,必须对学位授权审核机制进行渐进式、协商式的动态调整,以学位授权审核机制调整作为盘活内外部调控机制活力的"核心杠杆"。

7.3.1 学位授权审核机制调整应突出服务国家重大战略需求

博士生教育是国家战略科技力量的重要组成部分,要自觉履行高水平科技自立自强的使命担当。"双一流"建设必须将服务国家作为最高追

---

① 胡志刚. 研究生学位授权审核制度研究[M]. 北京:科学出版社,2013:1—13.
② 劳凯声. 教育体制改革中的高等学校法律地位变迁[J]. 北京师范大学学报(社会科学版),2007(2):5—16.
③ 胡志刚. 研究生学位授权审核制度研究[M]. 北京:科学出版社,2013:1—13.

求,突出国家重大战略需求导向,在国家战略必争领域开展有组织的科研攻关,积极融入服务国家和区域发展重大战略。

一要继续面向人工智能、量子信息、集成电路、生命健康、生物育种、空天科技等国家急需领域,优化学科布局,加强关键领域核心技术攻关,努力破解"卡脖子"问题。

二要继续强化有组织的科研创新。发挥多学科、大团队的集群优势,瞄准科技前沿和产业革新的关键领域,加强跨单位、跨机构、跨学科、跨领域高质量合作,交叉协同、集中力量开展高水平联合科研,抢占科技创新战略制高点。

三要加快构建中国自主知识体系,不断强化教育链、产业链、创新链的有机衔接与融合发展。

四要继续充分发挥哲学社会科学建设主力军作用,加快构建中国特色哲学社会科学学科体系、学术体系、话语体系,用中国理论解决中国问题,推进中华优秀传统文化创造性转化、创新性发展。

7.3.2 学位授权审核机制调整应侧重优化学位与研究生教育结构

当前我国学位与研究生教育发展中面临的主要问题之一是结构性问题,突出表现在学位与研究生教育的层级管理结构、区域布局结构、学科类型结构、专业领域结构、质量格局结构等五个方面。从改革学位授权审核机制的视角来破解这些结构性问题,可以起到"牵一发而动全身"的功效。

其一,针对层级管理结构,学位授权审核机制调整方向要在保持历史传承性的基础上,进一步理顺中央、地方与研究生培养单位的关系,进一步扩大高校办学自主权,将改革成果体现在法律修订当中,让学位授权审核机制的调整与完善始终在法律框架和法治轨道中运行。

其二,针对区域布局结构,学位授权审核机制改革要重点关注和充分考虑省域层面和高校层面的"下位需求",特别是在进行新增或动态调整专业领域的授权审核时,要以学位授权审核工作为牵引,带动区域和高校的良性发展。

其三,针对学科类型结构,要实行按需授权,重点新增国家和区域经济社会发展急需学科的学位授权,控制社会需求不大、研究生就业困难的学位授权,逐步引导高校合理定位和特色化发展。

其四,针对专业类别(领域)结构,要鼓励培养单位探索实行以"项目制"为基础的专业学位研究生培养模式,更加注重与区域、行业、企业的现实需求相对接。

其五,针对质量格局结构,学位授权审核应在保持学术资质高规格与促进区域及高校发展方面取得"适度平衡",特别是在知识生产模式Ⅰ向知识生产模式Ⅱ进行转变的知识经济社会中,这种授权原则更显得突出和重要。以学位授权审核机制调整为杠杆来盘活和优化学位与研究生教育,目的是打破研究生教育"单极化集聚"格局,促进形成研究生教育"多极化扩散"格局,从根本上塑造我国研究生教育生态化发展的质量格局,达到既切实主动服务于国家重大战略需求等"上位需求",也切实主动服务于区域需求、高校需求、职业需求、市场需求等"下位需求"的多元目标。

7.3.3 学位授权审核机制调整应注重盘活各利益主体积极性

学位与研究生教育的良性和持续发展,关键是调动各方参与发展研究生教育的积极性,特别是省域层面和高校层面的积极性。在当前争相创建"双一流"的宏观社会环境下,很多省份均出台了推进"双一流"建设实施方案,但是依然在"双一流"建设启动伊始就面临遴选标准、政策工具、价值地位及高校布局等多方面的挑战[①]。面对复杂多元的不同利益诉求与机制约束,有必要从学位授权审核机制调整的视角,寻求盘活各利益主体持续发展研究生教育的积极性。学科建设和研究生教育发展必须依赖人才,而吸引和留住人才不仅需要合理的薪酬待遇,还需要适宜的平台和研究环境,平台建设中的一个关键问题就是学位授权点(特别是博士

---

① 吴合文."双一流"建设的系统审思与推进策略[J].高等教育研究,2017(1):29—36.

授权点)建设问题。

提升西部高校研究生教育水平,仅仅靠"输血"等外力(例如增加经费投入、对口支援、引进人才等)还远远不够,有必要从授权机制调整的顶层设计出发,通过尝试实施分级学位授权、实施培育授权制度等机制创新的方式,来加强西部高校自身发展的"造血"能力,这无疑是一项重要的基础性建设工作。在学位点的带动下,西部高校不仅可以大力发展有自身特色的学科建设和研究生培养体系,而且可以为自身人才的职业成长提供广阔的施展空间和上升通道,为从根本上解决"引得来、留得住、用得好"人才的问题奠定坚实的制度基础和平台保障。

长远来看,这种"造血式机制调整"不仅有助于形成多层次、全方位、立体化的研究生教育生态系统和多元化的研究生教育质量格局,而且有助于充分发挥学位与研究生教育主动服务省域层面和高校层面"下位需求"的积极作用,有助于推动各地形成各具特色的一流大学和一流学科的战略布局。

第八章　博士生教育发展内在稳定机制构建

第七章主要从宏观层面探讨了博士生教育服务需求调控机制,本章主要从中观层面对博士生教育发展的主要因素及内在稳定机制进行理论探讨。

恢复研究生教育四十多年来,在政府的强力主导和推动下[①],我国研究生教育实现了从小到大、从弱到强的快速发展,目前已跻身于世界学位与研究生教育大国的行列[②],基本实现了立足国内自主培养高层次人才的战略目标。

但与肩负的历史使命和国际高水平研究生教育相比,我国博士生教育仍存在较大差距。在培养规模扩张的同时,如何保持博士生教育质量的稳步提升,如何使我国由博士生教育大国转变为博士生教育强国,成为迫在眉睫的关键问题。2020年召开的第一次全国研究生教育会议为我国研究生教育由大到强的发展转变指明了发展方向,做出了全面、宏观、系统的战略部署,提出未来学位与研究生教育工作主线是立德树人、服务需求、提高质量、追求卓越。因此,在此背景下探讨博士生教育发展的内在稳定机制问题具有重要的理论意义和现实指导意义。

当前,我国博士生教育发展过分依靠政府从外部进行调节和干预,缺乏内在的稳定机制。政府对博士生教育发展速度和节奏的调节主要通过下达各年度博士生招生计划指标,审核、审批和动态调整博士学位授权点,实施博士学位论文抽检制度等国家行为来实现。从第十二批学位授

---

① 李立国,黄海军.政府主导下的我国研究生教育发展特征[J].复旦教育论坛,2014(1):67—73.

② 中国研究生院院长联席会.我看研究生教育30年:纪念中国恢复研究生招生培养30年征文选[M].北京:北京大学出版社,2009.

权审核结果来看,未来我国博士生教育的规模还将呈现一定程度的扩张,特别是专业学位博士生教育。教育部、财政部和国家发展改革委2018年印发的《关于高等学校加快"双一流"建设的指导意见》中也明确指出要适度扩大博研究生规模,加快发展博士专业学位研究生教育,从国家政策层面为未来博士生教育发展节奏做了铺垫。

那么,我国博士生教育发展的内在稳定机制体现在哪里?它应该由哪些关键因素所构成?应当如何建立起我国博士生教育有序健康发展的内在稳定机制?这些问题有必要从理论层面给出合理回答,以指导和检验不同层面的博士生教育改革发展的具体实践活动。

8.1 制约博士生教育发展内在稳定机制的主要因素

8.1.1 博士生教育的投入与产出

博士生教育的投入与产出是制约博士生教育发展内在稳定机制的主要因素。与作为公共品的基础教育资源的投入属性不同,博士生教育作为一种具有较高收益的"准公共产品",投入方式应多元化、多层次和多渠道,唯有如此才能保证教育质量及可持续发展。目前,我国博士生教育的经费投入主要依靠中央政府的财政拨款和部分地方政府的财政拨款,在经费投入方面一定程度上呈现出一元化特征。例如,在东部经济发达的广东、浙江、江苏和上海等省市,地方政府和省属高水平大学拥有发展博士生教育的雄厚资金支持和"理性冲动",但很多学科点受制于"内在学术资质"的瓶颈而获取不到博士点授权资格,或者虽然具备授权资格,却仅能获取少量的博士生招生资格,远远满足不了长远发展需求。广大的中西部地区特别是西部地区的地方高校,发展博士生教育举步维艰,既难以获批博士层次学位授权点,也缺乏雄厚的资金支持,更难以吸引优秀的师资和生源。因此,未来我国博士生教育的经费投入方面,应积极释放经济发达省份发展博士生教育的积极性,同时做好对经济欠发达地区发展博士生教育的"转移支付"和"弱势补偿",充分调动地方政府和高校共同发展博士生教育的热情和积极性,以充分发挥研究生教育服务区域经济社会发展和地方高校发展的"下位功能"。

除了中央政府和地方政府的资金投入之外,大力吸引产业界、企业界等社会资金的投入,也是未来重要的发展方向,特别是对于直接培养面向技术领域和应用领域高层次创新人才的专业学位博士生教育而言,更是如此。相比较学术型博士生教育而言,由于培养经验不是非常丰富,我国专业型博士生教育和人才培养过程中呈现出来的问题可能更多,除医学类专业学位博士生教育之外,个别专业学位领域博士生培养中的问题突出表现为人才培养与产业界和企业界的实际需求存在一定程度上的"脱节",专业学位博士生教育的专业性和职业性特点不突出,这直接影响人才培养的质量,也影响专业学位博士生教育的健康和可持续发展。

博士生教育的发展除了增加经费投入之外,还需要高度重视投入经费的使用效率和投入—产出效益问题。整体而言,目前我国的学术型博士生招生基本上还保持着按人头拨款的"计划思维"模式。对于很多培养单位、学科点和导师而言,博士生一定程度上被视为一种"免费资源"而被各培养单位和导师激烈争夺。从这个意义上而言,提高博士生的资助效率,引入竞争机制,充分调动学科点、导师和博士生的科研热情和学术研究的积极性应成为行政管理服务部门改革的一个核心突破口。例如,北京大学2017年正式启动以资助体系为杠杆的博士生培养综合改革,资助体系调整的核心是将原来按人预算的方式改变为按岗位预算的新方式,从而达到更合理有效配置研究生教育资源的目的。

从产出方面来看,博士生教育兼具人才培养和知识生产两种性质,兼跨教育和科研活动两个领域。概括而言,博士生教育的产出主要体现在两个层面:一是博士生作为科研活动的"生力军",在就读过程中所产出的学术论文、著作、发明及专利等科研成果;二是达到博士学位授予资格和条件的博士毕业生供给规模。例如,相关研究结果显示,2018年度我国在校研究生共参与了 190 篇国际高水平论文的撰写,总参与率为 47.50%;2018 年度由我国主导的国际高水平论文中,平均每篇有 23.58% 的贡献可归功于在校研究生的科研工作。① 尽管高水平论文认定的统计口径可能有值得商榷的地方,但上述数据却能在一定程度上表明博士生群体在读期间的科研贡献和学术研究价值。从博士毕业生的供给规模来看,公开统计数据显示,2018 年全国授予博士学位 65379 人,其中学术学位 59947 人,专业学位 5432 人②。从博士毕业生的学科结构来看,2018 年学术博士中,工学(37.26%)、理学(23.90%)和医学(11.78%)等自然学科所占比例最大;2018 年专业博士中,临床医学(91.27%)所占比例最大③。从博士毕业生的省域分布来看,2018 年博士学位授予中,北京(29.75%)、上海(8.99%)、江苏(8.25%)、湖北(7.36%)、陕西(4.86%)、广东(4.81%)等省市所占比例最大④。博士生教育在规模适度扩大的同时应进一步优化结构,同时关注博士生的就业选择和职业发展等关键问题。

8.1.2 博士生教育的两种消费需求

与一般形态的教育需求所不同的是,博士生阶段既是学业学习的过程,同时也是在导师指导下独立进行学术研究的过程。因此,对于博士生教育的需求主要包含两种类型——既包括博士生教育的直接消费需求(可用 D1 进行表示),也包括博士生教育的间接消费需求(可用 D2 进行

---

① 中国学位与研究生教育发展年度报告课题组. 中国学位与研究生教育发展年度报告(2018)[M]. 北京:清华大学出版社,2020:73-74.
② 中国学位与研究生教育发展年度报告课题组. 中国学位与研究生教育发展年度报告(2018)[M]. 北京:清华大学出版社,2020:46.
③ 中国学位与研究生教育发展年度报告课题组. 中国学位与研究生教育发展年度报告(2018)[M]. 北京:清华大学出版社,2020:47-54.
④ 中国学位与研究生教育发展年度报告课题组. 中国学位与研究生教育发展年度报告(2018)[M]. 北京:清华大学出版社,2020:56.

表示）①——这两种不同类型的"消费需求"是博士生教育与其他阶段教育存在本质区别的重要标志。博士生教育的直接消费需求主要指对博士生的需求，这一需求决定和制约着培养单位的博士生招生规模和结构。随着博士学位授权点逐年增多和博士生导师数量逐年增加，对博士生的需求呈现出明显的"刚性增长"态势。博士生教育的间接消费需求主要指社会（特别是学术劳动力市场）对博士毕业生的需求，这一需求决定着博士毕业生的就业规模、结构和质量。随着学术劳动力市场逐渐饱和，博士毕业生逐年增加，博士毕业生的就业结构和就业去向正在发生深刻变革。越来越多的博士毕业生寻求高校和科研院所之外的非学术性单位或岗位就业，也有一定比例的博士生选择继续从事博士后研究工作，博士生的就业去向不断呈现多元化的趋势②③。

对博士生教育的两种消费需求做出明确的类别界定，具有重要的实践意义。第一，这种明确的类别界定有助于清晰厘定博士生教育规模扩张中"冲动"与"约束"的内在关系，为建立博士生教育发展的内在稳定机制提供分析的切入视角。理论上讲，博士生教育的发展速度不仅取决于对博士生教育的直接消费需求，而且应受到博士生教育间接消费需求的制约和约束，这就好似一枚硬币的正反两面，相伴共生。在制定博士生教育发展政策时，应同时考虑这两种不同的需求类型。第二，博士生教育的两种消费需求是一对矛盾共同体，在发展过程中应做到适度均衡和协调。这就要求国家和培养单位在制定博士生教育招生和培养计划的同时，应考虑到博士生教育的培养质量和就业状况，转变思维方式，走内涵式发展道路。博士生教育两种消费需求的结构不仅可以反映外部社会要求与博士生教育自身发展逻辑之间的关系，而且要求这两种消费需求之间保持

---

① 沈文钦，高耀，王传毅. 我国博士生教育需求的政策分析：基于二元需求的视角[J]. 教育学术月刊，2016(12)：33－41.
② 高耀，沈文钦. 中国博士毕业生就业状况：基于2014届75所教育部直属高校的分析[J]. 学位与研究生教育，2016(2)：49－56.
③ 沈文钦，左玥，陈洪捷. 哪些博士毕业生在企业就业？：基于2016年13所高校的调查分析[J]. 学位与研究生教育，2019(3)：29－35.

适度均衡和协调。博士生教育在两种消费需求之间的协调程度可以作为检测博士生教育是否良性发展的风向标和参照系,理论上可以有效约束政府和培养单位扩张博士生教育发展速度和节奏的"非理性冲动"。

8.2 博士生教育发展内在稳定机制受双重决策机制约束

博士生教育发展的规模、速度和节奏既受到办学主体内部决策机制的影响和制约,同时也受到办学主体外部决策机制的影响。因此,博士生教育的稳定和良性发展同时受制于办学主体内外部双重决策机制的约束。

8.2.1 办学主体内部决策机制

博士生教育办学主体内部决策主要指博士生培养单位根据自身各种办学资源和条件、学科发展布局、博士生培养的实践探索等基础上做出的博士生招生、培养、管理等一系列教育计划活动的高校行为。本质上而言,办学主体内部决策机制是培养单位内部各个院系、学科、导师、研究平台、科研经费等多种因素相互影响、相互角逐进而达到动态平衡的过程,其显性结果直接表现为各年度具体的博士生招生及培养计划设置。

办学主体内部决策机制更多地接受市场需求的导向,对于博士生教育而言,这种市场需求更多地体现为学术劳动力市场的需求。随着学术劳动力市场的日渐饱和,博士毕业生在学术劳动力市场的就业行为呈现出"买方市场"主导、由主要学术劳动力市场逐渐向次要学术劳动力市场过渡、学术职业准备周期延长、预聘与长聘相结合、非升即走(转)等综合特征。这些特征反过来又会间接影响培养单位的内部决策行为,长远上也会影响到办学主体的办学声誉和学术声誉。另外,作为博士生培养直接载体的学科,会随着专业知识的不断分化和整合呈现出新的表现形态,这一过程可称为学科的内在建构过程。学科的建构和交融使得传统学科与新兴学科、基础学科与应用学科、单一学科与交叉学科等不同表现形态的学科元素之间的竞争和分化日趋激烈,学科层面的这些特征也深刻影响和制约着办学主体的内部决策行为。此外,随着绩效管理和问责制的普遍实施,高校基层学术组织在博士生培养的同时,必然顾及内外部的各种指标性考核和评估的现实压力。在这种激烈的角逐过程中,博士生培养中不同学科弹性、灵活的传统培养模式在一定程度上不得不让位于更加严格、流程化式的过程管理及考核要求,而这也深刻影响和塑造着办学主体内部决策机制。

此外,培养单位的内部约束主要还表现为,在国家博士生招生指标相对稳定的大前提下,为解决招生指标限制与培养单位学科、师资不断发展带来的招生需求的突出矛盾而采取的一系列动态招生名额分配举措。以南开大学为例,该校建立的博士招生计划分配体系包括基准规模测算体系、各类专项计划招生名额、高端人才引进与百人青年千人计划支持名额、"2011"协同创新中心倾斜名额和学校统筹名额五类。国内其他培养单位也建立了类似的倾斜政策,重点支持学校特色优势学科发展,优先保障高水平人才队伍和创新团队、重大创新平台和重大科研项目需求的招生计划分配方案。而在博士招生名额非常有限的绝大部分培养单位,这种内部约束表现更为直接和强烈。

8.2.2 办学主体外部决策机制

博士生教育办学主体外部决策主要指国家基于国民经济和社会发展的现实和长远需求,对我国博士生教育发展的规模、结构、类型、发展重点和方向等方面进行宏观调控的国家行为,办学主体外部决策机制更多地接受政府需求的导向。外部决策机制以国家行政权力为依据,通过学位授权审核和动态调整制度、博士生招生指标下达、博士生培养经费支持、博士学位论文抽检等规章制度对培养单位的博士生教育规模、结构和质量进行外部把控,从而保证我国博士学位授予的整体质量和水准。与西方发达国家博士生教育的发展轨迹明显不同的是,我国博士生教育发展过程呈现出明显的"后发外生性"[1]特征。换言之,我国博士生教育的整体发展主要受制于国家意志和社会经济发展的驱动,而源自学科或科学、学术自身的内生动力相对较弱。

办学主体外部决策机制在促进我国博士生教育发展、保障博士生培养质量方面发挥着重要的基础性和关键性作用,但外部决策机制发挥作用的效果依赖于不同的发展阶段、发展重点、发展任务而呈现出差异性。理论上来讲,根据约束条件的不同,办学主体外部决策机制对办学主体内部决策既可能产生促进作用,也可能产生抑制作用。因此,办学主体外部决策机制需在统筹兼顾的基础上保持开放性、灵活性和适度的政策弹性,以适应错综复杂的内外部环境变化的现实需求。此处从两个方面进行简单说明。一方面,目前我国实行的学位授权申请审核在一级学科层面开展,这可能对一些培养单位因只满足二级学科层面的有特色的学科点造成"机制瓶颈",进而影响研究生教育服务区域经济社会发展和高校发展的"下位功能"的发挥。另一方面,学科评估天然受到外部显性评价和内部隐性评价双重机制约束,学科评估的双重机制约束"失衡",既可能导致学科壁垒与学科自我保护、质量单极化及急功近利等学术效率损失,也可能导致行政扩权、服务低效、强化利益机制等行政效率损失[2]。因此,博士生教育的良性发展应在办学主体内外部决策机制间保持适度均衡与协调。

---

[1] 阎凤桥. 我国高等教育"双一流"建设的制度逻辑分析[J]. 中国高教研究,2016(11):46—50.

[2] 高耀. 学科评估机制失衡的效率损失与补偿策略:兼论一流学科建设的路径取向[J]. 中国高教研究,2018(1):23—27.

8.3 构建博士生教育发展内在稳定机制需实现三大关系平衡

8.3.1 投入与产出相平衡是实现博士生教育良性发展的内在稳定基础

博士生教育的投入与产出之间应保持适度平衡,这是实现博士生教育良性健康发展的内在稳定基础。投入与产出之间的结构可以反映博士生教育发展速度与人才培养质量稳定性之间的关系。无论是第一层次科研成果的产出,还是第二层次博士毕业生的产出,高质量的博士生培养需要加大经费、资源、人力等方面的投入力度。未来重点改革的切入点和努力方向主要包括以下几方面。

第一,建立依托重大科研项目资助博士生培养的常态机制。考虑到学科特性和人才培养规律的不同,对于自然科学类博士生而言,应加大博士生培养与重大科研项目研究相结合的力度,依托科研项目和经费资源进行博士生培养。根据博士学位论文质量反馈情况来看,依托重大科研项目支持的博士学位论文质量要显著高于没有重大科研项目支持的学位论文质量。[1] 对于人文社科类博士生,培养单位层面应加大反哺和资助力度,鼓励他们开展基于学术研究兴趣之上的自由学术探索,努力产出高水平学术成果。

第二,探索建立工程技术类博士生培养与高科技企业对接的"联合培养"模式。在新的知识生产模式下,不同学科、不同部门、不同行业之间的联系越来越紧密,知识生产的应用性情境也越来越浓厚,工程技术领域传统的博士生培养模式受到的挑战越来越多。与高科技企业直接对接的博士生培养模式,既能使博士生的科研项目选题置身于跨学科、应用性的现

---

[1] 高耀,许丹东,陈洪捷.项目依托与博士学位论文质量评价:兼论组织化科研的学科边界[J].高等教育研究,2023,44(5):58-69.

实情境下,又能得到产业界研究经费和研究条件的支持,企业也能选择潜在的高科技人才,实现一举多得。

第三,人文社科类博士生培养应建立弹性学制,弱化目标导向考核,加大资助和指导力度。本质上而言,人文社科类博士生培养更多的是激发个体的"内在学术自觉",培养模式及学术社会化的特征与自然科学类博士生呈现较大差异性,相对排斥和摒弃绩效考核及目标管理导向,而较为推崇古典式的"师徒制"模式,培养周期相对较长,职业准备周期更久。因此,人文社科类博士生培养的相关改革举措宜相对保守而不宜过于激进,同时应适度保持政策弹性。

8.3.2 直接消费需求与间接消费需求相平衡是博士生实现充分就业的内在稳定条件

从供需视角来看,与博士生的两种消费需求相对应,可以将博士生的供给也分为直接供给(主要指博士生的生源供给,以 S_1 为代表)和间接供给(主要指博士毕业生供给,以 S_2 为代表)两种类型。在高等教育全球化的现实背景下,越来越多的国内重点高校优秀毕业生选择出国留学,这对国内博士生的生源供给质量会产生明显影响。随着学术劳动力市场日渐饱和,博士毕业生在学术劳动力市场寻求稳定的职业也变得相对困难。在现实背景下,$S_1<D_1$,$S_2>D_2$,$D_1>D_2$,似乎成为常态。因此,在发展博士生教育的同时,需要综合考虑博士生的直接消费需求和直接供给、间接消费需求和间接供给以及博士生直接消费需求和间接消费需求这几对矛盾之间的动态平衡关系。

根本上,博士生直接消费需求与博士生间接消费需求相平衡是实现充分就业和良性发展的内在稳定条件。培养单位对博士生旺盛的直接消费需求应与劳动力市场(特别是学术劳动力市场)对博士生的间接消费需求实现动态平衡,这是发展博士生教育时应充分考虑到的重要前置约束条件。重视博士生教育两种消费需求的动态平衡,是转变博士生教育发展方式、切实提升博士生培养质量的重要体现,有助于抑制培养单位博士生教育外延式发展的"非理性冲动"行为。针对培养单位、导师科研项目对博士生的研究需要,可以通过适度扩大博士后规模、放宽博士后入站年龄等措施来加以缓解。此外,培养单位还可以尝试设立专职研究岗位,这一方面有助于缓解科学研究对于科研人员的迫切需要,另一方面也可以为博士毕业生提供更多的学术研究岗位。

8.3.3 内外部决策机制相平衡是高校适应外部社会要求且保证教育质量的根本要求

我国博士生教育发展同时受到办学主体内外部双重决策机制的约束,内外部决策机制相平衡是高校适应外部社会要求且保证教育质量的内在稳定机制。理论上,内外部决策机制既可能处于平衡状态,也可能处于非平衡状态。这种平衡或非平衡状态又会依主体不同、阶段不同、发展重点不同等约束条件呈现出更加复杂多元的形态。办学主体外部决策机制作用的发挥应侧重宏观层面的指导和相关基础性法规、政策及规范的制定、执行和监督,避免对办学主体内部决策行为造成过多的直接干预。

政府在出台影响博士生教育发展相关政策时,既要保持政策的标准性、连贯性、一致性,同时应充分考虑不同培养单位、不同学科、不同地域、不同发展阶段的特殊性,这就要求相关政策的制定、执行和修订也应保持一定的协商性、灵活性、特殊性和多元性,避免政策刚性对多元需求造成"政策约束"。以博士生招生为例,目前各培养单位的研究生招生名额依然由国家统一按照计划指令下达,这种招生指标分配方式有积极意义,但也可能会使培养单位形成"利益固化",不利于竞争机制的形成。办学主体内部决策机制作用的发挥应充分考虑到不同院系、不同学科之间的差异性。在制定涉及博士生教育发展的相关政策时,应充分发挥不同学科评议组和教授委员会的学术权力,不宜搞"一刀切"。此外,内部决策机制还应充分发挥导师(导师组)在博士生教育发展中的基础性作用,激发导师育人的积极性,为保障和提升博士生教育质量奠定内部基础。

第九章　博士生教育分流与淘汰机制调整

第七章和第八章重点探讨了宏观层面的博士生教育服务需求调控机制和中观层面的博士生教育内在稳定机制，本章探讨微观层面的博士生教育分流淘汰机制。

博士生教育承担着科学研究和创新人才培养的双重使命，随着我国研究生教育规模不断扩大，博士生教育质量问题越来越成为社会各界关注的焦点。虽然在政府、高校和社会各界的不断努力下，我国博士生教育的整体水平逐步提高，但在具体培养过程中，有一些博士生尽管通过了中期考核或资格考试，可由于种种原因无法达到授予学位的基本要求。如果仍然坚持原有的计划性培养机制，就不得不降低要求让他们毕业，这显然是以牺牲培养质量为代价的。此种"牺牲"随着博士生数量不断增加，尤其是博士生群体特征（如求学目标、知识基础、能力水平、就业去向等）的异质化，将逐渐成为国家、培养单位和个体在发展过程中难以回避的突出问题。

我国博士生教育培养过程中缺乏合理有效的分流和淘汰机制一直被学界和社会各界诟病。目前的博士生分流与淘汰机制在实际操作过程中似乎陷入了"两难困境"：一方面，各级政府、培养单位及导师均非常认同对博士生进行分流培养，并一再强调其重要性；另一方面，受制于种种现实因素，各培养单位或学科点在实际操作中却很难严格实施这一机制，导致政策的实际执行效果大打折扣。此外，现行博士生培养过程重视进口和出口的一致性，忽视培养过程的筛选功能，从而在根本上淡化了各个培养环节的真实功能，一定程度上流于形式。因此，如何构建科学、有效的分流与淘汰机制，成为改革我国现行博士生培养制度、保障和提升博士生培养质量的关键所在。

博士生培养的分流与淘汰机制是涉及整个研究生培养制度与模式变革的重大问题,具有重要的研究价值。一般而言,良好的博士生培养制度应包含科学的招生选拔制度、合理的培养环节和培养过程中的激励与分流制度,以及有效的质量保障制度。动态的分流培养机制有助于实现研究生培养的激励功能,有助于为研究生提供更多的选择空间。在实践中,一些高水平研究型大学已经开始在博士生培养中进行分流与淘汰机制的探索,并积累了宝贵经验,但在理论层面尚缺乏系统、深入的研究成果。分流与淘汰机制应如何设计才能真正发挥作用,仍是研究生教育研究中的一个薄弱点。基于这一现实背景,从贯通式培养模式的视角设计一套新的博士生教育分流与淘汰机制,对于提升博士生教育质量、促进博士生教育综合改革具有重要价值。

9.1 分流与淘汰机制对提升博士生教育质量的意义

9.1.1 实施分流与淘汰机制的重要意义与实施目标

实施博士生培养的分流与淘汰机制对于我国学位与研究生教育工作具有重要意义和深远影响。客观而言,分流与淘汰机制是保障和提升博士生培养质量的必然要求,也是遵循研究生教育规律和人才成长规律的客观需求。实施分流与淘汰机制不仅可以扩大研究生和导师的双向选择权,增强研究生培养过程的灵活性和选拔性,而且有利于进一步调动研究生培养各利益相关方的积极性,整体提升我国学位与研究生教育的质量、水平和效益。

实施分流与淘汰机制的直接目标是在制度设计时为研究生提供合理有效的选择,以帮助他们实现多样化发展,促进培养单位提高研究生教育质量。也就是说,退出或淘汰并不是这一机制的目标,而是分流的可能结果之一。分流也不是为了区分能力等级,而是希望通过区分不同能力类型的学生,促成研究生培养单位的功能分化和结构优化。

分流与淘汰是研究生培养模式综合改革的一个重要组成部分,分流的具体目标包括(但不限于)四个方面。一是通过分流机制为博士生教育选拔更优秀的生源。分流机制可以提供培养者和被培养者之间双向选择的机会,通过双向选择让真正愿意和有能力的人接受博士生教育。二是通过博士生的大口径招生,有望推动导师团队进一步扩大,促进建立包括教授(主导师)、副教授(副导师)、讲师,以及跨学科导师在内的导师团队。这对于提高培养水平、导师队伍后备人才建设和青年学者成长等,都将产生深远影响。三是分流机制可以增强研究生培养过程的灵活性和选拔性,将研究生培养过程中的关键环节的作用落到实处。四是分流机制可以将(学术型)硕士研究生教育逐渐改造成为过渡性的学位教育,这也是教育部多年来的一项重要政策目标。此外,分流与淘汰机制在将学术型硕士改造为"过渡学位"的同时,由于先期是按照博士的大口径模式培养,整体上也将带来硕士培养水平的提高。分流与淘汰机制的最终目标是不断优化我国研究生培养模式,实现研究生教育质量的持续提升。

9.1.2 博士生培养分流与淘汰机制的概念界定与实施把握

研究生培养的分流与淘汰机制这一专门概念在现有的国内外研究中尚无成熟论述可以直接借鉴,因此可以在探讨和借鉴相关概念的基础上,界定这一机制的操作性概念,并进一步划分相关类型。高等教育分流是政府和教育部门等高等教育分流主体综合考虑社会发展需要、分流对象意愿和条件,对分流对象实施区别对待的高等教育活动[①]。"分流"的目标,对国家而言是适应社会经济发展需要,培养各级各类人才;对家庭与个人而言则是开发个人潜能,促进个人发展。除了最明显的对象分流之外,高等教育分流实际上也是一种教育任务的分流和教育资源的分流。

---

① 董泽芳. 高等教育分流问题研究[J]. 高等教育研究,2003(4):35-40.

目前我国高等教育分流存在的主要问题是在流层结构、流向结构、流型结构和流域结构等四个方面表现出分流结构失衡①。此语境中的"分流"是指教育资源配置与流向的结构与分布,与本章中的"培养分流"概念尚不是同一指向。另外,随着研究生教育质量保障体系的不断完善和深入实施,学界对研究生培养淘汰机制的讨论也逐渐增多。

研究生培养的淘汰机制是指在研究生培养中,遵循研究生教育的本质规律并依据国家和培养单位颁布的相关政策和规定,对在学研究生的学习过程进行监督、指导和纠错,并对违规、违法的研究生或达不到相关质量规定的研究生进行逐步淘汰的一种带有惩罚性的教育管理机制②。

在国外的语境中,与"淘汰"比较接近的表述为"流失"(Attrition),特别是博士生流失问题。博士生流失是指博士生在注册博士学习之后、获得博士学位之前,中途退出博士课程学习因而没有获得博士学位的现象③。从定义可知,"流失"比"淘汰"涉及的范围更广,我国研究者所言的"淘汰"更像是英文中的 academic dismissal(取消学籍、勒令退学),而不包括 voluntary withdrawal(自愿退学)④。在美国的博士生教育中,获得博士候选人资格后流失的学生仅占学生总数的 10%,但在获得资格之前流失的学生比率高达 25%⑤,而在第一年退学的学生又占全部流失学生的三分之一⑥。因此,"淘汰"与"流失"的应用语境十分不同。在我国,为保证研究生教育质量,研究者提出要一定程度地提高淘汰率,而在西方,

---

① 董泽芳,李晓波. 试析我国高等教育分流中的结构失衡问题[J]. 教育研究,2003(10):25—30.

② 王晓陆. 建立并实施研究生培养淘汰机制的研究[D]. 南京:河海大学,2005:37—38.

③ ALI A, KOHUN F. Dealing with Social Isolation to Minimize Doctoral Attrition: A Four Stage Framework[J]. International Journal of Doctoral Studies,2007(2):33—49.

④ JOHNSON D G, HUTCHINS E B. Doctor or Dropout? A Study of Medical Student Attrition [J]. Journal of Medical Education,1966,41(12):1099—1274.

⑤ NERAD M, MILLER D S. Increasing Student Retention in Graduate and Professional Programs [J]. New Directions for Institutional Research,1996(92):61—76.

⑥ GOLDE C M. Beginning Graduate School: Explaining First-Year Doctoral Attrition [J]. New Directions for Higher Education,1988,(101):55—64.

改进研究生教育的目标则是提高学业持续率,降低流失率[①]。

上述"分流""淘汰"和"流失"等概念均不能完整准确地描述本章所指的博士生培养的分流与淘汰机制。根据理论诉求和实践需要,本章中将这一概念具体界定为:博士生培养的分流与淘汰机制是指培养单位在研究生教育的整个过程中,对研究生进行分流乃至淘汰的一整套制度设计,是一种多目标、竞争性、动态调整的选拔与分流机制。从实施主体来看,政府和培养单位同为分流与淘汰机制的决策和实施主体。从实施时间来看,研究生培养的分流与淘汰机制在贯通硕士和博士的整个研究生教育阶段进行。从实施方式来看,分流和淘汰不仅仅只采用起点式分流(或淘汰),而是更注重过程式分流(或淘汰),强调在不同的时间点设计不同的淘汰(退出)机制。从实施原则来看,分流与淘汰机制以自愿与强制相结合为原则。在相应时间点,符合培养目标的学生如果自愿放弃,可以退出该阶段的学习。从实施结果来看,分流与淘汰可能导致三种结果:直接退出;向较高一级分流培养(如硕转博);向较低一级分流培养(如博转硕)。

9.2 博士生培养分流与淘汰机制的现状调查[②]

实施研究生培养分流与淘汰机制改革与我国研究生教育综合改革的大背景相呼应。2013 年 3 月,教育部、国家发展改革委、财政部联合出台了《关于深化研究生教育改革的意见》。该意见提出,我国将加大研究生考核与淘汰力度,实行严格的中期考核和论文审核制度,建立学风监管与

---

① PARK C L, PERRY B, EDWARDS M. Minimizing Attrition: Strategies for Assisting Students Who Are at Risk of Withdrawal [J]. Innovations in Education and Teaching International, 2011, 48(1): 37—47.

② 本节内容的研究和撰写过程中,北京大学教育学院多名研究生曾参与资料收集、整理和实地访谈工作,曾妮博士对初稿进行了细致的修改完善,北京大学研究生院的王天兵老师和王小玥老师也参与了研究内容的讨论。

惩戒机制,进一步提高研究生教育质量,深化研究生教育改革。为全面落实该意见,一些高水平研究型大学率先启动了研究生培养分流与淘汰机制的改革试点。

我国高校关于研究生培养分流与淘汰方面的做法主要可以分为两类:一类仍然是传统意义上的研究生培养模式,只是在培养过程中对一些达不到规定要求的学生进行淘汰处理;另一类则是实施新的研究生培养分流与淘汰机制的尝试。下面分别对这两种模式的实施现状进行分析。

9.2.1 博士生培养中实施淘汰机制的典型做法

为深入了解国内高校关于研究生培养分流与淘汰的实施情况,本研究所依托的课题组于2015年3月3日至2015年4月3日对四川、湖南和湖北三省五所高校(电子科技大学、中南大学、湖南大学、武汉大学和华中科技大学)主要管理部门负责人进行了访谈。调研发现,目前国内很多高校的典型做法是通过设定最长学习年限对研究生进行淘汰。例如,电子科技大学和中南大学均规定博士生最长学习年限为6年,而湖南大学和华中科技大学均规定博士研究生最长学习年限为8年,所不同的是执行力度有所差异。湖南大学并没有完全严格执行,留有一定的弹性,而华中科技大学则是严格按照8年执行,超过8年就对博士生执行强制退学处理。另外,通过把控研究生培养过程的关键环节(主要包括课程学习、中期考核、开题报告、预答辩和正式答辩等)来对研究生实施分流淘汰也是国内很多高校的一个典型特点。上述情况表明,国内高校均比较重视对研究生进行过程管理,在此基础上对研究生进行预警、分流和淘汰方面的制度设计。

需要特别指出的是,这些高校中目前实施的关于研究生淘汰的现行规定与本研究中的分流与淘汰机制改革并不完全是一回事。换言之,我们所提倡的研究生培养分流与淘汰机制,是一种新的有别于传统意义的研究生培养模式改革,这种改革并不是简单追求对研究生进行淘汰,而是更强调对研究生进行分流培养,从而在制度设计层面增加研究生培养的自主性和灵活性。这种新模式能够使高校、导师及研究生均具有较大的自主选择权,这种新模式的探索对于提高我国研究生教育质量、实施研究生教育改革意义重大。

9.2.2 博士生培养中分流与淘汰机制的实践探索

国内一些高水平研究型大学为进一步提高研究生生源质量、推动研究生导师队伍建设、提升研究生培养质量,在研究生培养分流与淘汰机制方面进行了诸多尝试。下面选取一些比较有代表的高校和院系的典型做法进行案例分析。

（一）北京大学关于分流与淘汰的相关规定

北京大学制定了一系列学校层面的分流、淘汰办法。按照淘汰和分流力度由高到低分为三种情况:退学;博士肄业授予硕士学位;硕博连读或直博生转为硕士生培养。

第一种情况为退学。根据《北京大学研究生学籍管理实施细则》第二十五条规定,研究生出现14种规定情况中的一种,皆应予以退学处理。其中有5项属于因不符合培养目标而被淘汰的情况:"必修课或限制性选修课不合格,累计两门次经重修后仍不合格";"一学期同时有三门(含)以上必修课或限制性选修课不合格者";"因业务基础差或其他原因,难以坚持完成学业者";"不能完成论文计划,明显表现出科研能力差者";"综合考试或资格考试不合格,经补考仍不合格的博士研究生"。由此看来,学校在文件中对不符合培养要求的学生做出了较为严厉的淘汰规定,而规定的最后一项是"本人申请退学"。可见,学校对于自行申请退学的学生,保持较为开放的态度。

第二种情况为博士肄业授予硕士学位。根据《北京大学学位授予工作细则》第二十二条规定,北京大学博士研究生在论文达不到授予博士学位的水平时,可以按照硕士水平进行重新审核,若审核通过,可以做出授予硕士学位的决议,在学籍上按博士肄业进行处理。

第三种情况为博士生转为硕士生培养。在博士生转为硕士生培养方面,又有两种不同情况:一是硕博连读研究生转为硕士生培养;二是直博生转为硕士培养。同硕博连读生一样,直博生如果不适合继续按照博士生培养,也可以转为硕士培养。

除此之外,《北京大学博士研究生转为硕士研究生培养管理办法》中还对博士生转为硕士生进行了其他方面的具体规定。例如:博士生转为硕士生培养只能在本院系、专业内进行,不允许跨院系、跨专业博转硕;若申请者在转为硕士后仍无法在当前学期完成学业,将按肄业或结业处理,不允许延长学习年限。

总体来看,北京大学在研究生分流与淘汰方面的相关规定具有如下特点。

第一,从内容来看,学校对课程、综合考试(博士资格考试)、论文答辩较为重视,不能达到相关要求的学生将会被直接淘汰或予以分流处理。其中,综合考试是分流的重要环节,直博生和硕博连读生均在这一环节中进行分流。

第二,从方式来看,学校分流淘汰的手段较为灵活。淘汰方面,对于论文不符合要求的学生,学校能够在学籍上进行肄业处理,并经审核授予未在该学科获得学位的学生硕士学位。分流方面,对于不宜继续培养的直博生和硕博连读生,经审批后可以转为硕士培养。

第三,从效果来看,由于学校重视程度较高,相关规定较为完备,北京大学近几年来在分流淘汰方面取得了明显成效。北京大学研究生院统计结果显示,2010—2013年,学校因学生不符合培养要求而予以退学的学生人数分别为6人、3人、8人、3人。2010—2013年,学校因学生不符合培养要求而将博士生转为硕士生的人数分别为33人、19人、33人、25人。其中,硕博连读研究生转为硕士培养的人数多于直博生转为硕士培养的人数。

(二)南京大学关于分流与淘汰的相关规定

自2014年起,南京大学启动了博士研究生教育改革试行工作。针对博士生培养过程中凸显的问题,南京大学逐步建立"四三三"博士研究生培养体系①。

总体来看,南京大学在研究生分流与淘汰方面的相关规定具有如下特点。

第一,生源优化:制度调整与主动出击相结合。为实现博士研究生培养的入口优化,南京大学建立了一套以绩效评价为核心的博士研究生招生计划动态管理机制。例如,在博士生招生中加大直博生和硕博连读的招生比例,为提高生源质量和在培养过程中完成择优分流奠定基础。与此同时,在部分院系实施"申请—考核"制招生办法,大力推动博士生教育改革。在博士生招生名额分配上,南京大学采取动态管理机制,根据院系招生基准规模下调招生计划,以培养条件和培养质量指标作为调节因素,对增量招生名额进行配置,实行动态管理。除学校采取各种措施吸引优秀生源之外,各院系也纷纷加大宣传与招生力度,采用实验班、夏令营等多种招生方式主动吸引人才。

第二,资格考核:过程管理和择优分流相结合。博士生资格考核是博士生教育改革的重要内容,各院系根据自身特点确定具体资格考核方案。这一措施主要考察博士生经过一个阶段的学习后对基础理论和专业知识的掌握、对科学研究方法的运用、对学科前沿研究的洞悉等能力。资格考核有利于强化博士生培养中的过程管理,提高博士生在学习和科研中的积极性和创造性。资格考核方式的改革,同时也对招生方面的生源优化起到了一定的倒逼效应。

第三,分流与淘汰机制弹性化和人性化设计。一方面,南京大学在实施博士生资格考核和分流淘汰的过程中,变"一次性不合格即淘汰"为"暂缓通过"的弹性机制,在有限次机会中使博士生再次接受考核,达到人性化分流淘汰的目的;另一方面,积极探索弹性学制的拔尖人才培养新途径。南京大学现行的博士研究生基本学制为 3 年,所谓弹性学制就是延长博士研究生基本的在校修业年限为 3 到 4 年。学校对于满足毕业条件

---

① 吕建,吴俊,卞清,等.模式、机制、成效:以质量为核心的南京大学"四三三"博士研究生教育改革实践[J].学位与研究生教育,2017(12):6-11.

而又愿意在南京大学继续提高学术水平的博士研究生,通过提升计划给予继续支持,让部分优秀的学生有充足的时间开展有创造性的研究。

(三)北京大学国家发展研究院关于分流与淘汰的相关规定

北京大学国家发展研究院在研究生培养分流淘汰机制改革方面卓有成效。该院自1996年开始研究生招生以来,就开始施行分流和淘汰制度,这一制度已写入《国家发展研究院研究生管理规定》中,并不断完善。

北京大学国家发展研究院以推荐免试研究生和全国统一招考研究生两种方式招收学术型硕士研究生。研究院经过前期探索,确定招收博士研究生的方式为录取直博生。学院的研究生培养分流淘汰机制是在不断摸索中丰富起来的,其培养流程见图9-1。

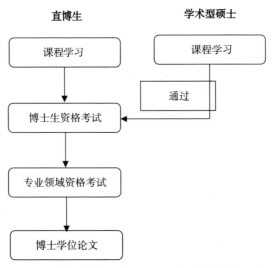

图9-1 北京大学国家发展研究院研究生培养流程

由图9-1可知,一名国家发展研究院的直博生需要经历四个培养环节方可获得学位,而一名学术型硕士在通过第一学年第二学期末的博士生资格考试后,就可以通过硕博连读的方式成为博士候选人。

具体来看,国家发展研究院的分流淘汰机制体现在四个培养环节中。

第一个环节为课程学习。在第一学年,学生需要进行政治、外语、高级微观经济学、高级宏观经济学、高级计量经济学、数理经济学等必修课的学习，最后毕业要求的课程学分为46个。

第二个环节为博士生资格考试。每年七月上旬，研究院将组织统一的博士生资格考试。考试科目为高级微观经济学、高级宏观经济学和高级计量经济学，考试形式为笔试，三门考试均及格方为合格。直博生只有通过这一考试，才能真正获得博士候选人资格，而学术型硕士也只有通过这一考试，才可能转为博士生。研究院对这一考试的成绩和完成时间要求十分严格。《国家发展研究院研究生管理规定》中明确规定："如果有两门科目同时不及格者，予以退学；若有一门不及格的科目，可在第二年重新补考一次，补考仍不及格者，予以退学"；"博士研究生学科综合（资格）考试要求博士研究生在入学两年内必须完成，逾期未考者，按不合格处理，予以退学。"

第三个环节为专业领域资格考试。专业领域资格考试是国家发展研究院借鉴国外多所一流大学的培养经验进行的培养设计。工作坊（workshop）要求每个博士生选择至少两个专业领域，每学期参与该专业领域的工作坊，选修该专业领域的核心课程。每个专业领域至少选修两门课程，且课程成绩必须达到90分以上。这一课程成绩可以替代专门的专业领域资格考试。自2013年起，专业领域内的学习还增设了"学年论文"环节，要求学生完成一篇学年论文，学年论文的要求为接近在《经济学（季刊）》或 China Economic Review 发表的要求。

第四个环节为博士学位论文。一般来说，学生要在第四学年第一学期完成开题报告，在第五年完成学位论文写作及答辩。关于毕业论文匿名评审，研究院办公室老师介绍道：

> 在毕业论文的匿名评审环节也存在淘汰现象。毕业论文的匿名评审要送五位老师，有两位老师不通过就不能答辩，两年不通过就要被淘汰。但是论文不通过的情况较少，只要送审，就算进入答辩程序，进入答辩程序之后，两年没有通过评审就只能肄业。

总结和梳理国家发展研究院有关分流和淘汰的制度规定，可得出以下几点基本经验。

第一,对培养全过程进行严格监督且要求明确。研究院不仅对学位论文严格要求,还对博士生资格考试、专业领域资格考试中的学生表现进行严格监督。可以说,相比于博士生资格考试不通过就退学,专业领域资格考试必须达到90分以上等规定而言,学位论文的要求并没有那么严苛。这意味着,研究院是以培养前期和中期过程为着眼点,而不是以某一个培养结果的最终呈现为目的。从培养环节的要求来看,研究院没有模糊的规定,考试是以分数的形式,而论文则是以接近或达到具体刊物发表水平的方式对学生进行要求,这有利于学生朝着确定目标努力。研究院办公室老师介绍,研究院会在入学时就对学生进行各个培养环节的说明,每一项要求都能够在开学时发给学生的《研究生学习指导手册》中查阅到。

第二,全体教师对制度的拥护和坚持。研究院的教师们不仅是这项制度的设计者,更是坚定拥护者。在访谈中,办公室老师谈道:

> 我们院的老师都是从国外回来的,他们就理解不了为什么分流淘汰在国内实行不了,他们说,不合适就不读了呗,这有什么难的。因此,在由教师自主命题、自主批阅的博士生资格考试和专业领域资格考试中,教师对学生的要求不会因为任何因素而有所降低。

第三,博士生教育只培养直博生和硕博连读研究生。由于直博生和硕博连读研究生都不具备该专业的硕士学位,这就在一定程度上使得学生的灵活退出成为可能——一旦不适合攻读博士学位,还可以改为硕士培养,最后获得硕士学位。

第四,对退出学生给予支持和帮助。在问及被淘汰学生的出路时,办公室负责老师表示,大多数学生都选择去其他学校攻读博士,也有学生申请出国。由于研究院内的"淘汰"实际上只是一种"分流"(学生最终还是能够以硕士身份离校),学生在进行就业和求学时,都不会面临身份上的困境。研究院对这些学生的再选择都给予支持和帮助。

虽然取得了一定成绩,但在访谈中,研究院办公室负责老师仍谈到了实践中面临的诸多困难,具体体现在以下方面。

第九章 博士生教育分流与淘汰机制调整

一是学生的就业压力较大,这种压力作为影响因素之一促成了研究院最后选择以硕博连读和直博生的方式培养博士生。

> 尤其是改革开始时,由于学生被淘汰后面临一系列问题,且社会对此种现象的接纳度仍较低,因而学生将会承担较大的就业压力。学生往往将压力转嫁给学院,这样学院也同时承受心理负担。第一个被淘汰的学生,还是学院帮忙联系的工作。

二是改革措施与现有招生制度存在冲突。访谈中,老师谈道:

> 硕博连读本身就占了两个名额,既占了今年的硕士名额,又占了下一年的博士名额。同时,如果直博生没有完成博士阶段学习,转为硕士生,同时又占了下一年度硕士生名额。这就造成了名额的损失和浪费,而这种损失和浪费只能由研究院自己承担,学校层面并不会有相关政策予以补偿。另外,由于研究院不能自主决定招生名额,所以我们学院只能在现有的招生制度之内为自己的改革寻找空间。对外招收博士生的名额,都是由硕转博定了之后,剩下多少名额,就对外多少。

三是招入的学生中仍有一部分与培养目标不相符合。虽然研究院招生时的竞争较为严酷[①],但是招入的学生仍有一部分与培养目标不相符合。受访教师谈道:

> 我们的学生分两极,那些毕不了业的,常常是考试没问题,但论文完成不了。今年有3个学生8年了,还没有毕业,主要因为论文写不出来。

> 这些同学人很聪明,也很能干,给任课老师做助教时,能够写十几万字的课程报告,但论文就是写不深。可见学生并不是由于综合素质而是因为能力类型不适合进行博士生培养。我们学院无论是通

---

① 根据办公室负责老师介绍,每年约有600—700人报名夏令营,最终招收30人;统考一般有400—500人申请,最终招收20人。

过统一招考还是推荐免试,都无法对学生的学术研究潜力和学术论文写作能力进行有效评估,才导致这些学生会进入博士生队伍。

四是学术硕士的地位较为尴尬。受访老师介绍道:

> 现在的学术型硕士没有以前前景好,我们的课程比较理论,和将来找工作没有多大的关系。课程多,往往也耽误实习,一些学生想从学术型转为专业型。但是院长认为,我们的学术型硕士培养得很好,将来在出国、从事学术职业等方面优势很大,转为专业硕士进行培养比较可惜。学生作为改革的直接承担者,发现研究院以学术为中心的培养模式与就业市场需求存在矛盾。但院长作为培养工作的主要负责人,则更愿意以学术导向培养学生。在不同利益群体的利益表达间,学术型硕士的地位就比较尴尬。

五是制度设计存在"投机空间"。由于直博生享受博士生待遇,而学术型硕士只领取硕士生补贴,学生在选择直博生后,如果被淘汰,也还是享受了一年到两年的博士生待遇。这样一来,有可能学生在选择培养方式时,并不是因为想要攻读博士,而是出于享受博士生待遇的目的而选择接受直博生方式进行培养。受访教师表示:

> 院里也想做出改革,就是所有人都以直博生方式招进来,一律享受硕士生待遇。只有通过博士生资格考试,才能享受博士生待遇。但是,这种避免投机的设想仍然会遭到招生制度的牵绊。这样研究生院给我们的名额就会受到损失,现在硕博加起来有48个名额,如果都改为直博生,就只有30个名额了,我们需要进行换算的。

9.2.3 博士生培养分流与淘汰实践中存在的共性、趋势及问题

通过对国内部分代表性高校分流淘汰的政策文本分析、访谈记录整理及北大国发院的案例研究,可以总结出目前我国研究生教育分流淘汰的共性、趋势和特征,以及分流淘汰机制在实施过程中遇到的一些共性问题,下面进行概要分析。

第九章　博士生教育分流与淘汰机制调整

（一）研究生培养分流与淘汰中的共性与趋势

第一，对研究生进行分流和淘汰是保证研究生教育质量的重要手段之一，水平和层次越高的培养单位在研究生分流和淘汰方面的执行力度越强，对研究生进行分流和淘汰逐渐成为一种共识。对研究生实施分流淘汰机制的目的是保证和提高研究生培养质量，促进研究生的多元选择和发展，进一步释放研究生培养潜力和活力。在保证质量、提高效益的现实诉求下，国内高水平研究型大学自觉率先开展研究生分流淘汰机制的试点工作，其他不同层次和类型的研究生培养单位逐步跟进，在研究生的招生、培养、管理及就业方面进行着联动改革。

第二，对研究生进行分流和淘汰是研究生培养模式改革的一个重要方面，必然涉及研究生招生制度改革、学籍管理制度改革、就业派遣管理改革等多主体、多部门、多层级的联合协同与互动。在研究生质量是生命线的观念逐步深入人心的现实背景下，对研究生进行分流和淘汰是研究生培养模式改革的一个重要方面，国内高水平研究生培养单位率先实施分流和淘汰改革，并在此改革的同时进行研究生招生、学籍管理、就业派遣管理等多方面、多维度的配套性改革，积累了一定的经验，但在实施中也存在一些制度性和政策性的困惑和问题。

（二）研究生培养分流与淘汰中存在的主要问题

第一，研究生分流淘汰机制改革与现有招生制度存在矛盾。国内现阶段主要实施的是一种"入口带帽式"的分段式研究生招生制度，即在招生时就限定研究生的身份是硕士生或博士生，后续的研究生学籍、培养、就业派遣等环节也与此密切配合，这种制度设计会给研究生分流淘汰的具体实施带来一定困难。因此，探索如何实行与研究生分流淘汰机制改革相适应的研究生招生制度迫在眉睫。

第二，研究生分流淘汰机制改革在实际操作中存在若干制度性或管理性障碍。譬如，现存的制度设计没有充分考虑分流或淘汰以后学生的身份认定、学籍管理、导师指导、就业派遣及其他关系到研究生、导师及培养单位切身利益的诸多问题。因此，破除与研究生分流淘汰机制改革相

联系的若干制度性或管理性障碍,充分考虑研究生分流和淘汰以后的出路尤为重要。例如,在实际调查中,一位大学的校领导指出:

> 分流退出机制是博士生培养质量的重要保障。我国早在20世纪80年代就开始探索博士生分流退出机制,当时提出对在学研究生实行必要的筛选制度,学习成绩较差或明显表现出缺乏科研能力的,应终止学习,分配工作。2020年出台的《加快新时代研究生教育改革发展意见》中再次强调要加大分流力度,畅通分流选择渠道。目前很多学校已经建立起分流退出的相关机制,但在实际操作层面还面临很多难题。例如分流后的学籍管理问题:根据有关文件规定,硕博连读生或直博生可按其博士生学籍转成硕士生学籍。但目前博士生的主力还是普通招考或申请考核制的学生,并不适应上述文件,这给分流退出带来了较大的困难。建议国家层面能够统一出台相应的指导意见或实施细则,为博士生分流退出"打通最后一公里"。(BUAA大学调研材料)

第三,研究生分流淘汰机制改革缺乏有利的宏观环境。对研究生进行分流和淘汰机制改革面临不小的压力,目前的分流淘汰压力主要由具体改革高校来承担,而没有相应的国家宏观政策环境作支撑,导致很多研究生培养单位在风险规避的"理性选择"考虑下,对研究生分流淘汰的具体实施效果会打折扣。因此,做好国家层面和学校层面的良好衔接,营造出有利于研究生分流淘汰的政策大环境是当务之急。

9.2.4 实施分流与淘汰机制的国外启示

由于传统和制度等因素不尽相同,在国外的研究生培养中,过程管理、分流、淘汰的制度比较成熟。针对国内案例中出现的问题,可以从国外高等教育实践中寻求启发。从国内的制度设计和具体实践来看,不同学校(学院)存在着不同问题。具体而言,目前出现的问题包括:不具备分流淘汰的社会支持环境、分流淘汰机制与现有研究生培养制度存在矛盾、学术型硕士地位尴尬、招生环节的综合审查较薄弱、分流淘汰仍主要集中于学术论文环节、学校采用末位淘汰等刚性惩罚。针对其中部分问题,国外高校的实践能够提供如下启示。

第一,在招生中提供充足信息,进行综合评价。美国高校为保证学生在入学前对博士学业有明确认识,会在入学前就为申请学生提供充分的信息。提供信息的具体方式包括:提供学生手册、公开博士项目具体要求、进行入学指导、学校研究生院组织入学指导等。美国高校的招生环节是一种双向选择,提高这一环节的效率不仅需要保证学生能够拥有博士项目的充足信息,也应确保接收博士生的项目组对申请人充分了解。因此,大多数学校都采用综合性的评价方式。

第二,对过程进行严格管理,在过程中实施分流与淘汰。国外高校十分注重过程管理,而非仅仅在最后的学术论文阶段进行分流和淘汰。在美国,一名博士生需要经过新生课程考试、博士资格考试、博士综合考试、论文答辩等多个环节,每一项不合格,都难以进入下一个博士培养环节[1]。有研究者以美国康奈尔大学作为研究案例,通过采集康奈尔大学的学位条例、政策文本和院校新闻,研究提炼出博士生分流淘汰制度运行机制的三个典型特征:学术逻辑主导下的考核过程、考核责任主体权责分明以及具备法律效力的保障制度。[2] 在德国,尽管师徒式的个人培养模式历史悠久,但随着美国等国的培养模式日益兴盛,结构化的博士培养也开始在德国发展起来。虽然这种系统化的培养会被限定在一定时间之内,但培养过程不再只是论文写作和答辩,还包括精心设计课程体系等其他培养环节[3]。

美国研究生培养中的过程性评价不仅体现在教育的前期和中期,而且体现在后期的学术论文阶段。学校不仅对最后呈现出来的论文有具体

---

[1] 曹菱红,王晓陆.与英、法、德、美研究生淘汰机制之比较[J].高等工程教育研究,2006(3):74—77.
[2] 杨青.美国一流大学博士生分流淘汰制度的运行机制及启示:以康奈尔大学为例[J].中国高教研究,2019(10):91—98.
[3] 巫锐,秦琳.新世纪德国大学博士生教育改革的行动逻辑研究[J].复旦教育论坛,2020,18(3):106—112.

要求,而且对整个论文写作过程实施监督。

下面以美国斯坦福大学为例,对博士生分流淘汰机制模型进行概要介绍。图9-2显示,斯坦福大学的博士生分流淘汰机制以博士生关键培养环节为有效载体,融合嵌入博士生培养的各个关键时间节点。具体而言,博士生分流淘汰机制以课程学习和资格考核为核心抓手,以论文审核和答辩为重要依据,分流淘汰模型运行中呈现递进式与退出式交互进行的特征。

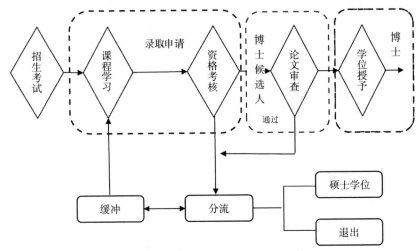

图 9-2 斯坦福大学博士生分流淘汰机制模型①

第三,对硕士生和博士生进行分流培养,保留分流渠道。国外对硕士生和博士生在培养目标上进行了清晰的区分。一般而言,硕士生的毕业要求要远远低于博士生,而且具体的毕业要求还因学校和专业的不同而有所不同。但对于博士生而言,学术导向十分明显,学术上的要求非常严格。除了在培养目标上的厘清之外,对培养机构也进行了专门区分。比如哈佛大学目前共有10个学院、1个高级研究院、1个继续教育部。其中,文理学院(faculty of arts and sciences)是全校的核心,其余9个是专

---

① 师悦,黄蓓蓓,汪霞.融合嵌入:斯坦福大学博士生分流淘汰机制研究[J].研究生教育研究,2021(5):90—97.

业学院(schools)。从分工来看,文理学院并不专门培养硕士,而是把硕士作为一个出口——将硕士学位授予完成了前两年的课业而出于各种原因不再继续攻读博士学位的研究生,其余的专业学院培养本专业的硕士生,学制一般为1—2年[①]。就文理学院的培养模式来看,硕士是作为一种分流手段应用于学术型博士的培养过程中。研究生院或者文理研究生院负责学术型博士学位(PhD)以及部分学术型硕士学位的培养和质量监控,专业学位主管机构负责其他学位的授予,这种分工是美国高校的普遍模式。

9.3 实施分流与淘汰机制的关键切入点

我国实行三级学位制度,硕士学位作为一级独立的学位存在,硕士生教育与博士生教育分阶段进行,并存在一定的递进关系。因此,博士生培养模式从培养制度设计上可以分为分段式培养和贯通式培养两种类型。所谓贯通式博士生培养模式,是指将硕士生阶段和博士生阶段作为一个整体统筹考虑,包括提前攻读博士学位(简称提前攻博)、硕士博士学位连读(简称硕博连读)和本科生直接攻读博士学位(简称直接攻博)三种具体培养模式[②]。与贯通式培养模式相对应,将硕士生阶段与博士生阶段相对独立的博士生培养模式称为分段式博士生培养模式。

9.3.1 分段式培养与贯通式培养的比较分析

回顾我国博士生培养模式的发展历程可知(见图9-3),最早出现的是分段式博士生培养(1981年),然后是提前攻博(1984年),接着出现了硕博

[①] 牛大勇. 哈佛大学研究生教育调查报告[J]. 学术界,2003,(3):154-160.
[②] 张国栋. 贯通式博士生培养模式的特点及适用范围[J]. 中国高教研究,2009(9):37-39.

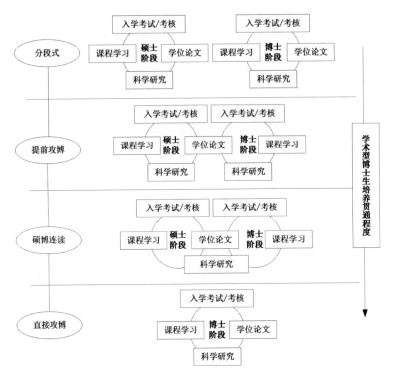

图 9-3 学术型博士生培养模式的演变过程

连读(1986年),最后是直接攻博(1991年)。① 分段式研究生培养模式是我国独立自主培养高层次研究型人才的重要举措,为我国培养了大批从事科学研究、技术与管理服务的高层次人才,但是随着时间的推移,分段式研究生培养模式的弊端也逐渐显露。例如,在分段式模式下,一方面,学术型硕士生的培养目标较为模糊、培养定位较为尴尬、培养周期相对较长、毕业后就业难的问题越来越凸显。另一方面,学术型博士生的培养周期却相对较短,导致很多博士生很难在有限的时间内选择研究周期较长的重要研究问题,也很难做出有价值的创新成果。为弥补分段式研究生

---

① 张国栋,吴松. 我国贯通式博士生培养模式的发展轨迹及思考[J]. 学位与研究生教育,2008(4):10—13.

培养模式的不足,很多培养单位逐步开始探索包括提前攻博、硕博连读和直接攻博在内的从"小部分贯通到大部分贯通再到全部贯通"的新型博士生培养模式。从分段式培养到贯通式培养,是结合高层次人才成长规律和新的知识生产模式变革所作出的模式创新,对提升我国博士生培养质量具有重要意义。需要指出的是,分段式与贯通式并非是对立和矛盾的,人才的成长规律也很难整齐划一。因此,应将分段式与贯通式进行有机结合,为各级各类人才提供灵活多样的培养渠道和上升通道,真正选拔有潜力、有兴趣且有志于学术研究的人才进行培养。

与分段式相比,贯通式培养模式具有如下几个方面的优点。第一,贯通培养有助于简化重叠的培养环节,优化培养过程,整体上缩短研究生培养周期,提升研究生培养的效率。第二,贯通培养有着相对充裕的研究时间,有助于增强博士生科研活动的连续性,使博士生可以选择一些研究周期相对较长、研究难度较大的课题,特别是在一些课程学习与科学研究有很强连续性要求和成果产出需要较长周期的基础学科领域更具比较优势。第三,连续的贯通培养非常有利于交叉学科和跨学科博士生的培养,而多学科的交叉与融合是未来知识生产新模式最重要的特征之一。第四,在培养周期相对较长的贯通模式下,可以为国内外联合培养博士生、博士生国内外访学等研究生教育创新计划的实施提供充裕的时间保证。第五,在贯通式模式下,可以切实推进和实施博士生培养的分流与退出机制,增强博士生培养的弹性和活力,有助于将博士生培养过程中关键节点的质量控制落到实处。

9.3.2 在贯通式培养模式下实施博士生分流与淘汰机制

将分段式培养模式逐步调整为贯通式培养模式,可以为实施博士生教育的分流与淘汰机制提供可行性,充分调动博士生教育各利益相关方的积极性,增强人才培养的制度弹性和活力,从而有助于结合培养对象的兴趣、职业发展路径选择做出更加合理的制度安排。在传统的分段式培养模式下,博士生的身份从"入口"即存在固化现象,导致在中间的培养环节中很难进行合理分流,加之现行的政策及制度安排缺乏必要的弹性,最终导致博士生分流与淘汰机制很难真正切实有效执行。而以贯通式培养改革为突破口的分流与淘汰新机制可以打破博士生源自"入口"的身份固化,在贯通式培养模式下,培养对象以研究生的身份进入"培养管道"。在培养过程中,学生和导师(组)可以双向选择:一方面,学生可以根据自身能力、兴趣、职业取向等方面的综合考虑主动选择分流;另一方面,导师(组)也可以根据学生的学业表现、努力程度及发展潜力等方面的综合考虑来分流培养对象。

此外,随着社会职业选择不断趋于多元化,学术职业与非学术职业之间的边界越来越模糊,交叉学科不断兴起,社会实际需求不断对现有人才培养提出新的更高的要求,这也迫切需要研究生培养模式进行相应的调适。例如,在就业预期、社会需求与职业兴趣等多方面的考量和博弈下,一部分学生可能想主动分流,但现行的制度设计不能为他们提供合适的"出口",导致培养目标与职业兴趣之间发生冲突。对于导师(组)而言,由于现行培养模式的"制度惯性"与"行政约束",导师(组)无法充分发挥"筛选"的权力,在"逆向选择"的现实约束下,导师们很多时候不得不降低要求。因此,迫切需要以贯通式培养模式改革为关键切入点,重新设计博士生教育的分流与淘汰机制。

9.4 分流与淘汰机制设计及其关键环节

9.4.1 学术型博士生教育的分流与淘汰机制设计

我国的博士生分为学术型和专业型两大类,本章的分析对象主要是以学术研究为取向的学术型博士生,暂不涉及专业型博士。在整个贯通式研究生培养过程中,将目前的"入口戴帽"式培养模式调整为"出口戴帽"式培养,在培养过程中对研究生进行分流,并适当伴随淘汰,这种分流与淘汰机制设计如图 9-4 所示。

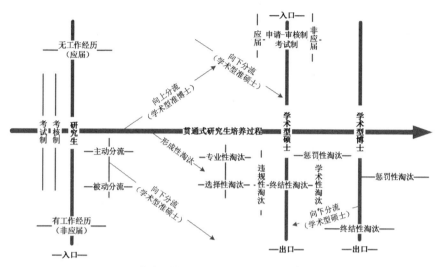

图 9-4　学术型博士生教育的分流与淘汰机制设计

各招生单位可以在关键环节设置考核门槛,对研究生进行分流,以增强研究生培养过程中的灵活性和自主性,做到因材施教,真正选拔出对学术研究有兴趣、有能力的学生进入博士生培养行列。培养过程中的分流根据研究生本人意愿及培养要求可以分为主动分流和被动分流两大类,根据分流方向可以分为向上分流(学术型准博士)和向下分流(学术型准硕士)两大类。主动分流指学生根据自身的兴趣爱好、职业追求、发展取向并结合自身的能力和条件进行选择。此处的选择主要可分为两种,一种是选择成为学术型准硕士,另一种是选择成为学术型准博士。被动分流指在贯通式培养过程中,在关键考试(或考核)环节中因达不到规定要求,被迫分流为学术型硕士进行培养的分流方式,此处主要针对在主动分流中选择成为学术型准博士的研究生而言。

在贯通式培养过程中,可能也会伴随一定的淘汰,主要分为两类:一类是形成性淘汰,另一类是终结性淘汰。形成性淘汰贯穿在整个贯通式研究生培养过程中,既包括培养对象因达不到培养单位设定的各个培养环节的考核标准和要求而客观淘汰的情况,也包括培养对象因自身兴趣爱好的转移和个人发展轨迹变化而主动退出的情况。因此,可以将第一种情况定义为专业性淘汰,将第二种情况定义为选择性淘汰[①]。选择性淘汰和主动分流相类似,均是个人根据自身情况主动做出的合理化抉择。终结性淘汰又称为硬淘汰,根据实施规则和内容的不同,终结性淘汰分为学术性淘汰和失范性淘汰两种类型。所谓学术性淘汰,与专业性淘汰相类似,主要指将毕业学位论文质量明显不符合国家相应学位授予标准的学生淘汰出局,不授予相应学位的惩罚性处理规定[②]。形成性淘汰和终结性淘汰是对尚未取得学位的研究生设置的,而对于已经取得学位的研究生群体,如果经举报或在论文抽查过程中发现存在严重的学术不端行为或者其他学术违规行为的,可以采取事后惩罚性淘汰进行处罚,由学位授予机构经完整的程序、环节作出撤销已授予学位的处罚。所谓违规性淘汰,指的是在研究生培养过程中,将违反国家法律、法规或严重违反校纪校规及研究生管理相关规定的学生淘汰出研究生队伍的一种惩罚性处理规定。

设计淘汰机制的目的是保证我国学位与研究生教育的严肃性和公平性,淘汰本身并不是目的,而是为达成目的所采取的一种必要性的辅助手段。培养单位在实施淘汰行为时应保证实施对象拥有相应的申诉权利和实施救济的渠道。上述不同淘汰类型的划分只是操作化的表达,而非严格意义上的类型界定,也可以将"淘汰"表述为"退出","分流"在某种意义上也可认为是一种"退出"。设计分流或退出机制本质上是为了增强学术型博士生培养的动态性和灵活性,引入竞争机制,强化质量导向,而不是为了区分能力高低。

值得注意的是,在贯通式培养模式下,分流与淘汰机制需要根据入口生源类型的不同、培养学科属性的不同以及培养结果质量控制口径的不同而灵活地微调。在微调过程中,难点是如何保证对研究生的"节点考核"做到公平、公正且有效,这就要求培养单位及学科点在考核时充分发挥以"小同行"导师组构成的学术委员会的鉴别作用。在考核过程中,还应

---

① 王晓陆. 建立并实施研究生培养淘汰机制的研究[D]. 南京:河海大学,2005:39-43.
② 王晓陆. 建立并实施研究生培养淘汰机制的研究[D]. 南京:河海大学,2005:48.

保持考核小组的开放性,适量吸纳外部学术共同体的同行专家参与考核。

9.4.2 实施分流和淘汰的关键环节

学术型博士生培养过程中的关键环节包括招生入学、课程学习、学术训练、会议交流、课题参与、论文开题、中期考核、资格考试、论文撰写、预答辩、论文盲审、正式答辩(见图 9-5)。相应地,各培养单位可为这些关键环节制定具体的考核要求和考核办法,根据考核结果对博士生进行分流培养,并可能伴随淘汰。需要特别指出,一方面,所有涉及研究生分流与淘汰的关键环节均应有相应的制度作为保障,且在研究生入学时就应该明确告知;另一方面,制度应保持合理的弹性,其制定主体重心应是向下的。换言之,学校层面的分流和淘汰制度应注重宏观把握,避免微观干涉,尤其应避免行政权力对学术权力的不当干涉。在培养单位内部,可以根据学科和专业的相关性组建恰当的学科组,选举代表组成本学科组学术委员会,具体起草本学科组学术型博士生分流与淘汰的相关制度,并在广泛征求研究生导师、专业任课教师、研究生及相关领域专家学者的意见和建议的基础上确定制度文本。在贯通式培养过程中,根据关键环节的

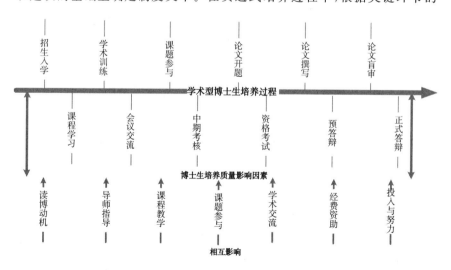

图 9-5 学术型博士生培养过程中的关键环节及影响培养质量的主要因素

考核结果对学术型博士生实施分流和淘汰,最主要的特点是引入竞争机制,将原来单一的结果质量控制转变为过程质量控制和结果质量控制相结合、相互补充,有助于从培养全过程的角度保障和提升博士生培养质量。

学术界对博士生培养中的关键环节已进行了一些非常有价值的探索。例如,徐岚和陶涛以一所研究型大学为例,对博士生中期考核的决策过程和实施效果进行了质性研究,发现低淘汰率是传统文化背景中的策略选择,中期考核是控制博士生培养过程质量的重要手段,而中期考核实施效果的影响因素包括学生个人因素、导师指导、院系氛围、培养制度和结构的规范化等[①]。此外,还有研究者以一所研究型大学为例,基于中期考核的三个维度剖析了博士生中期考核制度的作用[②]。有研究介绍了南京大学在博士生教育综合改革中构建弹性分流淘汰机制的做法,选择博士资格考核环节作为突破口,在实施过程中既充分给予博士生机会又严格执行制度,形成正向激励。[③]

9.5 分流与淘汰机制的主要配套举措

9.5.1 实施大口径和灵活多样的招生录取及名额配置办法

生源质量是研究生培养质量的前提和基础,吸引和选拔最优秀的生源进入研究生队伍,是各个培养单位必须重视的核心问题之一。借鉴国际主流做法和经验,以及部分研究型大学的前期试点经验,在保证质量的

---

① 徐岚,陶涛.督促还是淘汰:博士生中期考核机制形成及其实施效果研究[J].高等教育研究,2018,39(5):74−81.
② 叶晓力.分流淘汰抑或督促支持:博士生中期考核制度研究:基于一所研究型大学总体培养方案的文本分析[J].现代教育科学,2022(1):131−137.
③ 陈谦.构建有效提升博士生培养质量的弹性分流淘汰机制[J].学位与研究生教育,2019(4):46−51.

前提下,应鼓励实施包括"申请—审核"在内的灵活多样的研究生招生录取方式。

已设定的研究生总体名额配置在现有基础上大体保持不变,相关变化主要是引入动态调整和分流淘汰机制,以选拔和培养最适合从事学术研究的对象。招生名额配置中引入动态调整机制,必然会牵扯到学校、学院、导师及研究生等多方主体的切身利益,动态平衡好各方主体的利益诉求,关系到研究生培养模式改革的实际效果。如何"动态平衡"好各方利益诉求,需要在实践基础上进行深入研究。此外,还应该预留一定比例的"口子",用于"补录"已经获得硕士学位的学生,以兼顾公平原则和社会关切。"一定比例"只是原则性的表述,具体情况取决于高校、学科专业及导师的具体情况,"补录"的比例到底多大,根本上取决于实际招生缺口的大小。最后,应考虑根据实际情况,建立起灵活的博士生分流(或淘汰)名额补偿机制,对学科点和导师的"隐性损失"进行补偿。

9.5.2 实施博士生与导师双向选择小组指导模式

导师在研究生培养过程中起着举足轻重的作用。目前国内大部分高校实行的是一种相对静态的导师与研究生互选制度,存在"一选定终身"的弊端,不利于调动导师和研究生的积极性。在贯通式培养模式下,将静态的"单向入门选择"逐步调整为动态的相互过程选择,将单一导师指导制逐步调整为导师组指导制,是未来发展的方向。随着知识生产模式的转型,博士生培养越来越需要置身于跨学科、应用性的情境中,导师组进行团队指导,不但可以发挥导师知识结构和学科结构的交叉互补优势,而且有助于在小组框架内增强研究生之间交流、互动的程度和频率,充分发挥同伴激励效应。此外,在分流考核实施时,采取小组双向选择模式,有助于增强研究生和相关导师之间的互动频率和互动深度,这种前期的广泛互动也有助于导师组更客观、真实地鉴别研究生的学术水平、学术追求及学术潜力,从而真正选拔出优秀的青年学术人才作为后备力量。

9.5.3 建立灵活、高效、多样化的经费资助模式

充足的经费是研究生培养质量的重要保障条件之一。实施贯通式研究生培养模式以后,新招录的研究生按照硕士生标准还是博士生标准进行经费拨款,是一个值得深入研究的问题,这其中涉及保障、激励及防止道德风险的"逆向选择"等相互交织的多个问题,需要在前期试点的基础上总结经验,逐步探索。改革初期可尝试实施相对平均的拨款资助政策——新的人均拨款或资助经费总额高于现行硕士生拨款经费标准,低于现行博士生拨款经费标准。同时,可以设置校一级的竞争性博士生经费资助奖励计划和院系一级的竞争性博士生经费资助激励计划,共同构造"资助包"式的经费资助体系。与培养过程中的分流机制相适应,这种经费资助体系应该灵活、高效且多样化,以便充分发挥经费资助的保障性、激励性等综合效能。另外,鼓励研究生参加导师(组)负责的高水平科研项目,是提高贯通式培养模式下研究生教育质量的重要载体。参与科研项目不仅可以锻炼研究生的团队合作能力、组织协调能力及科学研究能力等综合素质,研究生还可获取科研劳务费,实现一举多得。在具体实施过程中,高校可以根据不同学科科研经费的特点,制定灵活的实施办法。

9.5.4 多部门协同联动、动态管理,实现就业派遣顺畅化

在研究生培养分流淘汰机制实施过程中,存在许多与现存制度相互冲突的地方。譬如,现存的制度设计尚未充分考虑分流或淘汰以后学生的身份认定、学籍管理、导师指导、就业派遣,以及其他关系到研究生、导师及培养单位切身利益的诸多问题。因此,破除与研究生分流淘汰机制调整相联系的制度性或管理性障碍,充分考虑研究生在分流和淘汰以后的"出路"尤为重要。实施贯通式研究生培养模式以后,意味着将研究生的"入口"身份差异转化为"出口"身份差异,这期间必然伴随着部分学生的分流和淘汰,以及由于制度调整所造成的研究生身份转变。为此,可逐

步改革硕士研究生的毕业方式,尝试逐步取消硕士毕业论文,使他们修满课程取得学分即可毕业。当前高校的就业派遣条件、要求及方式也不能满足变革后学生就业派遣的需要,须进行相应调整。在贯通式培养模式下进行分流与淘汰,必然涉及研究生招生、学籍管理、就业派遣等多方面的综合变革,需要多层级、多主体、多部门的密切协同与互动。

此外,博士生的分流与淘汰还依赖于成熟的学术共同体、规范的制度建设和导师的精心投入,三者不可或缺。在综合考虑各种因素的基础上,做好对博士生的过程分流或退出工作非常重要,这其中需要切实发挥导师(组)构成的学术共同体的关键鉴别作用。博士生培养的过程分流和退出机制的优点是在培养过程中逐步将缺乏学术研究兴趣和培养潜力的学生尽早分流出去,避免将培养中的矛盾层层积压,这是一种从根本上切实保障博士生培养质量的理性选择。

为保证过程分流和退出机制的顺利实施,培养单位可进行一些博士生培养关联机制方面的实践探索。例如,可将博士生的招生指标分配与导师指导效果进行关联,对投入精力不够、不认真负责把关的导师的招生资格和招生指标严格限制,并辅之以培养经费方面的"惩罚性举措"。高校层面也可建立类似的关联机制,将博士生招生名额与学科点培养效果进行关联,从而真正树立培养主体的责任意识和质量意识。实际上,博士生的选拔和培养效果与导师的学术水平之间存在很强的相关关系。因此,遴选导师和确认指导资格是非常重要的专业工作。

第十章　博士生延期毕业情况

近年来,随着博士生规模不断扩大和各培养单位对博士生培养的重视程度越来越高,博士生延期毕业现象越来越普遍,这个群体的延期率和延期时间情况值得专门进行分析。

延期毕业不仅会导致博士生本人面临经费资助、就业压力、心理压力等各种问题,而且可能影响导师、学科点甚至培养单位将来的博士生招生名额及其分配。此外,随着博士生招生选拔及培养方式的灵活性和多样性不断提升,博士生延期问题也变得越来越复杂。

从国际情况来看,美国的研究型高校一般不为博士生设置固定的毕业期限,因此也就不存在所谓的延期毕业问题[①];在加拿大多数高校,攻读博士学位通常学制预设为4年,但事实上,很多学生会花费5年甚至更多年来完成学业;英国高校博士生培养体制更加多元,不同类型的博士,其培养模式、攻读年限、结业要求等各不相同;日本的博士学位分为课程博士和论文博士两种,其中课程博士的延期情况非常普遍[②]。我国实行的是典型的国家学位制度,有自身的独特性。

那么,目前我国博士生的延期率到底有多高?若延期,延期时间有多久?延期状况在不同院校、不同学科、不同个体特征的博士生之间又存在哪些差异?这些均是博士生培养改革实践中需要迫切回答的重要问题。

目前学术界对博士生延期毕业的相关研究总体较为缺乏,既有文献

---

① 马戎.如何回应"钱学森之问":中国的博士生培养体制应当如何改进[J].社会科学战线,2016(12):223−241.
② 刘宁.日本延期博士生培养管理机制对我国的启示[J].北京教育(高教),2016(12):67−69.

主要涉及博士生延期毕业的现状、主要特征、影响因素及其原因探析等不同方面。李海生基于42所研究生院的调查问卷对博士生延期毕业的影响因素进行的研究发现,是否延期在人口统计变量特征方面并不存在差异,而在学科、学习方式等维度上存在明显不同[①]。李海生还根据华东某高校2010—2017年的调查数据对博士生延期完成学业的影响因素进行了研究[②]。黄俊平和陈秋媛以2011年北京大学调查数据为例,对博士生延期毕业现状和原因进行的研究发现,从2002—2011年,北京大学博士生平均延期率达到35%,平均延期时间约17个月[③]。杨虎同样基于北京大学的个案研究发现,2011—2015年,博士生的平均延期率均在40%以上[④]。刘文等人利用我国博士生教育的基本宏观数据,计算了博士生总体及分学科累积延期毕业率,发现博士生累积延期毕业率在高位运行,各个学科间存在显著差异[⑤]。刘玮基于某重点高校数据的分析发现,与非延期博士生相比,延期博士生表现出科研能力差异、导师评价差异及主观感知差异等特征[⑥]。绳丽惠认为博士生能否正常毕业与学习年限设置、发表成果要求、导师及博士生自身因素具有相关性[⑦]。程晓莉等人通过对处于延期阶段的博士生的深度访谈发现,延期博士生具有消极的自我认知,这种消极的心理感知进而引发了人际疏离、自我设限和心态失衡的

[①] 李海生.我国博士生延期完成学业的影响因素分析:基于对42所研究生院的问卷调查[J].学位与研究生教育,2012(5):9−15.

[②] 李海生.博士研究生延期完成学业的影响因素分析[J].复旦教育论坛,2019(3):52−59.

[③] 黄俊平,陈秋媛.博士生延期毕业的现状、原因及对策建议:以北京大学延期博士生情况调查为例[J].学位与研究生教育,2013(7):50−55.

[④] 杨虎.国内综合性大学延期博士生培养管理问题初探:基于对北京大学等高校博士生延期毕业问题的调查[J].研究生教育研究,2015(6):18−22.

[⑤] 刘文,廖炳华,廖文武.我国博士生延期毕业实证研究[J].现代教育科学,2016(8):1−8.

[⑥] 刘玮.延期毕业博士生的主要特征研究:基于某重点高校数据分析[J].中国青年研究,2016(1):44−48.

[⑦] 绳丽惠.博士生延期毕业现象:影响因素与治理策略[J].学位与研究生教育,2019(6):60−64.

角色实践。①杨青从高深知识生成逻辑的视角对人文社科类博士生延期毕业的成因进行了分析。②

上述代表性文献对本章研究具有重要启发，但既有研究也存在不少局限。例如，李海生的研究中将超过 3 年仍在学的普通博士生界定为"延期"，将学习年限超过 5 年的直博生界定为"延期"，这种简单的操作化处理方式与各培养单位实际的博士生学制可能会不一致，从而导致对延期率的统计存在偏误，且并未涉及延期时间的相关统计。黄俊平和杨虎等人基于北京大学的相关研究中，并未进一步揭示延期率在不同学科、不同个体特征之间的差异性，且仅是一所高校的独立样本，导致对博士生延期问题仍然缺乏更为细致和深入的了解。刘文等人的研究基于宏观层面的招生数和毕业生数据，且以 3 年为学制进行统计，也不可避免地会存在较大偏误。国内学术界其他关于博士生延期毕业的相关研究或者在研究样本上局限于某个培养单位③，或者在统计维度、范围和方法上存在局限④。

现有研究存在的问题实际上反映出目前学界对博士生延期毕业率的统计和分析中面临的几大难点问题：其一，招生选拔方式的多元化和复杂化，导致无法直接通过入学年月和毕业年月的简单计算而准确识别出博士生的延期率及具体延期时间；其二，博士生的规定学制因招生选拔方式、学科、培养单位、出国交流等具体情况不同而呈现出明显差异性，这种差异会直接影响延期率的统计准确性；其三，全国层面相关统计调查数据的缺失，导致学术界对博士生延期率的认识并不一致，也不具体。

本章内容基于全国层面大样本调查数据，从博士生延期毕业率、延期

---

① 程晓莉,齐学红. 韧性应对还是逃离?：延期博士的学术困境与应对[J].学位与研究生教育,2023,(3)：54—62.

② 杨青. 人文社科博士生延期毕业成因分析：以高深知识生成逻辑为视角[J].复旦教育论坛,2022,20(2)：56—65.

③ 宋聪,李艳,罗群,等. 博士生超期毕业的现状、成因及对策：以北京航空航天大学为例[J].北京航空航天大学学报(社会科学版),2012,25(6)：116—120.

④ 王晓磊,雷稚蔷,王宏,等. 基于 Logistic 回归模型的博士研究生超期毕业影响因素分析：以哈尔滨工业大学为例[J].研究生教育研究,2014(6)：16—21.

时间、延期的影响因素及其差异等不同层面和分析维度,对我国博士生延期毕业问题进行更加细致和深入的研究。作为一项基础性的统计分析工作,本章的研究有助于丰富目前博士生延期毕业方面的相关成果,也有助于为国家层面和培养单位层面出台更加灵活和合理的博士生弹性学制和管理办法、进一步提升博士生培养质量,提供政策依据和决策参考。

10.1 研究设计

10.1.1 核心概念界定与操作化

博士生延期毕业是指博士生未能按规定的学制如期毕业而延长学习时间的现象。根据延期理由不同,可以将博士生延期毕业分为正面延期(主动延期)和负面延期(被动延期)两种类型[①]。正面延期主要指博士生已具备学位申请条件,但为了取得更高质量的学术成果而主动选择延期的情况;负面延期主要指博士生不具备学位申请条件,需要通过延长学习时间的方式达到基本学位申请条件的情况。

受调查数据信息的限制,本章分析中并未严格区分延期毕业的两种具体类型,而是统一界定为延期毕业。关于延期毕业的测量和统计,由于存在上文提及的几大难点,本章采用直接调查的方式对博士生的延期情况进行识别和具体操作化。调查问题包括"是否延期"和"若延期,则具体的延期时间为多久"两个核心问题。在实际分析时,将延期情况设置为 0—1(0=正常毕业;1=延期毕业)的二分类变量。为研究方便,将延期时间具体细分为半年及以下、一年、一年半、两年、两年以上五种类型。

采用直接调查的方法有三大好处:其一,可以精准识别出博士生的延期率和具体延期时间,因为博士生对自己是否延期最清楚,而培养单位和

---

① 刘玮. 延期毕业博士生的主要特征研究:基于某重点高校数据分析[J]. 中国青年研究,2016(1):44—48.

国家教育相关统计部门的统计要么缺失该项指标,要么统计精准度欠佳;其二,由于是微观层面的调查样本,在研究时可以更加方便地将延期率和延期时间与个体层面、学科层面、培养单位层面等更加细致的信息进行匹配和交互分析,这有助于加深对博士生延期问题的认识,也为更深入、更多维度上的统计分析提供便利;其三,微观层面的分类数据为采用更精确的统计分析方法进行相关检验分析提供了可能,目前既有的相关研究大多采用简单的频数统计方法,得出的研究结论缺乏统计意义上的支持。

10.1.2 分析策略与数据来源

本章首先对博士生延期毕业率和具体延期时间进行描述性统计分析,然后将延期毕业情况和具体延期时间在不同个体特征、不同学科大类、不同院校之间的差异状况及其显著性进行量化分析,以进一步揭示博士生延期毕业率在不同维度上的特点。

本章研究采用的数据来源于 2017 年度全国博士生离校调查数据。本次调查采用分层抽样的方式进行,各阶段的抽样单位具体为:第一阶段以全国范围内的研究生培养单位为抽样单位,综合考虑不同的研究生培养规模;第二阶段将全国省域划分为二级抽样单位;第三阶段以院校类型为三级抽样单位,兼顾综合类大学及行业特色类大学。抽样兼顾院校层次、所在地区、学科大类及培养规模,突出代表性。在具体抽样过程中,为保证抽样单位具有足够的代表性和异质性,首先按照各培养单位研究生学位授予规模大小进行排序[1],然后按照抽样方案设定的院校样本量需求计算出的一定比例进行等比例选取,并综合考虑培养单位的省域分布、层次分布、类型分布等不同因素,最终确定 100 所研究生培养单位作为此次调查的样本单位,并对这 100 所院校的毕业研究生进行全覆盖调查。

本次调查中全国共有 61 所院校完成调查,博士生问卷共计发放 18367 份,回收有效调查问卷 8207 份,有效问卷回收率为 44.68%。根据

---

[1] 学位授予规模大小很大程度上可以综合反映出一所培养单位研究生教育的综合实力和水平。

研究问题需要,本章仅统计脱产博士毕业生数据,纳入最终统计范围的样本量为 7367 个。

10.2 博士生延期率

10.2.1 多维度下的博士生延期率

首先,个体特征方面,从性别、入学年龄、选拔方式及出国(境)经历四个维度展开分析(见表 10-1)。

表 10-1 博士生延期率的个体特征差异

个体特征		正常毕业		延期毕业		平均延期率(%)
		人数	百分比(%)	人数	百分比(%)	
性别	男性	2848	60.95	1825	39.05	39.05
	女性	1596	59.24	1098	40.76	40.76
入学年龄	<26 岁	2066	65.48	1089	34.52	34.52
	26~30 岁之间	1623	60.85	1044	39.15	39.15
	>30 岁	443	56.58	340	43.42	43.42
选拔方式	普通招考	1982	55.50	1589	44.50	44.50
	硕转博	1736	63.85	983	36.15	36.15
	直博生	726	67.41	351	32.59	32.59
出国(境)经历	无	3606	60.86	2319	39.14	39.14
	有	838	58.11	604	41.89	41.89
总体		4444	60.32	2923	39.68	39.68

整体而言,博士生的平均延期率为 39.68%。性别方面,女博士生的平均延期率略高于男博士生。入学年龄方面,博士生的入学年龄越大,平均延期率越高。具体表现为:26 岁以下毕业的博士生群体,其平均延期

率不足35%,而大于30岁的博士生群体,其延期率则上升至43%左右。选拔方式方面,总体来看,贯通式方式培养的博士生,其平均延期率要明显低于分段式培养的博士生,且贯通程度越高,博士生的平均延期率越低。一般认为,贯通培养可以提升人才培养效率,有助于将博士生培养过程中关键节点的"质量控制"落到实处。本章从延期率角度对此提供了新的证据。从出国(境)经历来看,在读期间有出国(境)经历的博士生群体的平均延期率略高于没有出国(境)经历的群体。出国(境)经历对拓展博士生的国际学术视野、增强科研水平和研究能力、促进研究生教育国际化有重要帮助作用,但也可能会对博士生在规定学制年限内正常毕业造成一定程度的影响。因此,根据博士生的具体情况制定更具弹性的学制,应是博士生培养机制改革中重要的政策议题。

表10-2 博士生延期率的学科特征差异

学科特征		正常毕业		延期毕业		平均延期率(%)
		人数	百分比(%)	人数	百分比(%)	
人文学科	文学	150	60.48	98	39.52	35.89
	历史学	50	54.95	41	45.05	
	哲学	50	59.52	34	40.48	
	艺术学	22	81.48	5	18.52	
社会科学	法学	191	68.21	89	31.79	35.55
	教育学	30	55.56	24	44.44	
	经济学	163	72.77	61	27.23	
	管理学	144	61.28	91	38.72	
自然科学	理学	1658	61.05	1058	38.95	36.26
	工学	1117	60.48	730	39.52	
	农学	186	54.07	158	45.93	
	医学	281	79.38	73	20.62	
一流学科	入选	1587	69.85	685	30.15	30.15
	未入选	2468	58.10	1780	41.90	41.90

其次,学科特征方面,从学科类型和一流学科入选情况两个维度展开分析(见表10-2)。一方面,从学科大类来看,人文学科和社会科学类博士生的平均延期率均在35%左右,而自然科学类博士生的平均延期率则略高于人文学科和社会科学,为36%左右。在各学科大类内部,不同学科门类的平均延期率差异明显。具体而言,人文学科中,历史学的平均延期率最高,为45%左右,哲学和文学学科的延期率在40%左右,而艺术学延期率最低,不足20%。社会科学中,博士毕业生的平均延期率由高到低依次为教育学(44.44%)、管理学(38.72%)、法学(31.79%)和经济学(27.23%)。自然科学中,农学的平均延期率最高(45.93%),其次为工学(39.52%)和理学(38.95%),而医学的延期率最低(20.62%)。另一方面,从是否入选国家一流学科建设名单情况来看,入选国家一流学科建设名单的学科,其博士生的平均延期率为30%左右,这一比例要明显低于未入选一流学科博士生的平均延期率(41.90%)。

表10-3 博士生延期率的院校特征差异

院校特征		正常毕业		延期毕业		平均延期率(%)
		人数	百分比(%)	人数	百分比(%)	
院校层次	一流大学建设高校	2530	62.94	1490	37.06	37.06
	一流学科建设高校	523	59.10	362	40.90	40.90
	国科大和中国社科大	1289	56.07	1010	43.93	43.93
	其他高校	102	62.58	61	37.42	37.42
院校地域	东部	2090	64.21	1165	35.79	35.79
	中部	1812	57.62	1333	42.38	42.38
	西部	511	55.01	418	44.99	44.99

最后,院校特征方面,从院校层次和院校地域两个方面展开分析。之所以将院校所在地域纳入分析框架,主要考虑到目前我国区域之间博士生培养的规模、条件差异较大,博士生教育资源过度集中在东部地区和少数高水平大学,这些差异可能会对博士生的培养效率产生不同程度的影

响。为便于分析,根据最新的国家"双一流"建设入选情况,结合中国科学院大学(简称"国科大")和中国社会科学院大学(简称"中国社科大")侧重科学研究的特色,将院校划分为一流大学建设高校、一流学科建设高校、国科大和中国社科大及其他高校四个层次;将院校所在地域划分为东部、中部和西部三大类①。表10-3的分析结果显示,从院校层次来看,一流大学建设高校博士生的平均延期率最低(37.06%),其次为其他高校(37.42%),而一流学科建设高校、国科大和中国社科大的博士生平均延期率均超过40%。从院校所在地域来看,博士生的延期毕业率在东部(35.79%)、中部(42.38%)、西部(44.99%)三大区域之间依次上升。若单纯从博士生培养的效率视角来看,中西部地区特别是西部地区,博士生培养存在"低效率"问题。

10.2.2 博士生延期概率差异的显著性检验

为进一步检验不同个体特征、学科特征及院校特征的博士生群体在延期概率方面是否具有统计意义上的显著差异,下面进一步通过构造二元逻辑回归模型展开分析。其中,模型一是全样本回归结果,模型二到模型四中分别是人文学科、社会科学及自然科学子样本回归结果(见表10-4)。

首先,从个体特征来看,博士生的延期概率在性别、年龄、选拔方式及出国(境)经历方面均存在显著性差异。具体而言,性别方面,男博士生的延期概率显著低于女博士生,但这种差异仅在自然科学中显著,而在人文学科和社会科学中并不显著。入学年龄方面,入学年龄越大,博士生延期概率越高。招生选拔方式方面,与普通招考这类分段式培养方式相比,硕转博、直博生等贯通式培养方式下的博士生,其延期概率显著更低,且贯

---

① 按照国家"七五"计划中的分类标准确定东部、中部和西部三大经济区域。东部地区包括北京、天津、河北、辽宁、上海、江苏、浙江、福建、山东、广东、海南;中部地区包括山西、吉林、黑龙江、安徽、江西、河南、湖北、湖南;西部地区包括重庆、四川、贵州、云南、西藏、陕西、甘肃、青海、宁夏、新疆、广西和内蒙古。

通程度越高,博士生延期概率越低,但这种显著性差异主要体现在自然科学中。出国(境)方面,与在读期间没有出国(境)经历的群体相比,有出国(境)经历的博士生群体的延期概率显著更高,这种差异性尤其体现在社会科学和自然科学中。

其次,从学科特征来看,一方面,与人文学科相比,自然科学中农学博士生延期概率显著更高,而医学类博士生延期概率则显著更低,社会科学博士生延期概率显著低于人文学科。另一方面,与未入选一流学科相比,入选国家一流学科博士生的延期概率显著更低,且这种差异主要体现在社会科学和自然科学中。

最后,从院校特征来看,一方面,与其他类院校相比,一流大学建设高校、一流学科建设高校、国科大和中国社科大的博士生延期概率显著更高,且这种差异主要体现在自然科学中。另一方面,不同区域培养单位的博士生在延期概率方面的差异在统计意义上并不显著。

表10-4 博士生延期概率差异的显著性检验结果

解释变量		博士生是否延期			
		模型一	模型二	模型三	模型四
性别(女性)		−0.166***	−0.083	−0.174	−0.152**
		(−2.995)	(−0.410)	(−1.136)	(−2.479)
入学年龄		0.019**	0.004	0.026	0.019
		(2.099)	(0.175)	(1.474)	(1.538)
选拔方式 (普通招考)	硕转博	−0.472***	0.267	−0.103	−0.523***
		(−7.126)	(0.780)	(−0.461)	(−7.211)
	直博生	−0.470***	−0.503	−0.545	−0.455***
		(−5.048)	(−0.801)	(−1.576)	(−4.448)
出国(境)经历(无)		0.300***	−0.150	0.496***	0.282***
		(4.407)	(−0.642)	(2.724)	(3.623)

续表

解释变量		博士生是否延期			
		模型一	模型二	模型三	模型四
学科大类（人文）	社科	−0.213*	—	—	—
		(−1.665)	—	—	—
	理学	0.178	—	—	—
		(1.453)	—	—	—
	工学	0.192	—	—	—
		(1.578)	—	—	—
	农学	0.603***	—	—	—
		(3.867)	—	—	—
	医学	−0.719***	—	—	—
		(−4.564)	—	—	—
入选一流学科（否）		−0.475***	−0.156	−0.482**	−0.465***
		(−7.641)	(−0.657)	(−2.486)	(−6.792)
院校层次（其他）	一流大学建设高校	0.368	1.144	−0.525	0.874***
		(1.623)	(1.325)	(−1.047)	(3.155)
	一流学科建设高校	0.185	1.006	−0.134	0.542**
		(0.830)	(1.230)	(−0.268)	(1.992)
	国科大和中国社科大	0.254	1.144	−0.464	0.690***
		(1.194)	(1.421)	(−0.971)	(2.664)
院校地域（西部）	中部	0.074	−0.829	0.022	−0.058
		(0.666)	(−1.478)	(0.071)	(−0.458)
	东部	−0.143	0.288	−0.269	−0.284***
		(−1.452)	(0.607)	(−0.944)	(−2.631)
常数项		−0.903**	−1.653	−0.667	−1.073**
		(−2.487)	(−1.394)	(−0.893)	(−2.465)
N		6447	446	805	5196

注：(1)括号内为 t 值，根据个体聚类的稳健标准误计算；(2)* 为 $p<0.1$，** 为 $p<0.05$，*** 为 $p<0.01$。

10.3 博士生延期时间

10.3.1 多维度下的博士生延期时间

首先,个体特征方面,整体而言,延期群体中,有48.15%的延期时间为一年,19.05%的延期时间为两年,而延期时间在半年左右和超过两年的比例分别为13.01%和12.50%。性别方面,男性和女性在延期时间分布上呈现较为一致的分布规律,平均有接近一半群体的延期时间为一年,但也有三成左右的群体延期时间在两年及两年以上。入学年龄方面,大致呈现出入学年龄越大、延期时间越长的分布规律。具体而言,在26岁以下群体中,延期一年的比例接近55%,而延期时间在两年及两年以上的比例在7%左右,但随着入学年龄的上升,延期时间在两年及两年以上的比例明显上升,在大于30岁的群体中,延期时间在两年及两年以上的比例超过27%。选拔方式方面,直博生、硕转博及普通招生群体延期时间在一年左右的比例逐渐下降,而普通招考这类非贯通式培养博士生延期时间在两年以上的比例明显高于直博生和硕转博这两类贯通式培养博士生群体。出国(境)经历方面,有出国(境)经历的博士生群体延期时间在一年的比例明显高于没有出国(境)经历的群体,但后者延期时间在两年及两年以上的比例明显高于前者(见表10-5)。

表10-5 博士生延期时间的个体特征差异(%)

个体特征		半年及以下	一年	一年半	两年	两年以上
性别	男性	13.75	48.23	7.10	17.79	13.14
	女性	11.80	48.03	7.59	21.13	11.44
入学年龄	<26岁	12.51	55.05	6.77	18.63	7.04
	26~30岁之间	12.73	48.22	6.27	20.15	12.63
	>30岁	8.06	37.91	5.67	20.90	27.46

续表

个体特征		半年及以下	一年	一年半	两年	两年以上
选拔方式	普通招考	11.31	44.09	6.99	20.84	16.77
	硕转博	16.03	52.62	8.02	16.03	7.30
	直博生	12.29	54.00	6.57	19.43	7.71
出国(境)经历	无	13.32	46.43	7.62	19.19	13.45
	有	11.85	54.76	6.01	18.53	8.85
总体		13.01	48.15	7.28	19.05	12.50

其次,学科特征方面,从学科大类及门类来看,人文学科中,延期时间为一年的比例由高到低依次为历史学(65.00%)、哲学(52.94%)、文学(46.39%)和艺术学(40.00%),但艺术学博士生延期时间为两年的比例占到60%,文学博士生延期时间在两年以上的比例明显超过历史学和哲学。社会科学中,经济学博士生延期时间为一年的比例(65.00%)明显高于其他学科,但教育学和管理学延期时间在两年以上的比例则明显高于法学和经济学。自然科学中,农学博士生延期时间为一年和两年的比例明显高于其他学科,而延期时间在两年以上的比例由高到低依次为工学、医学、理学和农学。从一流学科入选情况来看,相对于未入选的学科而言,入选一流学科博士生群体延期时间在半年以下的比例略高而延期时间在两年以上的比例则略低(见表10-6)。

表10-6 博士生延期时间的学科特征差异(%)

学科特征		半年及以下	一年	一年半	两年	两年以上
人文学科	文学	8.25	46.39	5.15	22.68	17.53
	历史学	0.00	65.00	0.00	25.00	10.00
	哲学	11.76	52.94	0.00	26.47	8.82
	艺术学	0.00	40.00	0.00	60.00	0.00

续表

学科特征		半年及以下	一年	一年半	两年	两年以上
社会科学	法学	9.09	54.55	2.27	23.86	10.23
	教育学	0.00	50.00	4.17	16.67	29.17
	经济学	5.00	65.00	3.33	18.33	8.33
	管理学	6.67	54.44	3.33	17.78	17.78
自然科学	理学	14.57	46.95	8.00	19.62	10.86
	工学	12.43	48.76	7.32	16.85	14.64
	农学	6.37	56.05	2.55	28.66	6.37
	医学	18.31	50.70	4.23	14.08	12.68
一流学科	入选	13.38	50.29	5.44	20.00	10.88
	未入选	11.57	49.29	6.81	19.46	12.88

最后,院校特征方面,从院校层次来看,国科大和中国社科大博士生的延期时间在半年及以下的比例明显高于其他院校,而一流大学建设高校博士生延期时间为两年的比例明显高于其他院校。从院校所在地域来看,中部地区院校博士生延期时间在半年及以下的比例要高于东部和西部地区,东部地区院校博士生延期时间为两年的比例要高于中部和西部地区,而西部地区博士生延期时间为一年的比例则略高于东部和中部地区(见表10-7)。

表10-7 博士生延期时间的院校特征差异(%)

院校特征		半年及以下	一年	一年半	两年	两年以上
院校层次	一流大学建设高校	8.94	51.29	6.17	21.00	12.60
	一流学科建设高校	13.57	48.20	3.60	17.17	17.45
	国科大和中国社科大	18.78	43.26	10.39	16.88	10.69
	其他高校	13.56	52.54	5.08	18.64	10.17

续表

院校特征		半年及以下	一年	一年半	两年	两年以上
院校地域	东部	11.35	49.65	6.24	20.71	12.05
	中部	15.20	45.39	8.77	17.85	12.78
	西部	10.63	52.90	5.56	18.60	12.32

10.3.2 博士生延期时间差异的显著性检验

为进一步检验不同个体特征、学科特征及院校特征的博士生群体在延期时间方面是否具有统计意义上的显著差异，下面进一步通过构造回归模型进行分析。在具体分析中，将延期时间设定为由小到大的等级变量，因此采用定序逻辑回归模型进行检验。其中，模型一是全样本回归结果，模型二到模型四分别是人文学科、社会科学及自然科学子样本回归结果(见表10-8)。

首先，从个体特征来看，在控制其他影响因素的条件下，男性博士生延期时间显著低于女性；入学年龄越大，博士生延期时间也越长，且这种差异主要表现在社会科学和自然科学中；选拔方式方面，与普通招考类博士生相比，硕转博这类贯通式培养博士生的延期时间显著更短，且这种差异主要表现在人文学科和自然科学中；延期时间在是否具有出国(境)经历的博士生群体之间并不存在显著性差异。

其次，从学科特征来看，在控制其他影响因素的条件下，一方面，与人文学科相比，理学学科博士生延期时间显著更长，而医学学科博士生延期时间显著低于人文学科，社科、工学和农学学科在延期时间上与人文学科并不存在显著差异；另一方面，入选一流学科博士生延期时间要显著低于未入选一流学科博士生，但这种差异主要体现在自然科学中。

最后，从院校特征来看，在控制其他影响因素的条件下，一方面，一流学科建设高校、国科大和中国社科大博士生延期时间显著高于其他院校，但这种效应主要表现在自然科学中；另一方面，东部地区博士生在延期时间上与西部地区博士生并不存在统计意义上的显著差异,但与西部地区相比,中部地区博士生在延期时间上的差异依学科大类不同而呈现相反的差异,即中部地区人文社科类博士生延期时间显著更短,而自然科学类博士生延期时间显著更长。

表 10-8 博士生延期时间差异的显著性检验结果

解释变量		博士生延期时间			
		模型一	模型二	模型三	模型四
性别(女性)		−0.170**	−0.107	−0.328	−0.132
		(−2.115)	(−0.328)	(−1.264)	(−1.518)
入学年龄		0.087***	0.003	0.096***	0.096***
		(6.295)	(0.063)	(3.543)	(5.394)
选拔方式(普通招考)	硕转博	−0.339***	−0.903**	−0.062	−0.299***
		(−3.498)	(−2.040)	(−0.163)	(−2.859)
	直博生	−0.114	−0.242	0.777	−0.091
		(−0.858)	(−0.204)	(1.644)	(−0.629)
出国(境)经历(无)		−0.066	0.359	0.095	−0.155
		(−0.726)	(0.929)	(0.366)	(−1.521)
学科大类(人文)	社科	−0.057	—	—	—
		(−0.323)	—	—	—
	理学	0.293*	—	—	—
		(1.725)	—	—	—
	工学	0.144	—	—	—
		(0.861)	—	—	—
	农学	0.227	—	—	—
		(1.155)	—	—	—
	医学	−0.875***	—	—	—
		(−3.293)	—	—	—

续表

解释变量		博士生延期时间			
		模型一	模型二	模型三	模型四
入选一流学科(否)		−0.338***	−0.489	−0.186	−0.236**
		(−3.438)	(−1.416)	(−0.567)	(−2.187)
院校层次(其他)	一流大学建设高校	−0.059	0.908	0.348	0.021
		(−0.175)	(0.794)	(0.387)	(0.057)
	一流学科建设高校	0.493	0.530	0.344	0.642*
		(1.452)	(0.539)	(0.375)	(1.719)
	国科大和中国社科大	0.677**	0.876	0.958	0.664*
		(2.111)	(0.866)	(1.085)	(1.928)
院校地域(西部)	中部	0.255*	−1.536**	−0.606	0.269*
		(1.707)	(−2.457)	(−1.312)	(1.721)
	东部	0.042	−0.856*	−0.522	0.017
		(0.327)	(−1.849)	(−1.265)	(0.120)
N		2424	173	273	1978

注:(1)括号内为 t 值,根据个体聚类的稳健标准误计算;(2)* 为 $p<0.1$,** 为 $p<0.05$,*** 为 $p<0.01$。

10.4 相关讨论

首先,博士生是否延期及延期时间长短直接取决于博士生学制长短的政策规定。我国博士生学制规定大致经历了三个阶段:第一阶段(1981—1990 年)的学制为 2—3 年,第二阶段(1990—2000 年)的学制为 3—4 年,第三阶段(2000 年至今)采取弹性学制的现象日益普遍[1]。一些学者对博士生的学制规定及变革方向进行了研究[2],建议未来改革方向

---

[1] 袁本涛,王顶明. 我国博士生合理学制探讨[J]. 大学教育科学,2014(5):34—40.
[2] 卢晓东. 博士生学费与博士学制变革[J]. 教育研究,2004(6):42—48.

应适当延长博士生学制并扩大弹性区间①。这需要相关部门协调做好管理和服务工作,牢固树立"以学生为本"的理念,特别要做好延长学制后博士生的资助、心理辅导、就业服务等辅助工作,确保博士生能够安心、专心进行学位论文研究工作。

其次,博士生是否延期及延期时间长短也取决于博士学位论文选题的难度和挑战性。实行弹性学制有助于鼓励博士生选择难度更高、更具挑战性的选题,而不是仅仅为了顺利毕业而选择一些四平八稳、难度较低和挑战性很小的选题。任何具有重要研究价值的选题都具有一定的风险性和不确定性,培养单位应努力营造宽松、容错的良好研究氛围,鼓励博士生潜心从事学术研究工作,为取得更具创新价值的成果创造良好的内外部环境和条件。

再次,博士生是否延期及延期时间长短也取决于不同的学科文化及学科知识生产的方式和规律。不同学科研究成果的产出规律和产出周期呈现较大差异性,不应该制定整齐划一的培养年限和学制,而应该充分遵循学科知识生产的"内在规定性",充分发挥基层学术组织和导师(组)在博士生培养中的基础作用。任何外部培养管理方面的"规定动作"均应建立在充分协商的基础上,而不宜采取由上到下的行政命令式的干预。硬学科、软学科、纯学科、应用学科等不同学科博士生培养及学位论文撰写呈现较大差异,需要培养单位建立起更具个性化、灵活性和动态性的培养过程及管理服务作为支撑。

最后,博士生是否延期及延期时间长短直接影响到我国博士生培养的效率和质量。理论上讲,博士生培养的高效率必须建立在高质量的基础之上,但在很多时候,质量和效率之间又会产生矛盾性——过分追求高效率可能以牺牲质量为代价,而过分追求高质量又可能以牺牲效率为代价。因此,如何在博士生培养的质量和效率两大价值取向之间取得平衡,努力达成高质量基础上的高效率,是未来亟待深入探索的一个重要话题。

---

① 樊明成.当前我国博士生学制的问题分析与对策建议[J].学位与研究生教育,2009(4):63-66.

第十一章　博士毕业生就业特征与趋势

作为博士生培养质量的重要指标之一,博士生就业状况越来越受到社会各界的广泛关注,本章对博士毕业生的就业状况和趋势从多方面进行专门分析。

我国博士生教育规模的扩张主要发生在2000年以后,尽管博士毕业生就业形势尚不如国外严峻,但随着规模扩大,也出现与国外类似的多元化趋势。根据已有研究,与1990年相比,2015年左右我国博士毕业生到高校或科研机构就业的比例明显下降[1]。其他一些研究也指出博士生就业的多元化趋势:一方面,到企业就业的博士开始增加[2][3];另一方面,越来越多的毕业生选择做博士后[4]。当然,博士毕业生的就业去向变化存在学科差异和院校差异。以2005—2015年清华大学博士毕业生的就业去向为例,工科博士从事学术职业的比例稳中有增,由2005年的51.7%增长到2015年的54.6%,理科和文科博士从事学术职业的比例则出现波动式下降态势,降幅分别为4.2%和9.1%[5]。在另一所北京一流大学建设高校中,2011—2015年,博士进入学术部门的比例略有增加,但其中

---

[1] 陈小满,罗英姿.我国博士毕业生就业多元化研究:以27所教育部直属高校为例[J].中国高教研究,2017(9):51—56.

[2] 高耀,沈文钦.中国博士毕业生就业状况:基于2014届75所教育部直属高校的分析[J].学位与研究生教育,2016(2):49—56.

[3] 胡俊梅,王顶明.我国高校博士毕业生就业情况及趋势分析:基于2014、2015届教育部直属高校毕业生就业质量年度报告[J].教育发展研究,2017(11):9—14.

[4] 沈文钦,许丹东.优秀的冒险者:中国博士后的职业选择与职业路径分析[J].中国高教研究,2021(5):70—78.

[5] 胡德鑫,金蕾莅,林成涛,等.我国顶尖研究型大学工科博士职业选择多元化及其应对策略:以清华大学为例[J].中国高教研究,2017(4):72—77.

在高等教育单位直接就业的比例明显下降,而博士后的比例明显上升①。

近年来,我国博士生教育面临着一些新的形势。从教育系统内部因素看,博士生教育规模进一步增加。2017年,《学位与研究生教育发展"十三五"规划》提出要适度扩大博士生教育规模,随后政府也采取了扩大博士生教育规模的政策。截至2020年,全国在校博士生数超过46万人②,与2017年相比增幅超过了10万人。从教育系统外部因素看,COVID-19公共卫生危机极大地冲击了全球经济发展,就业市场的不稳定性大幅增加。受此影响,不仅新入职的研究人员会忧心职业前景,博士生对于是否会留在学术部门也疑虑重重③。此外,逆全球化思潮已从经济领域波及到知识领域,各国政府尤其是美国对知识跨国流动的控制不断增强,中国大学的国际学术流动也面临着前所未有的挑战④。最近一份关于博士就业去向的研究显示,2020年我国博士毕业生出国出境的比例开始明显降低⑤。

整体来看,博士毕业生就业状况是我国学界最近几年关注颇多的议题,但目前学界对博士生就业期望与实际就业差异情况、博士生就业趋势等问题仍缺乏深入分析。本章将从上述几个方面展开分析,希望能够为博士生教育的研究和改革提供参考。

---

① 高耀,乔文琦,杨佳乐.一流大学的博士去了哪里:X大学2011—2015年博士毕业生就业趋势分析[J].学位与研究生教育,2021(3):53−60.
② 中华人民共和国教育部.各级各类学历教育学生情况[EB/OL].(2021−08−30)[2022−02−01]. http://www.moe.gov.cn/jyb_sjzl/moe_560/2020/quanguo/202108/t20210831_556364.html.
③ LEVINE F, NASIR N S, RIOS-AGUILAR C. Voices from the Field: The Impact of COVID-19 on Early Career Scholars and Doctoral Students[R]. American Educational Research Association, 2021: 20−22.
④ 沈文钦.国际学术流动与中国大学的发展:逆全球化趋势下的历史审视[J].北京大学教育评论,2020,18(4):47−70,186.
⑤ 罗洪川,向体燕,高玉建,等.我国博士毕业生去向及就业特征分析:基于2015—2020年博士毕业生数据的分析[J].学位与研究生教育,2022(1):53−62.

11.1 博士毕业生的就业期望与实际就业差异

从全球范围来看,博士就业日益呈现出多元化的趋势。高校和科研院所依然是吸纳博士毕业生的主要部门,但越来越多的博士毕业生开始走出学术界,获得了政府、企业、公司和国际组织等非学术机构的职位。

一直以来,国际上有关博士毕业生就业状况的数据都非常缺乏。从20世纪90年代开始,德国[①]、美国[②]、法国[③]、英国[④]等国家的学者开始对博士学位获得者的就业状况进行调查。2005年,经济合作与发展组织(OECD)和联合国教科文组织启动了对博士学位获得者就业状况的跨国调查[⑤],这为我们了解博士毕业生的就业状况提供了基本的数据库。然而,总体而言,不少相关研究分析的是博士生的就业期望[⑥],而非实际就业情况。限于数据的可获得性,关于中国博士毕业生的就业数据及其学术研究一直比较欠缺,已有研究主要以分析博士毕业生的就业取向为

---

① ENDERS J. Serving Many Masters: The PhD on the Labour Market, the Everlasting Need of Inequality, and the Premature Death of Humboldt[J]. Higher Education, 2002, 44(3): 493−517.

② FOX M F, STEPHAN P E. Careers of Young Scientists: Preferences, Prospects and Realities by Gender and Field[J]. Social Studies of Science, 2001, 31(1): 109−122.

③ LANCIANO-MORANDAT C, NOHARA H. Societal Production and Careers of PhDs in Chemistry and Biochemistry in France and Japan[J]. European Journal of Higher Education, 2013, 3(2): 191−205.

④ LEE H, MIOZZO M, LAREDO P. Career Patterns and Competences of PhDs in Science and Engineering in the Knowledge Economy: The Case of Graduates from a UK Research-Based University[J]. Research Policy, 2010, 39(7): 869−881.

⑤ SCHWABE M. The Career Paths of Doctoral Graduates in Austria[J]. European Journal of Education, 2011, 46(1): 153−168.

⑥ HAUSS K, KAULISCH M, TESCH J. Against All Odds: Determinants of Doctoral Candidates' Intention to Enter Academia in Germany[J]. International Journal for Researcher Development, 2015, 6(2): 122−143.

第十一章 博士毕业生就业特征与趋势

主[①]，缺乏基于博士毕业生个体层面实际就业部门的分析。

本节内容利用2016年中国13所高校博士毕业生的问卷调查数据，分析博士毕业生的就业偏好、就业去向及影响因素。具体而言，本节主要回答以下问题：第一，博士毕业生偏好在哪些部门就业？第二，博士毕业生的实际就业去向是怎么样的？他们都在哪些部门就业？第三，哪些因素决定博士毕业生到企业或学术界就业？

本节内容采用的数据来源于"研究生培养质量反馈与跟踪调查（2016）"中的"全国学术型博士生离校调查数据"[②]。本次调查以院校为单位进行整群抽样，具体的抽样原则为：（1）覆盖C9高校、985高校、211高校、其他院校四个层次；（2）覆盖教育部高校、其他部委高校、地方院校三种类型；（3）覆盖东、中、西三大地区；（4）兼顾综合性大学、有行业特色大学；（5）兼顾研究生培养的不同规模。按照抽样原则确定出30所院校为本轮问卷调查的样本院校，最终反馈博士毕业生调查问卷的高校一共有13所[③]。在剔除无效问卷后，共有1533份问卷纳入本部分的分析范围。有效样本在学科门类上的分布比例与全国比例对比情况见表11-1。

本次调查样本中，人文学科占6.4%，社会科学占14.3%，工科占41%。从性别来看，男性占63.4%，女性占37.6%，性别的分布与全国总体情况非常接近。由此可知，本次调查样本的代表性情况较好，以本次调查结果外推我国博士毕业生的就业状况具有较高的准确性和可靠性。

---

① 赵延东，洪岩璧. 影响博士毕业生学术职业取向的因素分析[J]. 北京工业大学学报（社会科学版），2014，14(5)：71-77.
② 本次调查的内容涵盖研究生的求学动机、课程学习、导师指导、课题参与、实习经历、国际化经验、经济资助、升学及毕业去向等方面，可以全面反映我国研究生的就读体验情况。
③ 这13所高校分别为（按照反馈问卷量由高到低排序）：武汉大学、华南理工大学、西北农林科技大学、重庆大学、兰州大学、湖南大学、中国地质大学（武汉）、北京工业大学、上海外国语大学、浙江工商大学、辽宁大学、上海交通大学和安徽大学。

表 11-1 全国博士毕业生与本次调查样本学科分布比对情况

学科门类	博士(全国总体,2014年)		博士(样本)	
	人数(人)	比重(%)	人数(人)	比重(%)
经济学	2 311	4.36	219	14.3
法学	2 755	5.20		
教育学	868	1.64		
管理学	3508	6.62		
文学	2 344	4.42	98	6.4
历史学	772	1.46		
哲学	635	1.2		
艺术	96	0.18		
理学	12 038	22.72	400	26.1
工学	19 178	36.19	628	40.1
农学	2 372	4.48	105	6.8
医学	6 118	11.54	83	5.4

数据来源:根据国务院学位委员会办公室提供的数据整理。

11.1.1 描述性统计结果

第一,从博士毕业生的职业偏好和期望来看,78%的博士毕业生希望从事教学科研工作,17.5%的博士毕业生希望从事专业技术工作,4.5%的博士毕业生希望从事管理服务工作。博士生的职业期望存在显著的学科差异,期望从事教学科研岗位比例最高的是人文学科,高达94.9%,其次依次是理科(87.8%)、农科(87.6%)、社科(80.4%)、工科(72.6%)和医科(33.7%)。

第二,从博士生职业期望与实际落实情况的对比来看,理想与现实之间尚有一定的差距。从表11-2中可知,所有学科博士毕业生直接进入高校或科研机构就业的比例均低于期望值。此外,除医学以外,理科、工学及农科博士生均有接近或超过两成的比例进入博士后流动站,人文、社科博士毕业生从事博士后研究的比例均超过一成。

表 11-2 博士毕业生的职业偏好与实际就业对比情况(%)

	期望教学科研	高校或科研机构直接就业	高校或科研机构博士后
人文($N=98$)	94.9	76.5	12.2
社科($N=219$)	80.4	58.9	11
理科($N=400$)	87.8	48	27.3
工科($N=628$)	72.6	46.8	18.6
农科($N=105$)	87.6	50.5	17.1
医科($N=83$)	33.7	12	3.6

第三,从学科差异情况来看,工作落实情况在学科和性别之间存在显著差异。具体而言,待业比例最高的为农科,达到13.5%,理科为9%,工科为7.3%,社科为7.2%,人文为5.1%,医科博士的就业落实情况最好,就业落实率为100%。女性博士生待就业的比例远高出男性,而男性和女性在直接就业比例方面却非常接近,所不同的是,男性从事博士后研究的比例要高于女性。具体见表11-3。

表 11-3 博士毕业生实际工作落实情况的学科及性别差异(%)

	直接就业	博士后	待业
人文($N=98$)	81.6	13.3	5.1
社科($N=219$)	81.8	11	7.2
理科($N=400$)	62.8	28.2	9
工科($N=628$)	73.3	19.4	7.3
农科($N=105$)	66.7	20	13.3
医科($N=83$)	96.4	3.6	0
男性	72.5	21.2	6.30
女性	72.4	16	11.60

第四,在已经就业的博士毕业生群体中,我们将博士毕业生的实际就业去向分为高校和科研院所直接就业、国内外博士后以及企业和其他部门三个类别。从表11-4可知,直接到高校和科研机构就业比例最高的是人文学科,超过80%,其次为社科、农科、医科和理科,比例最低的是工科,为50.6%;从事博士后研究的比例最高的是理科,为31.6%,农科和工科的这一比例均超过20%,而人文和社科博士毕业生从事博士后的比例较低;到企业和其他部门就业的比例最高的是工科,为27.5%,其次为医科、农科和理科,社科和人文学科博士毕业生到企业和其他部门就业的比例相对较低。

表11-4 博士毕业生实际就业部门的学科差异(%)

	高校和科研机构	博士后	企业和其他部门
人文($N=93$)	80.6	14	5.4
社科($N=203$)	63.5	12.3	1.7
理科($N=361$)	53.2	31.6	15.2
工科($N=579$)	50.6	21.9	27.5
农科($N=91$)	59.3	23.1	17.6
医科($N=16$)	56.3	18.8	25

11.1.2 博士毕业生是否待业的逻辑回归结果

下面具体采用二元逻辑回归模型对博士毕业生待业的影响因素进行回归分析。因变量为是否待业(1=待业,0=就业去向明确),自变量包括性别(1=男性,0=女性)、年龄(1=35岁以上,0=35岁以下)、学科、学校层次(1=985高校,0=非985高校)、在读期间论文发表总数。

表11-5的分析结果表明,女性、非985高校博士毕业生待业的概率更高,同时,论文发表数量越多,待业的概率越低。具体而言,非985高校博士毕业生待业的概率是985高校博士毕业生的1.908倍,且这种效应在统计意义上非常显著;年龄在35岁以上的博士毕业生待业的概率是年

龄小于35岁博士毕业生的1.329倍,但这种差异在统计意义上并不显著。

表11-5 博士毕业生是否待业的影响因素分析

	系数	标准误差	显著性水平	优势比
男性	−0.731	0.224	0.001	0.481
非985高校	0.646	0.255	0.011	1.908
35岁以上	0.285	0.376	0.449	1.329
论文发表总数	−0.121	0.051	0.019	0.886
常量	−2.201	0.409	0.000	0.111

11.1.3 博士生就业部门选择的影响因素

由于因变量为多分类,因此选择多元逻辑回归模型对博士毕业生的就业部门选择进行分析。同时考虑到医学类博士毕业生就业部门单一,基本以医疗卫生单位为主,因此此处剔除医学样本。自变量包括性别(男=1,女=0)、学术发表情况(分类变量:0—2篇,3—4篇,4篇以上)、学校类型(1=985高校,0=非985高校)、学科、求学动机(1=学术动机,0=非学术动机)、是否有留学经历(1=是,0=否)。

从表11-6的回归分析结果来看,到高校和科研院所就业的博士毕业生与到企业就业的博士毕业生相比,在读期间的学术发表更加突出。

此外,性别是影响就业选择的一个重要因素。与到非学术部门就业的博士毕业生相比,男性比女性到高校与科研机构就业的概率更低。换言之,我们并没有发现学术职业获得存在性别不平等的现象,相反,女性到高校和科研院所就业的概率比男性更高。

从选择从事博士后工作的情况来看,男性更不倾向于从事博士后研究,求学动机、论文发表数量、出国(境)经历都对博士毕业生选择从事博士后工作有显著影响。具体来说,求学动机为非学术目的的,更不倾向于选择博士后工作;论文发表数量多的博士毕业生,更倾向于选择从事博士后工作而不是到企业和其他部门就业;有出国经历的博士毕业生,也更倾向于从事博士后工作而不是到企业和其他部门就业。

表 11-6 博士毕业生就业部门选择的影响因素分析

	高校与科研机构/企业和其他单位		博士后/企业和其他单位	
	系数	标准误差	系数	标准误差
男性	−0.880***	0.181	−0.566**	0.212
非985高校	−0.045	0.214	−0.088	0.252
第一作者论文发表总数	0.126***	0.035	0.159***	0.038
参与课题数	−0.100*	0.049	−0.084	0.058
无出国(境)交流经历	−0.257	0.214	−0.673**	0.234
求学动机为非学术动机	−0.257	0.153	−0.856***	0.183
农学(人文)	−1.129	0.612	−0.408	0.696
工学(人文)	−1.604**	0.547	−0.920	0.619
理学(人文)	−1.016	0.559	0.052	0.657
社科(人文)	−1.322*	0.567	−1.228	0.657

注:* 为 $p<0.1$,** 为 $p<0.05$,*** 为 $p<0.01$;括号内为参照组。

11.2 博士毕业生的就业趋势

本节继续探讨博士毕业生的就业趋势。虽然既有研究对博士生就业问题进行了较为深入的探讨,但是仍然在下述方面存在局限性:第一,从纵向维度来看,现有研究绝大部分基于某一独立年份的截面数据进行分析,较为缺乏基于多个年份大样本数据进行的历时性分析;第二,从横向维度来看,现有大部分研究均基于宏观层面的院校数据,而特别缺乏基于微观个体层面的就业数据展开的定量研究成果;第三,从分析维度来看,现有大部分研究均以院校为分析单元,而未深入到学科层面探讨博士生的就业状况及其差异。

为弥补现有研究中的上述局限性,本节内容尝试进行如下拓展:首先,利用X大学2011—2015年五个年度的历时性微观层面博士生就业信息数据,从多个维度对博士生就业趋势进行深入分析;其次,深入学科层面探讨不同学科博士生就业状况的差异及其趋势;最后,对不同学科博士生从事学术职业与非学术职业的状况进行交互分析,并重点探讨不同学科博士生从事学术与非学术职业的变化趋势。[①]

X大学是我国学科最为齐全、研究实力最强的顶尖研究型大学之一,位于北京市。以X大学为研究样本探讨一流大学博士毕业生的就业去向及趋势具有充分的代表性。本节数据来源于X大学研究生院提供的2011—2015年五个年度博士毕业生就业数据,共计4995条,其中有效样本为4652条,有效率为93.13%。数据涵盖了博士毕业生的性别、所在院系、学科、政治面貌、生源地、毕业年份、就业形式、就业地域、单位性质等微观层面的基本信息。

X大学2011—2015年博士毕业生就业数据样本中,从性别来看,男性2908人(62.51%),女性1744人(37.49%)。从毕业年份来看,不同年份的占比大致相当,2011—2015年博士毕业生数分别为:819人(17.61%)、970人(20.85%)、1009人(21.69%)、910人(19.56%)、944人(20.29%)。从所在学科来看,人文学科784人(16.85%),社会科学1101人(23.67%),自然科学2767人(59.48%),其中自然科学人数超过总人数的一半。从生源地来看,来自东部地区的人数最多,为2352人(50.56%),其次是中部地区,为1516人(32.59%),西部地区人数最少,为784人(16.85%)。

分析维度主要聚焦于以下四个方面。一是博士毕业生的职业选择变化情况,将职业选择大体分为学术职业和非学术职业两个方面。需要说

[①] 本节内容与杭州师范大学乔文琦老师合作完成。

明的是,目前对学术职业的统计存在多种口径,本节中,学术职业(市场)包括国内博士后、留学博士后、高等教育单位就业和科研单位就业四种类型,非学术职业(市场)包括企业①(国有企业、民营企业、三资企业、其他企业等)、党政机关、事业单位、医疗卫生单位、初等和中等教育单位、部队②、灵活就业、自主创业、待就业等多种类型。二是博士毕业生从事学术职业的选择变化情况及其学科差异分析。三是博士毕业生就业地域流动变化情况。四是博士毕业生出国(境)留学变化情况。

11.2.1 职业选择扩散趋势

首先,来考察博士毕业生对于学术职业和非学术职业的选择情况。按照上述划分标准,2011—2015年,X大学博士毕业生从事学术职业的人数(比例)依次为:507人(61.90%)、572人(58.97%)、652人(64.62%)、629人(69.12%)和628人(66.53%);从事非学术职业的人数(比例)依次为:312人(38.10%)、398人(41.03%)、357人(35.38%)、281人(30.88%)和316人(33.47%)。五年中,博士毕业生从事学术职业的平均比例为64.23%,从事非学术职业的平均比例为35.77%。从上述数据中可以看出,在X大学中,近五年平均有接近四成的博士毕业生选择从事非学术性职业。

其次,对博士毕业生从事学术职业的具体类型进行历时性分析。由图11-1可知,2011—2015年,博士毕业生去高等教育单位就业的比例呈现出"先升后降"的态势,而在国(境)内从事博士后合作研究的比例变化则刚好相反,呈现出"先降后升"的态势,这也从侧面印证了学术职业入职门槛的"水涨船高",应届博士毕业生先进入"次级学术劳动力市场"从事博士后研究,积累一定的"学术资本"后再过渡到"主要劳动力市场"。选

---

① 企业就业中,虽然有些企业更加专注科学研究和技术研发,但就业岗位仍属于企业性质中的科学研究和技术服务行业,故在本节中归为企业即非学术职业。

② 由于缺乏具体的工作类型和岗位字段,在党政机关、事业单位、初等和中等教育单位、医疗卫生单位和部队中将带有"研究院(所)"等工作单位的职业性质都归为学术职业类型。

择到科研单位就业和出国(境)进行博士后合作研究的比例变化幅度较小,所占比例也比较接近。

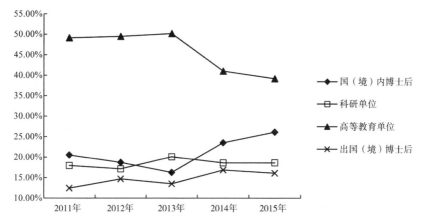

图 11-1　X 大学 2011—2015 年博士毕业生从事学术职业类型的比例变化

再次,对博士毕业生从事非学术职业的具体类型进行历时性分析。由图 11-2 可知,从 2011—2015 年,博士毕业生选择到企业就业的比例先降后升,到 2015 年,这一比例接近 60%。细分企业类型来看,到国有企

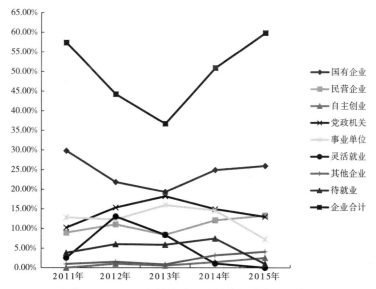

图 11-2　X 大学 2011—2015 年博士毕业生从事非学术职业类型的比例变化

业就业的比例变化幅度并不大,这一比例增长主要是由民营企业和其他类型企业所吸纳。此外,到党政机关就业的比例有了小幅上升,到其他事业单位就业的比例呈现"先升后降"的态势,灵活就业的比例在2012年达到最大值后呈现大幅度的下降,待就业群体占比也有了明显的下降。总体而言,从事非学术职业比例的历时变化表明,一流大学的博士毕业生就业选择面越来越宽广和多元。

最后,从学科的视角对博士毕业生职业选择差异进行分析。由图11-3可知①,对于学术职业而言,2011—2015年,自然科学类博士毕业生占比呈现"先降后升"的态势,由2011年的53.65%下降到2013年的50.15%,然后又上升到2015年的63.85%,而社会科学和人文学科博士毕业生占比,则呈现"先升后降"的态势。对于非学术职业而言,2011—2015年,自然科学博士毕业生所占比例有了较大幅度的上升,到2015年,这一比例上升到75.32%,而社会科学和人文学科则呈现逐年下降的趋势。换言之,从事非学术职业的博士毕业生变化当中,主要是由自然科学类博士生所引起的。这进一步显示出,自然科学类博士生从事非学术职业选择的比例更高,也更加多元化。

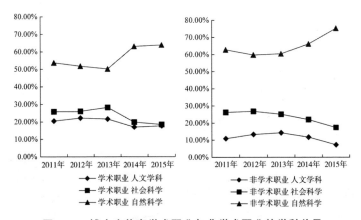

图11-3 博士生从事学术职业与非学术职业的学科差异

---

① 此图的比例计算中,分母分别为各年度从事学术职业/非学术职业的总人数,而非各年度博士毕业生人数的总和,这样处理的目的是为了更好地观察不同学科之间从事学术职业和非学术职业的比例变化情况。

11.2.2 学术市场扩散趋势

上文的分析显示,X大学作为国内最顶尖的一流大学建设高校,其博士毕业生的主体就业渠道仍然是学术劳动力市场,再生产学术研究后备力量是该校博士生培养最重要的职能之一。那么,随着时间的推移,在学术市场上,X大学博士毕业生在就业单位的选择上呈现何种扩散趋势?不同学科之间的扩散趋势又呈现哪些特点?下面将对这两个问题展开分析。

首先,对博士毕业生在学术市场上就业单位选择扩散的总体情况进行分析。为研究方便,将学术职业的单位简要划分为一流大学建设高校、一流学科建设高校、中国科学院大学(简称"国科大")和中国社会科学院大学(简称"中国社科大")、其他高校和科研机构几种类型。图11-4显示,2011—2015年,X大学博士毕业生在一流大学建设高校就业的比例总体呈现下降趋势,所占比例由2011年的35.73%下降到2013年的最低水平(29.24%),到2015年这一比例为35.10%,而在一流学科建设高校和其他高校就业的比例均呈现出"先上升后下降再上升"的态势。具体来看,一流学科建设高校就业占比从2011年的14.83%上升到2013年的17.98%,然后到2015年的14.99%;其他高校就业占比从2011年的20.22%上升到2013年的25.38%,然后到2015年的19.35%;在科研机构就业的比例呈现上升趋势,由2011年的19.78%上升到2015年的23.72%,而国科大和中国社科大就业比例在8%上下。这表明,一流大学建设高校博士毕业生在学术市场的配置遵循"向下流动"模式(downward mobility pattern)[1],即正在由一流大学建设高校逐步向一流学科建设高校和其他高校扩散。X大学是国内顶尖研究型大学,据此推测,其他高校博士毕业生在学术职业单位选择的扩散方面将更加多元化。

---

[1] BEDEIAN A G, CAVAZOS D E, HUNT J G. Doctoral Degree Prestige and the Academic Marketplace: A Study of Career Mobility Within the Management Discipline[J]. Academy of Management Learning & Education, 2010, 9(1): 11-25.

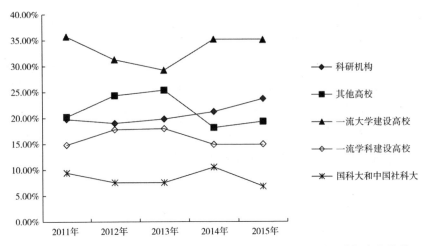

图 11-4　2011—2015 年 X 大学博士毕业生从事学术职业的单位选择变化趋势

其次,从学科的视角对博士毕业生学术职业单位的选择及变化情况进行分析。图 11-5 中显示,在其他高校就业的占比方面,不同学科之间呈现出人文学科＞社会科学＞自然科学的态势;从历时性来看,随着时间的推移,人文学科和自然科学博士毕业生到其他高校就业的比例均呈现出扩大趋势。在一流大学建设高校就业的占比方面,自然科学类呈现逐步缩小趋势,从 2011 年的 38.79％减少到 2015 年的 35.31％,从绝对值来看,自然科学类博士毕业生在一流大学建设高校就业的占比要明显高于人文学科和社会科学类的占比。在一流学科建设高校就业的占比方面,人文学科和社会科学类这一比例要明显高于自然科学。在科研机构就业的占比方面,自然科学类要明显高于人文学科和社会科学类。整体而言,随着时间的推移,学术劳动力市场越来越趋于饱和,博士毕业生在学术市场中面临的就业竞争越来越激烈,在学术市场就业单位选择上,逐渐呈现出由重点建设大学向非重点建设大学扩散的态势,但这种扩散态势在不同学科之间又呈现出一些差异性。对这种就业选择扩散的态势及其学科差异的深入分析,有助于更深入地了解博士毕业生的就业选择行为及"环境约束"。

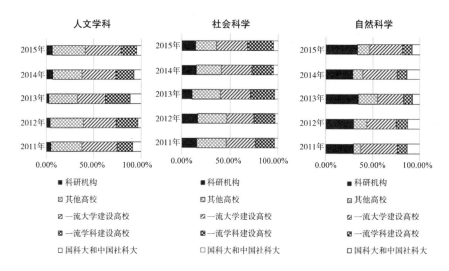

图 11-5 学科视角下博士毕业生学术职业选择的单位变化情况

11.2.3 就业地域扩散趋势

博士毕业生在就业地域选择上呈现何种扩散趋势呢？接下来从区域、省域及生源地就业比例三个方面进行分析。

首先，从三大区域就业比例变化情况来看，博士毕业生就业区域呈现出由东部地区向中西部地区扩散的趋势。图 11-6 显示，2011—2015 年，在东部地区就业的比例由 2011 年的 86.27% 下降到 2015 年的 82.40%，而到西部地区就业的比例由 2011 年的 8.13% 上升到 2015 年的 11.41%，到中部地区就业的比例也呈现上升趋势，但增速较慢，在 2013 年达到最高比例 7.97%。

其次，从省域就业比例变化情况来看，图 11-7 显示①，X 大学博士毕业生留京就业的比例呈现逐年下降的态势，占比从 2011 年的 65.16% 下降到 2015 年的 54.87%，而到广东、江苏、天津等东部地区就业的比例呈

---

① 为简化分析，将就业占比在 1% 以下的省份统一合并为"其他省份"，这些省份包括：江西、内蒙古、新疆、重庆、河北、黑龙江、吉林、甘肃、海南、河南、云南、安徽、贵州、山西、青海、宁夏及西藏。

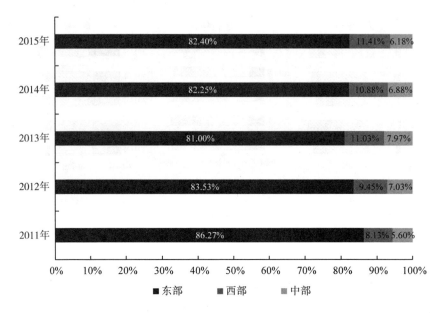

图 11-6 2011—2015 年 X 大学博士毕业生就业地域分布

现出逐年上升的态势,到上海就业的比例呈现出"先降后升"的态势。除东部发达地区就业比例上升之外,到湖北、四川、陕西等中西部高等教育大省就业的比例也呈现出逐年上升的态势。由此可知,随着时间的推移,博士毕业生在就业地域选择上也越来越呈现出由"属地就业"向东部发达省市及中西部高等教育发达省份不断扩散的趋势。

最后,从生源地就业比例变化方面进行分析。生源地就业比例是观测毕业生就业地域流动情况的一个重要指标,生源地就业比例越低,表明毕业生的就业地域流动性越强,反之则表明流动性越弱。图 11-8 显示,2011—2015 年,X 大学博士毕业生返回生源地就业比例总体呈现逐年下降的趋势,生源地就业比例从 2011 年的 26.77% 下降到 2015 年的 18.03%,下降了近 10 个百分点。这表明,随着时间的推移,博士毕业生的就业地域流动性越来越强。

第十一章 博士毕业生就业特征与趋势

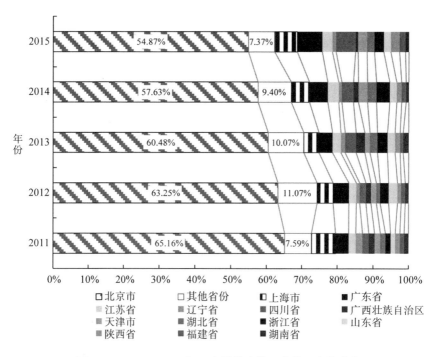

图 11-7 2011—2015 年 X 大学博士毕业生就业省份分布

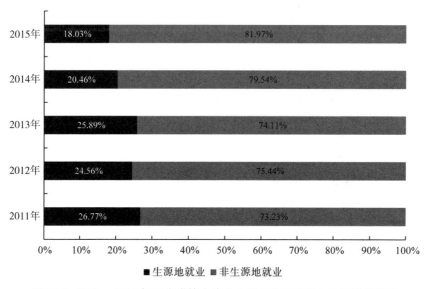

图 11-8 2011—2015 年 X 大学博士毕业生返回生源地就业比例变化情况

11.2.4 出国(境)就业扩散趋势

下面对博士毕业生出国(境)就业扩散趋势进行分析。统计结果显示,2011—2015年,X大学博士毕业生中,出国(境)群体共442人,在总体博士毕业生中占比约9.5%。从学科大类来看,自然科学中出国(境)人数为420人,占比约95%,人文社科人数仅22人。因出国(境)群体绝大部分集中在自然科学中,下面专门对这一群体的就业扩散趋势进行介绍。

图11-9显示,2011—2015年,博士毕业生出国(境)国家(地区)的选择呈现出越来越多元化,逐渐由少数国家和地区向更多国家和地区扩散的趋势。从所占比例来看,去往美国的比例总体呈现下降趋势,由2011年的73.49%下降到2012年的最低值56.25%,到2015年这一比例为61.22%;去往德国的比例由2011年的7.23%下降到2014年的最低值

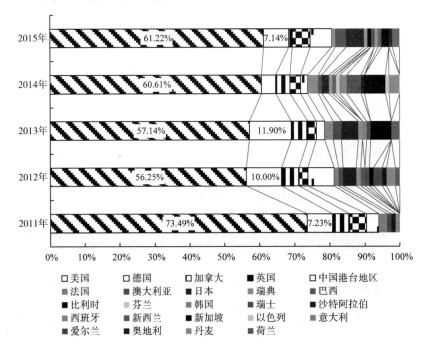

图11-9　2011—2015年X大学博士毕业生出国(境)就业扩散趋势

4.04%;去往加拿大的比例由 2011 年的 4.82% 下降到 2015 年的 1.02%;而到我国香港和台湾地区就业的比例则出现明显上升,由 2011 年的 3.61% 上升到 2015 年的 6.12%。此外,到日本、新加坡、荷兰等国家的比例也呈现上升态势。从去往国家和地区的选择来看,尽管到美国的比例仍占绝对优势,但不断呈现出由少数国家(地区)向更多国家(地区)扩散的趋势。

第十二章　博士毕业生进入博士后科研站情况

在第十一章对博士毕业生就业状况和趋势分析的基础上,本章聚焦于就业去向为进入博士后科研站的博士毕业生群体,对其呈现特点进行总结分析,增进对于学术劳动力市场和学术职业特点的理解。

随着博士生培养规模逐步扩张和学术劳动力市场竞争日趋激烈[1][2],毕业后选择进入博士后科研站从事科研工作的博士毕业生比例也逐年增加。从世界范围来看,博士后作为临时性的雇用岗位,越来越成为博士毕业生的主要就业渠道之一。[3] 博士后在结束临时工作状态后,有可能留在高校或科研院所工作,也可能选择到企业或其他部门就业。[4] 鉴于这一模糊性,很有必要将博士后作为单独的就业类型进行专门分析。

我国自 1985 年实施博士后政策以来,经过三十多年的发展,博士后制度在政策制定、发展速度、人才培养和站点建设等方面取得了巨大成就[5],博士后队伍越来越成为各个领域科学研究中的重要力量和高端科

---

[1] TOMLINSON G, FREEMAN JR S. Who Really Selected You? Insights into Faculty Selection Processes in Top-Ranked Higher Education Graduate Programs[J]. Journal of Further and Higher Education,2018,42(6),855-867.

[2] MILOJEVIĆ S, RADICCHI F, WALSH J P. Changing Demographics of Scientific Careers: The Rise of the Temporary Workforce[J]. Proceedings of the National Academy of Sciences,2018,115(50),12616-12623.

[3] CANTWELL B, TAYLOR B J. Rise of the Science and Engineering Postdoctorate and the Restructuring of Academic Research[J]. Journal of Higher Education,2015,86(5):667-696.

[4] FITZENBERGER B, SCHULZE U. Up or Out: Research Incentives and Career Prospects of Postdocs in Germany[J]. German Economic Review,2014,15(2):287-328.

[5] 姚云,曹昭乐,唐艺卿.中国博士后制度 30 年发展与未来改革[J].教育研究,2017(9):76-82.

第十二章 博士毕业生进入博士后科研站情况

研人才"蓄水池"。随着制度不断完善,资助力度不断加强,进入博士后流动站开展学术研究,逐渐成为越来越多博士生毕业后从事学术职业的一种重要预备选择途径[①]。中国博士后科学基金会的统计数据显示,2019年全国博士后进站人数高达 25514 人,比 2018 年增长了 18.33%,2019年全国博士后出站人数达到 14030 人,比 2018 年增长了 15.22%。[②] 1985—2019 年,我国已累计招收博士后 23.34 万人,无论是博士后研究人员在国家重大科研项目和科研团队中的比例,还是高等院校和科研院所引进教师和科研人员中具有博士后经历的人员比例,均在逐年提高。

回顾我国博士后发展历程可知,最初创设"人才特区"以吸引留学博士回国工作是博士后制度产生的重要因素,而教育和科研制度改革为博士后制度的形成提供了前提条件。从博士后政策变迁的历史看,大致经历了创立阶段(1985—1987 年)、探索阶段(1988—1997 年)和发展阶段(1998 年至今),博士后政策呈现出密切结合经济社会发展需要而不断变迁的特点[③]。从招收形式上看,我国博士后经历了由国家统一资助向项目博士后、自筹经费博士后、外籍博士后和地方博士后等模式转变的多元化发展过程。到目前为止,我国博士后招收申请学科实现了与国家博士学位体系的重合,基本覆盖了有博士学位授予权的所有学科,实现了与高等教育人才培养体系的无缝对接。

随着博士后招收规模逐渐扩大,制度日趋成熟,迫切需要展开对博士后入站群体特征的专门分析。然而由于缺乏微观层面的基础统计数据,国内既有文献的关注重心和视角更加侧重博士后制度和政策的演变过

---

① SU,X. The Impacts of Postdoctoral Training on Scientists' Academic Employment[J]. Journal of Higher Education,2013,84(2),239−265.
② 中国博士后科学基金会. 各年度博士后研究人员进站人数统计[EB/OL].(2020−03−01)[2020−04−20]. http://www.chinapostdoctor.org.cn/content/details55_660.html.
③ 黄园淅. 中国博士后政策变迁的历史与特点分析:基于政策量化分析的研究[J]. 中国科技论坛,2018(2):145−153.

程、博士后培养国际化的现状、目标及政策举措①、国外博士后的经费来源、招收类型与资助政策比较②、法国和日本博士后制度借鉴及政策比较③④、博士后的角色定位与角色冲突⑤、高校师资博士后面临的"青椒生力军"和"学术临时工"角色冲突及内外部调整方向⑥、中国和美国博士后教育发展的比较⑦及博士后科学基金的资助效果评估⑧等方面。例如,黄园淅指出,整体来看,博士后政策呈现密切结合社会经济发展而变迁的特点;未来中国博士后政策应在全球化的视野下,不断提高博士后国际化水平,以市场化、国际化导向促进博士后政策更好地服务社会经济发展需求。许士荣指出,我国博士后政策面临的问题包括:在思想认识上,博士后研究人员以培养为主,还是以使用为主,在实践中存在认识偏差;在政策层面上,我国博士后及其相关制度还没有脱离"特区"色彩,处在相对封闭和独立的政策空间;在权力运行上,政府管理职能缺位、越位和错位的现象仍不时发生。⑨ 牛风蕊等人从新制度经济学的理论视角分析认为,我国博士后制度变迁呈现出多重特征,但总体上发展缓慢,创新不足;受初始路径选择的影响、制度供给与需求的失衡以及配套制度存量不足的限制,博士后制度在发展中出现了路径依赖和锁定效应,尤其是制度延续

---

① 曾明彬. 博士后培养国际化:现状、目标与举措[J]. 清华大学教育研究,2013(2):120−124.
② 薛二勇. 博士后资助政策的比较分析与战略走向[J]. 比较教育研究,2012(11):44−48.
③ 刘敏. 法国博士后制度及相关政策解析[J]. 比较教育研究,2013(8):24−28.
④ 谭建川. 日本博士后制度的发展与问题研究[J]. 中国高教研究,2014(1):58−61.
⑤ 徐东波. 论博士后角色冲突:理论·诱因·调适[J]. 中国科技论坛,2019(11):164−171.
⑥ 李晶,李嘉慧. "双一流"建设下的师资博士后:"青椒生力军"还是"学术临时工"[J]. 教育发展研究,2019(23):42−48.
⑦ 李福华,姚云,吴敏. 中美博士后教育发展的比较与启示:基于北京大学和哈佛大学的调查[J]. 教育研究,2014(12):143−148.
⑧ 姚云. 中国博士后科学基金发展及资助政策改革设想[J]. 教育学报,2013(2):89−95.
⑨ 许士荣. 我国博士后政策制定的渐进主义分析[J]. 中国高教研究,2014(5):7−12.

第十二章 博士毕业生进入博士后科研站情况

的报酬递增和自我强化机制导致了博士后制度的失效。[①]

国外相关文献关注重心集中在博士后的角色冲突[②]、博士后的工作寻找经历及其影响因素、博士后经历的性别差异[③]、博士后的国际流动[④]等方面,而对博士后入站群体特征的分析尚属于研究空白点,深入揭示入站博士后群体特征及其差异,对博士生培养机制改革和人力资源强国建设具有重要的意义和价值。

那么,究竟是哪些博士毕业生群体选择进入博士后科研站?该群体在个体特征、学科特征及院校特征等方面存在哪些差异?博士毕业生在选择进入的设站单位属性方面呈现何种分布特征?具有哪些特征的博士毕业生更倾向于出国(境)从事博士后研究?这是本章希望回答的核心研究问题。

下面对博士后群体特征和博士后类型的相关代表性文献进行简要综述。

第一,博士后群体特征。国内外研究发现,博士后群体具有特定个体特征、院校特征、学科特征及导师特征。关于个体特征,性别、年龄、录取方式、职业目标和学术能力与是否从事博士后研究有关。男性从事博士后研究的比例显著高于女性[⑤];年龄越小,从事博士后研究的比例越高[⑥];

[①] 牛风蕊,张紫薇. 中国博士后制度演进中的路径依赖及其突破:基于新制度经济学理论的分析视角[J]. 高校教育管理,2018(1):20—26.

[②] AKERLIND G S. Postdoctoral Researchers: Roles, Functions and Career Prospects[J]. Higher Education Research & Development, 2005, 24(1): 21—40.

[③] RESKIN B. Sex Differences in Status Attainment in Science: The Case of the Postdoctoral Fellowship[J]. American Sociological Review, 1976, 41(4), 597—612.

[④] BONNARD C, CALMAND J, GIRET J F. International Mobility of French Ph. Ds[J]. European Journal of Higher Education, 2017, 7(1), 43—55.

[⑤] FOMUNYAM K G. Post-Doctoral and Non-Faculty Doctorate Researchers in Engineering Education: Demographics and Funding[J]. International Journal of Education and Practice, 2020, 8(4): 676—685.

[⑥] VALLIER M, MUELLER M, ALCAMI P. Demographics and Employment of Max-Planck Society's Postdocs[EB/OL]. (2020-11-27)[2022-3-6]. https://www.biorxiv.org/content/10.1101/2020.11.27.399733v1.abstract.

直博或硕博连读博士生更可能从事博士后研究[1]。此外,希望以学术为业且学术能力强的博士更偏好从事博士后研究[2]。关于院校特征,毕业于第一梯队研究型大学[3]、博士学位点排名越高[4]的博士学位获得者越倾向于从事博士后研究,原因可能在于这类院校的职业选择规范影响了博士生的职业选择[5]。关于学科特征,美国国家科学基金会数据显示,1998—2018年社会科学和心理学博士毕业生从事博士后研究的比例从24.1%升至39.2%,工程、数学和计算机科学的这一比例则从42%增至66.2%[6]。由于博士后经历已成为STEM学科获得教职的必要步骤,所以理工科博士更需要从事博士后研究。[7] 关于导师特征的相关研究并不多,基于中国"双一流"建设高校博士生调查数据的一项研究发现,在读期间得到导师指导越多,越可能从事博士后研究[8]。

第二,博士后类型。博士后作为博士毕业生从事正式教职的过渡阶段,传统上多发生在学术场域。随着知识生产由模式Ⅰ转向模式Ⅱ,高深知识生产逐渐从学术界向非学术界扩散,博士后类型也开始多元化,产业

---

[1] 何家琪,汪雅霜.谁愿意进入博士后流动站?:基于某"双一流"建设高校的实证分析[J].山东高等教育,2021,9(1):56−63.

[2] SAUERMANN H, ROACH M. Why Pursue the Postdoc Path? [J]. Science, 2016, 352(6286):663−664.

[3] YANG L, WEBBER K L. A Decade Beyond the Doctorate: The Influence of a US Postdoctoral Appointment on Faculty Career, Productivity, and Salary[J]. Higher Education, 2015, 70(4):667−687.

[4] WANG Y, MAIN J B. Postdoctoral Research Training and the Attainment of Faculty Careers in Social Science and STEM Fields in the United States[J]. Studies in Graduate and Postdoctoral Education, 2021,12(3):384−402.

[5] ROACH M, SAUERMANN H. A Taste for Science? PhD Scientists' Academic Orientation and Self-Selection into Research Careers in Industry[J]. Research Policy, 2010, 39(3):422−434.

[6] National Science Foundation. Postgraduation Plans of Doctorate Recipients with Definite Commitments, by Broad Field of Study: Selected Years, 1998 - 2018[DB/OL]. (2022−3−6). https://ncses.nsf.gov/pubs/nsf20301/data-tables/#group6.

[7] STEPHAN P. How to Exploit Postdocs[J]. BioScience, 2013, 63(4):245−246.

[8] 何家琪,汪雅霜.谁愿意进入博士后流动站?:基于某"双一流"建设高校的实证分析[J].山东高等教育,2021,9(1):56−63.

博士后(industrial postdoc)应运而生。对于既想体验产业工作情境,同时又怀有学术梦想的博士毕业生而言,产业博士后无疑是最佳选择。与学术界博士后相比,产业博士后的优势在于更高的薪资待遇、更多接触先进设备和生产一线的机会,以及更充足的经费保障[1]。一般而言,毕业于生物医药等与产业界联系密切学科的博士生更青睐从事产业博士后,并且产业博士后绝不意味着完全放弃学术职业,不少产业博士后出站后仍会回到大学工作[2]。

另外,知识生产模式的国际化和商业化使得赴国(境)外从事博士后研究的现象日益普遍[3]。根据16个国家的科学家调查结果,美国、澳大利亚、德国、瑞士、法国和英国在吸引全球人才赴本国从事博士后研究方面具有较强竞争力,追求卓越的学术声望与光明的职业前景是赴国(境)外从事博士后研究的主要驱动因素[4]。鉴于国际流动经历对学术职业发展的重要性与日俱增,越来越多发展中国家的博士毕业生选择去发达国家或地区从事博士后研究,流动方向总体呈现"由南向北,由东向西"的趋势[5]。

在中国,接收博士后的组织分为科研流动站和科研工作站两种类型,流动站通常设在高校或科研院所,工作站则设在具有独立法人资格的企业等机构。中国属于典型的博士后输出大国,然而由于相关统计调查数据不完善,目前鲜有文献揭示不同类型博士后入站群体有何特征,以及哪些博士毕业生更可能赴国(境)外从事博士后研究。

---

[1] SIVRO A. Industrial Postdoc: Choosing a Different Path[J]. Health Science Inquiry, 2015, 6(1): 58−59.

[2] MARTIN B. From Industry to Academia[J]. Nature, 2004, 429(6989): 324−325.

[3] CANTWELL B. Academic In-sourcing: International Postdoctoral Employment and New Modes of Academic Production[J]. Journal of Higher Education Policy and Management, 2011, 33(2): 101−114.

[4] STEPHAN P, FRANZONI C, SCELLATO G. Global Competition for Scientific Talent: Evidence from Location Decisions of PhDs and Postdocs in 16 Countries[J]. Industrial and Corporate Change, 2016, 25(3): 457−485.

[5] CANTWELL B. Postdocs and the Internationalization of Academic Labor[J]. International Higher Education, 2012(69): 17−19.

12.1 研究设计

12.1.1 核心概念的界定与操作化

博士后群体是本章所关注的核心研究对象,但博士后在不同国家的称谓、定位不尽相同。例如,美国博士后的定位大致可分为研究员(fellow)、雇员(employee)、研究助理(associate)、教员(faculty)、员工(staff)、学者(scholar)及访问学者(visiting postdoctoral scholar)等不同类型,招收方式复杂多样。[1]

我国的博士后制度具有独特性和高规格性,主要表现在以下几个方面[2]。

第一,从管理机构来看,人力资源和社会保障部主管全国博士后工作。由国务院人事、科技、教育、财政等有关部门的负责人和有关专家组成的全国博士后管理委员会负责对全国博士后工作中的重大问题进行研究和协调。

第二,从设站类型来看,主要分为博士后科研流动站和博士后科研工作站两大类。其中,科研流动站是指在高等院校或科研院所具有博士授予权的一级学科内,经批准可以招收博士后研究人员的组织;科研工作站是指在具备独立法人资格的企业等机构内,经批准可以招收博士后研究人员的组织。

第三,从招收类型来看,包括流动站招收、工作站联合招收、工作站单

---

[1] COSEPUP. Enhancing the Postdoctoral Experience for Scientists and Engineers: A Guide for Postdoctoral Scholars, Advisers, Institutions, Funding Organizations, and Disciplinary Societies[M]. Washington, DC: National Academy Press. 2000: 72.

[2] 中华人民共和国人力资源和社会保障部. 关于印发《博士后管理工作规定》的通知[EB/OL]. (2006-12-29)[2020-04-20]. http://www.mohrss.gov.cn/gkml/zcfg/gfxwj/201407/t20140717_136298.html

独招收、国际交流计划招收等多种类型。

第四,从招收条件来看,相关规定要求博士后进站年龄一般在四十岁以下。此外,还规定设站单位培养的博士一般不得申请进本单位同一个一级学科的流动站从事博士后研究工作、在职人员不得申请兼职从事博士后研究工作等。

第五,从工作时间来看,博士后人员在站工作时间为两年,一般不超过三年,最长不超过六年。

第六,从出站考核方面来看,全国博士后管理委员会对出站考核合格的博士后人员颁发博士后证书。

第七,从工作去向来看,博士后人员工作期满出站,除有协议的以外,就业实行双向选择、自主择业。上述七个方面充分体现了我国博士后的独特性和高规格性,也是区分国(境)内与国(境)外博士后培养的关键所在。

对核心概念进行具体操作化时遵循如下步骤:首先,通过问卷调查,用 0—1(0=非博士后;1=博士后)的二分类变量来识别博士生毕业后是否进入科研站从事博士后研究;其次,通过设置博士后单位的性质(具体分为高等院校、科研机构、企业及其他四类)这一问题来继续识别是流动站博士后(包括高等院校和科研机构)还是工作站博士后(包括企业及其他);最后,在选择从事博士后研究的基础上,通过设置从事博士后研究的地点这一问题来进一步识别是国内博士后还是国(境)外博士后[①]。

12.1.2 分析策略与数据来源

本章首先对毕业后进入博士后科研站的群体及进一步细分博士后入站类型的基本情况进行描述性统计分析,并从个体特征、学科特征、院校特征和导师特征等不同视角进行差异分析和显著性检验。其中,个体特征方面主要包括性别(男性=1;女性=0)、毕业时的年龄(<30 岁=1;30~34 岁=2;>34 岁=3)、录取方式(普通招考=1;硕转博=2;直博生

---

① 国(境)外博士后统计范围涵盖中国香港、中国澳门和中国台湾地区。

=3)、出国(境)经历(有=1;无=0)等基本情况;学科特征包括所在学科大类(人文学科=1;社会科学=2;理学=3;工学=4;农学=5;医学=6)和是否入选一流学科建设名单(入选=1;未入选=0)两个方面;院校特征包括院校层次(一流大学建设高校=4;一流学科建设高校=3;国科大和中国社科大=2;其他高校=1)和院校所在地域(东部=3;中部=2;西部=1)两个方面;导师特征方面主要包括导师职称(中级=1;副高级=2;正高级=3)、导师年龄(<35岁=1;35~45岁=2;45~55岁=3;>55岁=4)、导师获最高学位地点[国(境)外获得=1;国(境)内获得=0]及博士在读期间与导师交流频率。

本章采用的数据来源于"研究生培养质量反馈调查(2017)"中的"全国博士生离校调查"数据。该次调查中博士生问卷共计发放18367份,全国共有61所院校完成调查,回收有效调查问卷8207份,有效问卷回收率为44.68%。根据研究问题需要,本章仅统计脱产博士毕业生数据,因此,实际纳入统计范围的问卷数为7367份。

12.2 博士毕业生进入博士后科研站情况

12.2.1 多维度下的博士后入站比例

统计结果显示,整体来看,在确定就业去向的群体中,毕业后进入博士后科研站的群体占博士毕业生的比例为23.30%,进一步的分析结果见表12-1。

首先,从个体特征来看,性别方面,从事博士后研究的比例在男性(23.90%)和女性(22.20%)之间的差异并不明显;年龄方面,博士生毕业年龄越小,则从事博士后研究的比例越高;录取方式方面,博士生培养的贯通程度越高,则毕业后从事博士后研究的比例越高,具体表现在从事博士后研究的比例依次为:直博生(30.82%)>硕转博(28.49%)>普通招

第十二章 博士毕业生进入博士后科研站情况

考(17.15%);出国(境)经历方面,在读期间有出国(境)经历的博士生群体毕业后从事博士后研究的比例(26.75%)要高于没有出国(境)经历的群体(22.45%);就读过程中是否延期方面,正常毕业博士生群体从事博士后研究的比例(23.91%)要略高于延期毕业群体(22.31%)。

表 12-1　进入科研站博士后群体的描述性统计结果①

个体特征		人数	比例(%)	院校和学科特征		人数	比例(%)
性别	男性	986	23.90	院校层次	一流大学建设高校	794	22.72
	女性	504	22.20		一流学科建设高校	98	13.26
毕业时年龄	<30岁	692	29.97		国科大和中国社科大	583	28.86
	30—34岁	733	24.19		其他高校	15	10.56
	>34岁	63	6.21	院校地域	东部	640	22.57
录取方式	普通招考	535	17.15		中部	709	25.48
	硕转博	669	28.49		西部	138	18.45
	直博生	286	30.82	学科大类	人文	51	12.72
出国(境)经历	有	337	26.75		社科	116	15.18
	无	1153	22.45		理学	708	34.20
是否延期	正常	943	23.91		工学	370	19.74
	延期	547	22.31		农学	99	32.78
一流学科	入选	552	27.37		医学	56	13.79
	未入选	848	22.23				

其次,从学科特征来看,按学科大类划分,一方面,整体来看,自然科学类博士生毕业后从事博士后研究的比例要明显高于人文社科类博士生;另一方面,在自然科学大类内部,不同学科之间差异也非常明显,按照从事博士后研究的比例高低依次为理学(34.20%)＞农学(32.78%)＞工学(19.74%)＞医学(13.79%)。

---

① 下表中各维度下的人数合计不一致是由于不同维度下存在个别缺失值所导致。

最后，从院校特征来看，按院校层次划分，一方面，国科大和中国社科大博士毕业生从事博士后研究的比例（28.86%）要更高，另一方面，除国科大和中国社科大以外，院校层次越高，则博士生毕业后从事博士后研究的比例也越高，具体表现为：一流大学建设高校（22.72%）＞一流学科建设高校（13.26%）＞其他高校（10.56%）；地域方面，中部地区高校博士生从事博士后研究的比例（25.48%）最高，东部地区（22.57%）居中，而西部地区（18.45%）最低。

12.2.2 博士后入站概率差异的显著性检验

为进一步检验不同个体特征、院校特征、学科特征及导师特征的博士生群体在从事博士后研究概率方面是否具有统计意义上的显著差异，下面进一步通过二元逻辑回归模型进行分析。其中，模型一是全样本回归结果，模型二到模型四分别是人文学科、社会科学及自然科学子样本回归分析结果，具体见表12-2。

首先，从个体特征来看，在控制其他影响因素的条件下，博士生毕业后进入博士后科研站的概率在性别之间并不存在显著差异，但在毕业时年龄、录取方式、是否具有出国（境）经历、是否延期毕业等方面存在不同程度的显著差异。具体而言，毕业年龄方面，毕业时的年龄越小，则博士生毕业后从事博士后研究的概率越高，且这种差异无论在总体样本，还是在人文学科、社会科学和自然科学各子样本中均非常显著。按录取方式划分，一方面，与普通招考类分段式培养的博士生相比，完全贯通的直博生群体毕业后进入科研站从事博士后研究的概率显著更高，进一步的子样本回归结果显示，这种差异只在自然科学中显著，而在人文学科和社会科学中的差异并不显著；另一方面，硕转博这类部分贯通培养的博士生群体在从事博士后研究的概率方面与普通招考类学生的差异在统计意义上并不显著。出国（境）经历方面，与在读期间没有出国（境）经历的群体相比，在读期间有过出国（境）经历的博士生毕业后从事博士后研究的概率显著更高，但这种差异主要体现在自然科学中。是否延期毕业方面，与正常毕业的博士生群体相比,社会科学中延期毕业博士生群体从事博士后研究的概率显著更低,而自然科学中延期群体从事博士后研究的概率反而显著更高。

表 12-2 从事博士后研究概率差异的显著性检验结果

解释变量		是否从事博士后研究			
		模型一	模型二	模型三	模型四
性别(女性)		0.113	−0.388	−0.292	0.177**
		(1.605)	(−1.154)	(−1.311)	(2.292)
毕业时年龄		−0.429***	−0.769***	−0.377**	−0.423***
		(−6.895)	(−3.141)	(−2.228)	(−6.009)
录取方式(普通招考)	硕转博	0.113	−0.382	0.166	0.140
		(1.328)	(−0.734)	(0.521)	(1.532)
	直博生	0.230**	0.993	0.169	0.238**
		(2.110)	(1.233)	(0.438)	(2.055)
出国(境)经历(无)		0.238***	0.401	0.041	0.222**
		(2.890)	(1.132)	(0.162)	(2.446)
延期毕业(正常毕业)		0.095	−0.051	−0.540**	0.168**
		(1.288)	(−0.148)	(−2.114)	(2.094)
学科大类(人文)	社科	0.022			
		(0.118)			
	理学	0.634***			
		(3.574)			
	工学	−0.038			
		(−0.215)			
	农学	0.736***			
		(3.529)			
	医学	−0.311			
		(−1.427)			

续表

解释变量		是否从事博士后研究			
		模型一	模型二	模型三	模型四
入选一流学科(否)		0.115	0.589	0.400	0.070
		(1.519)	(1.421)	(1.479)	(0.855)
院校层次 (其他)	国科大和中国社科大	0.364	0.010	1.192***	0.088
		(1.109)	(0.006)	(3.763)	(0.246)
	一流学科建设高校	−0.317	−1.510	−0.106	−0.489
		(−0.963)	(−0.990)	(−0.330)	(−1.378)
	一流大学建设高校	0.085	−0.503	0.000	−0.082
		(0.275)	(−0.332)	(.)	(−0.248)
院校地域 (西部)	中部	0.056	0.831	−0.367	0.140
		(0.372)	(0.563)	(−0.706)	(0.842)
	东部	0.310**	0.939	−0.011	0.362***
		(2.404)	(0.653)	(−0.022)	(2.668)
导师职称		0.295*	0.000	−0.142	0.309
		(1.678)	(.)	(−0.340)	(1.625)
导师年龄		−0.191***	−0.760***	−0.218	−0.181***
		(−3.747)	(−2.884)	(−1.226)	(−3.313)
导师最高学位[国(境)内]		0.334***	0.832*	0.325	0.312***
		(4.428)	(1.943)	(1.074)	(3.928)
导师指导频率		0.123***	0.080	0.460***	0.100***
		(4.364)	(0.547)	(4.305)	(3.331)
常数项		−2.412***	0.740	−1.926	−1.636**
		(−3.687)	(0.528)	(−1.243)	(−2.382)
N		5585	367	701	4494

注：(1)括号内为 t 值，根据个体聚类的稳健标准误计算；(2)* 为 $p<0.1$，** 为 $p<0.05$，*** 为 $p<0.01$；(3)括号内为参照组。

其次,从学科特征来看,在控制其他影响因素的条件下,一方面,与人文学科相比,理学和农学博士毕业生从事博士后研究的概率显著更高,而社科、工学及医学博士毕业生从事博士后研究的概率与人文学科相比并不存在显著差异。另一方面,从一流学科建设入选情况来看,博士生所在的学科是否入选一流学科建设计划,对博士生毕业后从事博士后研究的影响并不显著。

再次,从院校特征来看,在控制其他影响因素的条件下,一方面,不同院校层次之间的博士生毕业后从事博士后研究的概率在统计意义上并不存在显著差异;另一方面,从院校所在地域方面来看,东部地区就读的博士生毕业后从事博士后研究的概率显著高于西部地区,而中部地区和西部地区博士生毕业后从事博士后研究的概率之间并不存在显著差异。

最后,从导师特征来看,在控制其他影响因素的条件下,导师的职称、年龄、最高学位获得及导师指导频率等因素对博士生毕业后是否从事博士后研究均会产生不同程度的影响。具体而言,在全样本中,导师职称越高,则博士生毕业后从事博士后研究的概率也显著更高;导师的年龄越小,则博士生毕业后从事博士后研究的概率也显著更高;导师若在国(境)外获得博士学位,则博士生毕业后从事博士后研究的概率也显著更高;在读期间导师指导频率越高,则博士生从事博士后研究的概率也显著更高。

12.3 博士毕业生进入博士后科研站的类型

12.3.1 细分科研站类型的入站比例

下面进一步考察博士后在科研站类型上的分布情况及其差异。本次调查结果显示,在进入科研站的博士毕业生群体中,有94.78%的群体进入博士后科研流动站,仅有5.22%的群体进入博士后科研工作站,具体见表12-3。

首先,从个体特征来看,男性进入科研工作站的比例要高于女性,不同年龄段、不同录取方式下的博士毕业生在进入博士后科研站类型方面的差异较小,与未延期和在读期间有过出国(境)经历的群体相比,延期毕业和没有出国(境)经历的博士生进入科研工作站的比例略高。

其次,从学科特征来看,一方面,人文和医学博士毕业生全部进入博士后科研流动站,而社科和工科博士生进入博士后科研工作站的比例明显高于理学和农学;另一方面,未入选一流学科建设计划的博士毕业生进入博士后科研工作站的比例略高。

最后,从院校特征来看,一方面,国家重点建设院校的博士毕业生进入科研流动站的比例明显高于其他高校;另一方面,与西部地区相比,东部和中部地区高校的博士毕业生进入科研工作站的比例略高。

表12-3 细分科研站类型的入站比例描述性统计结果(%)

个体特征		流动站	工作站	院校和学科特征		流动站	工作站
性别	男性	93.99	6.01	院校层次	一流大学建设高校	95.27	4.73
	女性	96.36	3.64		一流学科建设高校	93.88	6.12
毕业时年龄	<30岁	94.75	5.25		国科大和中国社科大	94.48	5.52
	30~34岁	94.76	5.24		其他高校	86.67	13.33
	>34岁	95.24	4.76	院校地域	东部	95.08	4.92
录取方式	普通招考	94.54	5.46		中部	94.19	5.81
	硕转博	95.48	4.52		西部	96.35	3.65
	直博生	93.59	6.41	学科大类	人文	100	0
出国(境)经历	有	96.41	3.59		社科	86.84	13.16
	无	94.31	5.69		理学	96.30	3.70
是否延期	正常	95.61	4.39		工学	92.93	7.07
	延期	93.37	6.63		农学	97.92	2.08
一流学科	入选	95.97	4.03		医学	100	0
	未入选	94.41	5.59				

12.3.2 国(境)内博士后与国(境)外博士后的入站比例差异

下面进一步对国(境)内博士后和国(境)外博士后的入站情况及其差异进行分析。本次调查结果显示,在1484名博士后中,国(境)内博士后有1126名,占75.88%,国(境)外博士后358名,占24.12%,具体见表12-4。

表12-4 国(境)内博士后与国(境)外博士后比例描述性统计结果(%)

个体特征		国(境)内	国(境)外	院校特征		国(境)内	国(境)外
性别	男性	72.13	27.87	院校层次	一流大学建设高校	75.54	24.46
	女性	83.23	16.77		一流学科建设高校	87.76	12.24
毕业时年龄	<30岁	72.13	27.87		国科大和中国社科大	74.05	25.95
	30~34岁	77.81	22.19		其他高校	86.67	13.33
	>34岁	93.65	6.35	院校地域	东部	75.35	24.65
录取方式	普通招考	83.93	16.07		中部	75.11	24.89
	硕转博	73.72	26.28		西部	81.75	18.25
	直博生	65.72	34.28	学科大类	人文	92.16	7.84
出国(境)经历	有	70.83	29.17		社科	91.38	8.62
	无	77.35	22.65		理学	72.10	27.90
是否延期	正常	75.61	24.39		工学	75.82	24.18
	延期	76.33	23.67		农学	83.67	16.33
一流学科	入选	72.60	27.40		医学	67.86	32.14
	未入选	78.32	21.68				

首先,从个体特征来看,男性到国(境)外从事博士后研究的比例要明显高于女性;毕业时年龄越小,则到国(境)外从事博士后研究的比例也越高;博士生培养的贯通程度越高,则到国(境)外从事博士后研究的比例也越高,具体表现在国(境)外博士后的比例由高到低依次为:直博生>硕转博>普通招考;在读期间有出国(境)经历的博士生在国(境)外从事博士后研究的比例比没有出国(境)经历的群体更高;是否延期毕业对是否到

国(境)外从事博士后研究的影响较小。

其次,从学科特征来看,一方面,按学科大类划分,到国(境)外从事博士后研究的比例由高到低依次为:医学＞理学＞工学＞农学＞社科＞人文;另一方面,入选一流学科建设计划的博士后到国(境)外从事博士后研究工作的比例更高。

最后,从院校特征来看,一方面,一流大学建设高校与国科大和中国社科大博士毕业生到国(境)外从事博士后研究比例要明显高于一流学科建设高校和其他高校;另一方面,东部和中部地区高校的博士毕业生到国(境)外从事博士后研究的比例比西部地区高校更高。

12.3.3 多维度博士后类型差异的显著性检验

为进一步检验不同维度下博士后入站类型之间的差异是否显著,下面进一步通过构造二元逻辑回归模型进行分析,回归分析结果见表12-5。

首先,对流动站博士后与工作站博士后的差异进行分析。从回归结果中可知,个体特征方面,男性进入博士后流动站的概率要显著低于女性,延期毕业群体进入博士后流动站的概率要显著低于正常毕业群体,而毕业时年龄、录取方式及在读期间是否具有出国(境)经历等因素对进入博士后科研站类型的影响在统计意义上并不显著。从学科特征来看,一方面,与人文学科相比,社科博士毕业生进入博士后流动站的概率要显著更低,但自然科学与人文学科的差异并不显著;另一方面,是否入选一流学科建设计划对博士毕业生进入科研站的类型也没有显著影响。院校特征和导师特征方面的影响并不显著。

其次,对国(境)内博士后和国(境)外博士后的差异进行分析。从回归结果中可知,个体特征方面,男性到国(境)外从事博士后研究的概率是女性的1.95倍,且这种差异非常显著;与普通招考博士生相比,贯通式培养博士生到国(境)外从事博士后研究的概率显著更高;在读期间有出国(境)经历的博士生到国(境)外从事博士后研究的概率也显著更高。学科特征方面,一方面,与人文学科相比,医学和理学到国(境)外从事博士后研究的概率显著更高,而其他学科与人文学科相比并不存在显著差异;另一方面,入选一流学科建设计划更有助于显著提升到国(境)外从事博士后研究的概率。

表 12-5 从事博士后研究类型差异的显著性检验结果

解释变量		流动站博士后/工作站博士后		国(境)外博士后/国(境)内博士后	
		系数(Z值)	优势比	系数(Z值)	优势比
性别(女性)		−0.592*	0.55	0.669***	1.95
		(−1.927)		(4.294)	
毕业时年龄		0.405	1.50	−0.046	0.96
		(1.505)		(−0.325)	
录取方式(普通招考)	硕转博	0.076	1.08	0.429**	1.54
		(0.227)		(2.389)	
	直博生	−0.288	0.75	0.756***	2.13
		(−0.740)		(3.617)	
出国(境)经历(无)		0.549	1.73	0.386**	1.47
		(1.554)		(2.493)	
延期毕业(正常毕业)		−0.578**	0.56	0.057	1.06
		(−2.056)		(0.373)	
学科大类(人文)	社科	−2.123***	0.12	−0.055	0.95
		(−2.674)		(−0.088)	
	理学	−0.282	0.75	0.931*	2.54
		(−0.364)		(1.707)	
	工学	−1.057	0.34	0.788	2.20
		(−1.370)		(1.424)	
	农学	0.000	—	0.406	1.50
		(.)		(0.670)	
	医学	0.000	—	1.308**	3.70
		(.)		(2.116)	

续表

解释变量		流动站博士后/工作站博士后		国(境)外博士后/国(境)内博士后	
		系数(Z值)	优势比	系数(Z值)	优势比
入选一流学科(否)		0.088	1.09	0.287*	1.33
		(0.284)		(1.799)	
院校层次(其他)	国科大和中国社科大	1.222	3.39	0.763	2.15
		(1.255)		(0.912)	
	一流学科建设高校	1.359	3.89	−0.300	0.74
		(1.304)		(−0.338)	
	一流大学建设高校	1.334	3.80	0.311	1.37
		(1.486)		(0.388)	
院校地域(西部)	中部	−0.769	0.46	−0.023	0.98
		(−1.147)		(−0.067)	
	东部	−0.494	0.61	0.313	1.37
		(−0.814)		(1.055)	
导师职称		−0.158	0.85	−0.183	0.83
		(−0.161)		(−0.499)	
导师年龄		−0.249	0.78	−0.183*	0.83
		(−1.367)		(−1.807)	
导师最高学位[国(境)内]		0.358	1.43	0.224	1.25
		(1.154)		(1.568)	
导师指导频率		−0.091	0.91	0.100	1.11
		(−0.758)		(1.589)	
常数项		4.194	66.30	−3.189**	0.41
		(1.297)		(−2.101)	
N		1244		1355	

注:(1)括号内为 t 值,根据个体聚类的稳健标准误计算;(2)* 为 $p<0.1$,** 为 $p<0.05$,*** 为 $p<0.01$;(3)括号内为参照组。

最后,院校特征方面,院校层次和院校所在地域对博士生是否到国(境)外从事博士后研究的影响并不显著。导师特征方面,导师年龄越大,所指导的博士生到国(境)外从事博士后研究的概率显著更低,但导师的职称、最高学位获得情况及指导频率等因素对博士生毕业后是否到国(境)外从事博士后研究的影响在统计意义上并不显著。

12.4 相关讨论

第一,从博士后的来源来看,调查结果显示,我国博士后的来源质量非常有保障,博士后群体中集聚了众多有潜力的学术后备新秀。因此,重视博士后群体的招收、培养及就业选择工作,具有非常重要的意义。从进站博士后个体角度来看,博士后工作经历是一种重要的科研工作经历,也是专门进行科研工作和产出科研成果的"黄金准备期";从设站单位角度来看,对优秀博士后群体的争夺很大程度上意味着对学术后备力量的竞争;从国家层面而言,博士后人力资源是我国建设创新型国家的重要战略人才储备力量,对这些战略储备力量的使用效率,在很大程度上影响着我国全面建设社会主义现代化国家的进度和步伐。博士后制度虽然是一种舶来品,但与西方国家博士后制度中存在的缺乏支持、低工资待遇、缺乏保险福利等困境[1][2]不同,我国的博士后制度具有独特性和高规格性,国家层面对于博士后设站单位的要求、对于博士后人员入站申请的要求以及博士后在站期间的独特资助政策(例如中国博士后科学基金资助)均具有明显的中国特色,这些要求与资助政策对于吸引优秀人员入站,保障博士后人员的科研工作及出站就业准备,均发挥着重要且独特的作用。深刻认识我国博士后制度的独特政策优势,对于指导各个层面的博士后工作具有重要意义。

---

[1] SMALL G. The Postdoc Dilemma[J]. Nature. 2012,483(7388):235.
[2] LESHNER A. Standards for Postdoc Training[J]. Science. 2012,336:276.

第二，从博士后的去向来看，一方面，调查结果显示，国内应届博士生群体中，有一定比例的优秀博士毕业生选择到国（境）外进行博士后合作研究，且在理学和医学等学科中这种现象更为明显。导致部分优秀博士毕业生选择到国（境）外进行博士后合作研究而非直接在国内就业的原因，可能与学术劳动力市场竞争程度不断加剧、一些高校和科研机构的科研人才招聘政策有直接关系。博士毕业生群体是我国各行业、各领域中最宝贵的科研人才储备库，对于这部分高端智力资源的"暂时外流"现象亟待展开专门跟踪研究，在此基础上从国家战略层面做好对到国（境）外从事博士后合作研究群体回归就业的服务，是一项重要且紧迫的工作。另一方面，从博士后科研站设站情况来看，此次调查结果显示，就博士后科研流动站与博士后科研工作站的进站人数比例而言，前者占有绝对优势，且科研流动站与科研工作站的入站情况在学科方面也呈现出较为明显的差异性。结合这些特点，国家层面和省级层面应进一步加大对博士后设站单位的考核力度，对设站单位实施能上能下、优胜劣汰的动态调整机制，督促设站单位坚守"质量底线"，在博士后招收中始终坚持宁缺毋滥的原则，切实发挥好我国博士后制度独特的高端人才培养和人才使用的"双重功能"，助力我国科教兴国战略和人才强国战略的深入实施。

第十三章　博士生教育质量提升策略与研究展望

本章内容是研究的最终落脚点,力图从宏观和微观层面聚焦博士生教育质量提升中的关键切入点,探讨我国博士生教育质量提升的针对性策略,为未来博士生教育改革提供政策依据。

13.1　提升策略

(一)持续深化学位授权审核机制调整,将"单轨授权"调整为"双轨授权"

我国博士生教育发展的关键路径之一是进一步调整学位授权机制。改革学位授权审核制度,采用既关注学术资质也关注区域和高校自身发展的两套标准进行学位授权审核,对于我国研究生教育的深入改革和长远发展具有重要战略意义,对于宏观的国家层面、中观的区域层面和微观的高校层面,都会产生积极的促进作用,有助于提升我国研究生教育的整体质量和效益,缩小研究生教育的区域、校际及学科差距。因此,有必要对学位授权审核制度进行改革,未来的学位授权审核工作思路应该由传统的审核、评估向既进行审核和评估,也对学位授权点进行扶持、促进能力建设方向转移。

首先,突出国家重大战略需求导向,在国家战略领域开展科研攻关,积极融入服务国家和区域发展重大战略;继续面向人工智能、量子信息、集成电路、生命健康、生物育种、空天科技等国家急需领域,优化学科布局,加强关键领域核心技术攻关,努力破解"卡脖子"问题,敢于创新、敢为人先、敢于突破。

其次,对于学术学位而言,在学位授权审核机制改革时,可考虑将现行的"单轨制"授权模式转变为"双轨制"授权模式,即在以一级学科授权为主的同时,不关闭二级学科授权的通道,而是将"两种授权通道"同时开放。"双轨制"学位授权审核模式下,不仅有利于调动各个层面(省域、高校、学科点、导师等)的办学积极性,有利于在管理重心和质量保障重心下移的前提下落实培养单位的办学自主权,形成更有特色的学科点及学科研究方向,而且有利于均衡研究生教育的发展差距,促进我国研究生教育生态化发展,有利于形成全方位、多层次的研究生教育质量格局。

最后,对于专业学位而言,可继续探索在博士层次设置更丰富的专业学位类别,以适应经济社会发展对高层次应用型人才的迫切需求。《学位授权审核申请基本条件(2020)》中,博士专业学位类别(领域)主要集中在工程、医学、教育等领域,在人文社科领域,目前仅设置了教育博士专业学位,尚不能完全满足经济社会快速发展对人文社科领域高层次应用型专门人才的迫切需求。在国家大力发展博士专业学位教育的新时代背景下,自然科学领域和人文社科领域博士专业学位类别(领域)如何进一步丰富,值得进一步开展研究和试点工作。

(二) 以招生选拔机制调整为切入口,带动博士生教育综合改革不断
  向纵深推进

博士生教育领域的综合机制改革应遵循"重心下移,双向分权"的方向和原则。一方面,要进一步下移博士生教育质量保障的重心,赋予院系和导师(组)更大的选拔、培养及质量保障自主权,在培养单位内部做到行政权力进一步向学术权力分权转变,由硬性(刚性)管理向弹性(柔性)服务转变,这是博士生培养单位横向分权的题中之义;另一方面,要实现博士生教育发展决策控制权由行政系统的上端移向下端,政府层面主要发挥宏观指导和外部保障作用,避免对培养单位研究生培养活动造成直接的微观干预。

第十三章 博士生教育质量提升策略与研究展望

一般而言,取得较长时间博士学位授予权、有相对充裕的博士生招生计划指标及丰富的博士生培养经验的培养单位,更适合采取贯通式博士生培养模式。因为只有经过长期的分段式培养,培养单位才更容易形成比较成熟的博士生培养制度和培养模式,更容易熟练掌握博士生培养的周期、流程、节点以及博士学位授予学科的培养规格、标准以保障人才培养质量。而对于一些博士生培养经验不足、新近获批博士学位授予资格的培养单位和培养学科而言,需要根据实际情况采取更为适合的博士生选拔和培养模式。

在实行长学制的贯通培养模式时,还需要培养单位充分做好贯通培养博士生的分流、退出甚至淘汰工作。一方面,对于关键考核要求达不到规定标准的准博士生,需要畅通"被动分流"的途径和渠道,以保证博士学位授予的质量和规格;另一方面,可能也有部分学生由于自身兴趣爱好、职业追求等发生变化而导致"主动分流"情况的存在,因此也需要畅通这部分群体分流(退出)的途径和渠道。此外,在贯通培养的过程中,对培养单位相关管理和服务工作的要求更高,更适宜采取柔性、灵活的管理方式,努力做好贯通型博士生的选拔、资助、课程学习、科研训练、国际交流、学位论文撰写、延期(超期)管理、就业指导与职业发展等相关服务工作。应在制度设计时鼓励长学制博士生选择周期更长、难度更大、更具挑战性和创新性的前沿课题和基础课题进行探索性研究,不断提升博士生的培养质量和水平。

(三)进一步发展博士专业学位教育,适当控制学术型博士生规模

随着社会各行各业从业标准的提高,各行业对应用型高层次专门人才的需求正在日益增强。专业学位博士教育是培养高层次应用型专门人才的重要渠道,在培养目标、招收对象、课程设置、培养方式以及知识结构、能力结构等方面有特定要求和质量标准。与学术学位博士教育不同,专业学位博士教育必须以职业需求为导向,以实践能力培养为重点,以产学结合为途径。我国目前专业学位博士相较于学术学位博士发展相对滞后,专业博士学位的授权点少,培养规模偏小,尚不能很好地适应产业发

展对高层次应用型博士人才的需求。

在培养过程中,专业学位博士的制度设计、培养模式和标准也高度依赖学术型博士,专业学位博士的特点并未凸显。专业学位博士的课程与学术学位博士课程同质化、偏理论化,评价方式也未能很好地体现专业学位的职业属性。另外,高校还未能联合其他单位的力量共同培养专业学位博士。

与美国等西方博士生教育发达国家相比,目前我国博士生培养的结构以学术学位为主,结构较为单一,类型不是非常丰富,尚不能很好地满足经济社会快速发展变化对高层次人才的多元需求。未来我国应在适当控制学术学位博士生培养的基础上,进一步发展博士专业学位教育。

首先,以国家重大战略、关键领域和社会重大需求为重点,不断丰富博士专业学位类别,并探索建立博士专业学位类别授权审核的基本要求、基本条件。其次,适度增加博士专业学位招生计划,不断创新机制,鼓励高校、科研机构、企事业单位联合开展博士专业学位人才培养和质量保障。最后,持续完善专业学位博士人才培养模式。招生方面,实施专业学位和学术学位研究生招生分类选拔机制,在试点基础上不断扩大培养单位生源选拔的层次和范围,不断提升生源选拔的效果。培养方面,逐步摆脱学术学位博士生培养的路径依赖,逐步探索不同专业类别(领域)博士生的培养规律和特点,不断强化学术道德和职业伦理教育,充分调动产业联合培养的积极性,切实提升实践创新能力和未来职业发展能力。质量保障方面,鼓励有条件的产业制定专业技术能力标准,各培养主体联合做好培养过程和出口方面的质量保障工作,顺畅专业学位博士生的分流退出渠道,严把博士专业学位授予质量关。

(四)调整博士生培养经费投入机制,完善科研经费与奖助学金资助体系

在博士生培养过程的各要素中,博士生对基本生活条件的评价较低。为进一步支持博士生培养工作,财政部、教育部联合发文,从2017年春季学期起全面提高全日制博士生国家助学金资助标准:中央高校博士生从每生每年12000元提高到15000元,地方高校博士生从每生每年不低于

10000元提高到不低于13000元;科研院所等其他研究生培养机构依照执行。对于博士生教育中亟须改革的事情,2017年有29.4%的博士生将"提高博士生待遇"列在首位,到了2021年这一数据为41.4%。

近年来,生活成本上涨较快,博士生资助改革明显滞后,博士生的资助渠道仍较为单一。特别是博士生培养规模不断扩张,博士生资助压力进一步加大,一些资助岗位的竞争性增强,博士生可获得的资助机会缩减。博士生培养规模的扩张还影响了博士生的住宿条件,不少学校出现了宿舍不够的问题。

目前我国每年博士招生规模已经很大,因此需要从中遴选、资助优秀的博士生,给予重点扶持和培养。建议改变原来的国家奖学金评选方式,实施"未来学者"计划。一方面,扭转目前博士生基本上只能跟着导师课题转的局面,培养博士生独立提出问题、独立研究问题的能力,提高博士培养质量。另一方面,通过资助的方式,留住部分国内最优秀的博士生生源,改善博士生的培养环境。

面向所有申请攻读博士学位的本科毕业生、硕士毕业生,以及在读的博士一年级学生,资助理工科,尤其是生命科学、数学、物理、化学、材料科学等基础性学科和国家战略急需学科的研究生,开展基础性、战略性、前沿性科学研究和技术研究,培养国民经济和社会发展重点领域急需紧缺的专门人才,充实国家未来顶级科学家和工程师后备队伍。

(五)提高导师指导能力,扩大导师队伍,引进国外优秀人才任教

导师是研究生培养的第一责任人,这不仅体现在导师对研究生的学术训练和科研能力培养上,而且体现在导师对研究生的人格塑造和价值观养成上。随着我国研究生教育规模不断扩大,研究生导师队伍的规模也日益壮大,研究生导师队伍建设面临着新形势、新挑战和新任务。未来我国研究生教育的发展必须坚持"立德树人、服务需求、提高质量、追求卓越"这一核心主线,在此背景下,进一步出台研究生导师队伍建设和职业

规范相关制度具有迫切性和重要意义。相关数据显示①,我国851家研究生培养单位中,共有各类研究生导师46万人,其中博士生导师11.5万人,平均每家培养单位约有540名研究生导师,大约每6名硕士生和每4名博士生各拥有1名导师。在我国170多万高校教师队伍中,研究生导师这一群体占比超过1/4。可以说,研究生导师队伍建设水平将在很大程度上决定我国研究生教育的整体水平和育人成效。

导师遴选是导师队伍建设的"入门关",在做好导师质量把控源头管理的同时,持续加强对导师指导能力和效果的评价和监督,对于提高导师队伍质量至关重要。全国研究生教育会议后,教育部发布了一系列文件,对导师行为规范进行强化,但目前关于导师的考核、更换、培训制度还不完善。调查表明,22.2%的博士毕业生认为博士生教育亟须改革的方面是"提高导师对博士生指导的质量",在导师指导过程中还存在一些深层次的问题需要解决。这些问题集中体现为导师指导的有效性问题:一些导师管控过多,让学生承担了过多的课题任务,将学生视为"廉价劳动力";一些导师疏于指导,基本放养学生;一些导师与学生方向不匹配,难以提供有效指导;还有一些导师已经不再活跃于科研一线,指导学生心有余而力不足。

上述问题的出现与目前的导师制度不完善存在很大关系。第一是导师考核制度,目前我们对博士生已建立了中期考核制度,但对于导师指导的有效性还缺少科学有效的考核办法。第二是导师更换制度,博士生目前很难顺畅更换导师,即便研究方向不匹配,也只能在原导师名下完成研究。第三是导师培训制度,导师并非天然就会指导学生,他们的指导经验很多来自自己的就读经历。由于博士生的多元化以及不断变化的教育情境,导师在指导学生方面需要一定培训支持。决定博士生培养质量的根本性因素还是导师的质量,只有一流的导师才能带出一流的学生。导师指导始终是影响博士生培养质量的核心要素,我们需要培育引进世界一

---

① 高耀. 全面引导研究生导师自警自律[N]. 中国教育报,2020-11-17(2).

流学者,从扩大导师队伍、采用联合导师制、建设研究助理队伍等方面努力提升导师指导质量。近年来,欧美等高校已开始构建导师网(Mentor Net),将各方面可能产生指导行为的导师和研究生通过网络连接起来,形成及时畅通的指导机制,导师网中的导师不局限于校内,也可以来自政府、企业、非营利组织及其他学术机构。因此,未来应进一步加大联合指导力度,探索破除联合指导中的各种机制或管理壁垒,切实增强博士生指导效果。

目前来看,我国国际一流学者的数量相对偏少,需要加大人才引进的力度,在全世界范围内引进一流人才。同时也需要培育国内有潜力的年轻学者,使他们尽快成长为在国际学术界引领学术前沿的学者。

在博士生导师遴选和指导资格方面,建议打破年龄、职称等方面的限制,逐步打破培养单位主要依据导师规模确定博士生招生规模的制度惯性和所形成的路径依赖,扩大导师规模,根据导师的指导能力、投入精力和指导效果动态配置招生指标,形成激励机制,切实提高指导实效。

(六)进一步增强课程与科研的联系,推动本硕博课程体系一体化建设

博士生课程对于博士生学术训练具有重要作用。调查结果显示,博士生对课程的评价相对不高。主要问题表现在:一是专业前沿课程、研究方法课程、跨学科课程、实践类课程数量偏少且质量偏低;二是博士生课程与硕士生课程的区分度不够;三是博士生课程不够丰富、跨院系选修存在障碍;四是课程模式灵活度不够,不能满足学生多元化需求。

制约博士生课程质量的原因有两个方面:一方面是观念上,教师更加重视科研,对课程重视和投入不够;另一方面是制度上,目前的博士生课程继续延续了本科生课程模式。例如,按入学班级统一授课、"必修+选修"制度、固定的课程体系。博士生课程应具备前沿性,可供学生自由选择,因此需要在课程模式上更加灵活,鼓励教师和学生共同探讨学科前沿问题。

课程学习是我国学位和研究生教育制度的重要特征,是保障研究生培养质量的必备环节,在研究生成长成才过程中具有全面、综合和基础性

作用。重视课程学习,加强课程建设,提高课程质量,是当前深化研究生教育改革的紧迫任务。

一是不断优化课程结构,构建通专结合的课程体系。在博士生课程结构设置上,一方面,可增设系统的通用型课程体系,主要侧重专业精神和职业道德、口头和书面表达能力、团队精神与协作能力、批判性思维和问题解决能力、道德水平和社会责任心等方面的训练。另一方面,在专业课程建设上,进一步加大跨学科课程、专业前沿课程、实践类课程、方法类课程的建设力度,切实发挥专业课程对博士生基础科研能力培养和训练的关键作用。

二是推动本硕博课程体系的一体化建设。目前很多培养单位非常注重本科生课程建设,而对研究生课程建设重视程度和投入力度不太够。培养单位应注重本硕博课程体系的一体化建设,逐步消除课程建设和管理中存在的壁垒,注重不同阶段课程体系的连接性和区分度,探索建立模块化课程,增强研究生课程选择的自主性和灵活性。

三是增强博士生课程设计的灵活性和选择性。博士生课程改革需要提高制度上的灵活性、内容上的学术性。博士生来源越来越多元化,即便同一专业,研究方向也往往有很大差异,因此对课程的需求存在很大差别。另外,博士生阶段是否修课、修读什么样的课,应交给博士生自行选择,不应再延续本科阶段的自然班课程修读模式。建议博士生课程的制度设计要有足够的灵活性:第一,除了政治课程必修外,其余课程可改为选修;第二,放宽最低修读学分要求;第三,不限定开课人数;第四,允许跨院系自由选修。在课程内容上要提高学术性:第一,所有专业课程均以前沿课而不是基础课为标准进行建设;第二,鼓励教师和学生自行确定授课内容、课程形式、课程考核方式。同时,加强网络精品课程建设,满足不同博士生对课程学习的需求。

四是注重小班化、探究式、互动式课程教学。研讨式、探究式是博士生课程的主要特点,更宜采用小班化和互动式教学方式,侧重培养博士生发现问题和解决问题的能力,激发博士生从事学术研究的兴趣和热情。

同时要注重增强博士生课程与科研之间的联系,使课程教学充分发挥提升科研能力的关键作用。

(七)加强博士生培养的过程管理,不断完善中期考核与分流淘汰机制

一是全面加强博士生培养的过程管理。不断强化学位授予单位质量保障主体责任,落实《关于进一步严格规范学位与研究生教育质量管理的若干意见》《学位授予单位研究生教育质量保证体系建设基本规范》等要求,严格招生选拔、培养过程、论文答辩、学位授予等各环节质量保障和监督体系建设实效,严格博士生培养全过程管理。

二是完善博士生培养过程的分流退出机制。分流培养是保障和提升博士生教育质量的必然要求,也是遵循研究生教育规律和人才成长规律的客观需求,顺畅分流退出机制对于保障博士生培养质量具有重要意义。一方面,要结合不同入学方式的特点,探索建立主动分流与被动分流相结合的过程分流机制,将不适合攻读博士学位的学生尽早分流。另一方面,要进一步加大分流退出力度,鼓励培养单位通过课程考核、论文开题、中期考核、论文答辩等过程管理环节的严格实施,将明显达不到要求或没有培养潜力的学生分流出去。推动高校加强研究生培养过程管理,建立分流退出预警机制,在分流过程中充分保障学生的正当权益。

(八)实施"双向分权",不断推进博士学位论文质量保障重心"内移"和"下移"

从根本上而言,博士学位论文撰写过程是博士生从依赖型学习者逐步向独立研究者转变的过程,兼具教育培养和知识生产两种性质,兼跨教育活动和科研活动两个领域,且具有高度个人化和高度专门化的特点。因此,博士学位论文质量保障的重心理应落在底部,落在具体的学术训练和学术研究指导过程当中,内外部的行政管理均应围绕做实"底部学术保障重心"而展开。同时,考虑到专业领域实践性知识生产所具有的情境性、经验性、复杂性、模糊性等独特特征,加上不同学科或不同专业领域在高层次人才培养过程中的规律和特点也呈现出巨大差异性,对博士学位论文质量的把控面临更大的挑战。因此,在具体培养和评估实践的基础

上,继续探索专业博士学位论文质量保障中的"双向分权"和"保障重心转移"显得重要而紧迫:从横向来看,学位论文质量保障的重心应由"管理重心"向"学术重心"进行"内移";从纵向来看,学位论文质量保障的重心应由"顶部重心"向"底部重心"进行"下移"。

(九)多措并举促进博士生高端智力资源合理有序配置和流动

博士毕业生在就业过程中呈现出的新趋势和新特点,值得引起政府和高校的关注。第一,博士毕业生就业选择不断由学术领域向非学术领域扩散,这要求在博士生培养过程中要不断反思和完善现有培养模式,除学术能力训练之外,还要强化培养应用实践能力、沟通交流能力、可迁移能力等综合能力。第二,博士毕业生在学术市场就业的变化趋势揭示出,学术职业的准备周期可能更长,同时考虑到国内博士规模持续扩张、海外博士加速回流等因素,学术界求职的竞争会更加激烈,因此,合理的就业预期设定和理性的学术职业生涯规划显得至关重要。第三,博士毕业生就业地域流动的扩散趋势为中西部欠发达地区网罗高端人才提供了更多的机会,因此,营造良好的就业环境,加大高端人才引进力度,应当是各地重要的政策选择。第四,国家之间的竞争归根到底是人才(特别是高层次人才)的竞争,因此,最大程度做好留住本土优秀学术精英和大力吸引海外优秀人才回国发展,从长远上将为我国科技进步和社会发展提供更为持久的动力和活力。

首先,政府应该充分发挥宏观调控作用,为博士毕业生和用人单位提供对称的信息,解决就业市场中的信息不对称问题,缓和学术界和企业界在"迁移能力""创新能力""团队合作能力"等方面的歧义,减少博士生就业成本和用人单位招聘成本。同时加强对企业研发部门的政策支持,尤其是对中西部地区的支持,为引进高端人才创造良好的就业环境,促进人力资源合理有序流动,充分发挥我国的人力资源优势,推进区域经济协调发展。

其次,越来越多博士毕业生"跳脱"出了学术职业岗位而选择去企业就业,这要求高校调整原有的博士生培养模式,除了基本的理论知识外,更要加强博士生实践能力的培养,从社会需求的角度培养博士生应当具备的职业素养和能力。有研究显示,工作价值观对博士毕业生的就业单位选择会产生显著影响。培养适应市场需求的人才,根据社会发展需要及时调整专业和课程设置,使学生能够将理论运用到实践中,更好、更快地适应社会。博士生在科技创新中发挥着重要作用,是我国经济社会转型的"中坚力量",但是近年来在科学研究和技术服务业就业的博士生比例呈现出下降趋势。这要求高校更加严格把关博士生毕业生的科研能力和水平,提高学生的专业知识水平。与此同时,创新引领发展,各行各业对科技创新的需求越来越旺盛,因而非学术职业对博士毕业生的需求也会增加,这要求高校进一步加强就业指导,引导博士毕业生"非属地就业",引导博士毕业生了解当前的就业形势,树立正确的择业观和就业观,为未来的就业做好充分的准备。

最后,从博士就业环节来看,目前各个高校招收博士毕业生的时候,依然很重视博士生发表论文的数量以及博士生的海外交流经历,并进行年龄、院校出身、第一学历等背景方面的严格限制。应扭转这种倾向,对博士生进行评价的时候,应该更加注重对其博士论文水平的评价,而不是论文发表的数量,同时避免把国际流动经历作为硬性的人才引进指标。此外,应规定高校不得对应聘者的年龄、院校出身、第一学历等背景信息进行限制。

(十)强化思想政治与学术道德教育,激发博士生的创新精神与创新动力

培养单位和导师要坚持育人为本、德育为先,把人才培养作为根本任务,把思想政治教育摆在首要位置;遵循研究生教育规律,创新研究生指导方式,潜心研究生培养,全过程育人、全方位育人。

一是鼓励研究生将个人的发展进步与国家和民族的发展需要相结合,为国家富强和民族复兴贡献智慧和力量;支持和鼓励研究生参与各种社会实践和志愿服务活动,在服务人民、奉献社会的过程中实现自己的人生价值;培养研究生的国际视野和家国情怀,积极致力于构建人类命运共同体,努力成为世界文明进步的积极推动者。

二是培养研究生严谨认真的治学态度和求真务实的科学精神,自觉遵守科研诚信与学术道德,自觉维护学术事业的神圣性、纯洁性与严肃性,杜绝学术不端行为;在研究生培养的各个环节,强化学术规范训练,加强职业伦理教育,提升学术道德涵养;关注研究生的就业压力,引导研究生做好职业生涯规划,关心研究生生活和身心健康,不断提升研究生敢于面对困难挫折的良好心理素质。

(十一) 不断提升对外交流水平,促进博士生教育国际化迈上新台阶

国际化是博士生教育的重要特点之一,也是保障博士生培养质量的重要抓手。一是在全球范围内竞争优秀生源,提高国际博士生生源质量,通过提高奖学金水平、开设更多的英文授课项目、引进外籍教师等方式,增强国内博士生教育对国际学生的吸引力。二是选取部分高校试点开展招收海外一流高校中国籍优秀本科毕业生回国直接攻读博士研究生工作。三是继续扩大博士生教育国际交流的范围和层次,支持博士生根据研究需要和导师匹配情况选择出国交流目的国。在区域研究领域,设立区域博士生国际交流基金,支持博士生到研究对象国留学学习。

13.2 研究展望

博士生教育是高等教育中一个崭新的研究领域,居于象牙塔顶端的博士生教育长期以来具有一种神秘感,外人很难越过高深知识的藩篱和神秘仪式的幕帘窥视博士教育的过程,更无法评判博士生教育的质量。但随着知识社会的发展和知识生产模式的转型,博士生教育逐渐成为热门的研究话题。

本书是对博士生教育质量评估和机制调整的一个初步探索性研究,许多重要的问题,有必要在以后的研究中继续进行深入探讨。

第一,在博士生教育质量现状监测评估研究方面,可以将博士毕业生职业发展状况的考察纳入研究范围,对博士毕业生群体展开早期生涯发

第十三章 博士生教育质量提升策略与研究展望

展追踪调查,以进一步丰富博士生教育发展质量的相关研究主题和研究内容。

第二,博士生教育相关机制改革效果评估研究。本书主要从博士生教育服务需求机制调整、博士生教育内在稳定机制构建和博士生教育分流淘汰机制调整三个主要方面进行了相关理论探讨,并提出了一些改革的政策思路设计框架和大体方案。但这些机制改革的效果到底如何?相关改革可能引发哪些新的问题和矛盾?相关机制改革的短期效果和长期效果如何?这些问题仍需要在改革的过程中进行专门性的跟踪研究。

第三,博士生教育质量的跨国比较研究。与博士生教育强国相比,我国博士生教育质量和博士生培养中的主要差距体现在哪里?我们的优势和短板分别体现在哪里?这些重要问题有待进行系统研究。

第四,博士生教育以学科为载体,以高深知识的传授和生产为目标,但是不同学科文化视域下高深知识的生产和传授往往呈现出隐蔽性、高深性和不可言说性,对这类特殊知识传授和生产的规律和特点,专业领域外的研究者很难介入和理解,因此研究难度较大,也十分具有挑战性。在调研、访谈、实验室观察等多种研究方法和手段的基础上,结合学科文化特色深入理解博士生培养的特定内在规律,依然任重而道远。

后 记

本书是在笔者博士后出站报告的基础上进一步修改完善而成,受到中国博士后科学基金第 10 批特别项目(2017T100004)资助。

我于 2015 年 7 月至 2018 年 6 月在北京大学中国博士教育研究中心师从陈洪捷教授从事博士后合作研究。在站期间,我有幸参与了"全国研究生毕业离校调查""中国学位与研究生教育发展年度报告"等多项大型跨年度连续性课题研究工作,并开始将学位与研究生教育作为主要研究方向。

北京大学教育学院是我国高等教育研究领域高水准的学术殿堂,但我感受最深的却是,这里是一个由有教育理想和情怀、有学术追求和抱负的真学者组成的温暖的大家庭。

感谢我的博士后合作导师陈洪捷教授。洪捷老师不仅学识渊博,治学严谨,学养深厚,成就卓著,而且待人温和、温文尔雅,字如其人,君子风范。我敬佩洪捷老师在专业领域内的深厚功力,也为他对重大学术问题的敏锐洞察能力所折服。洪捷老师身兼多个重要学术职务,工作异常繁忙,却几乎从未缺席过课题组的重要讨论活动,在他身上我悟出的道理是,只有对学术研究痴情的、无条件的无限热爱,才能焕发出这种忘我的工作热情。

感谢我的师兄沈文钦老师,在整个博士后生涯期间,他是我接触最多、了解最深、讨论问题时间最久也是逛燕园校园次数最多的学术伙伴。可以这样说,我在博士后期间的每一点进步,都与他的关心、支持和帮助密不可分。在他的事无巨细的帮助下,我才得以快速融入研究团队。从与文钦师兄的交流和讨论中,我学习到了更多专业领域内的知识和经验,

后 记

更为重要的是,他诠释了厚道、热心、敬业与友善的新涵义,我非常庆幸能遇到这样亦师亦友的榜样。

在北大的研究团队之外,我也有幸参与了清华大学袁本涛教授、北京理工大学王战军教授等国内一流研究团队的部分重要研究课题,并与国务院学位办、国务院督导办、教育部学位与研究生教育发展中心、中国学位与研究生教育学会等政府机构和研究组织保持密切联系。

感谢我的博士生导师刘志民教授、硕士生导师方鹏教授、本科论文指导老师黄斌教授等对我工作和生活的诸多关心和帮助。

作为研究生教育领域学术共同体中的晚辈,我的研究工作离不开阎凤桥教授、刘云杉教授、刘惠琴教授、周文辉教授、李立国教授、曾伟主编等诸多学界前辈的关心和指导,也离不开赵世奎教授、王顶明教授、刘瑞明教授、王东芳教授、李敏副教授、李澄锋副教授、贺随波博士、杨佳乐博士、许丹东博士、谢鑫博士等诸多学术同仁的指导、交流和讨论。

2018年我有幸加入天津大学教育学院/研究生教育研究中心从事教学科研工作,并在研究生教育学专业开始招收研究生。天津大学研究生教育学专业是我国设立的首个研究生教育学专业,开辟了我国培养专门从事研究生教育理论与实践研究人才之先河。

感谢天津大学教育学院闫广芬教授、马廷奇教授、郄海霞教授、王梅教授等领导和老师对我研究工作给予的关心、支持和帮助,也感谢高等教育学和研究生教育学专业诸位同事对我研究工作的支持和帮助。

我国研究生教育具有典型的后发外生特征,在国家和社会各界的持续努力下,我国学位与研究生教育事业取得了举世瞩目的辉煌成就。当今国际竞争日趋激烈,持续提升研究生培养质量,助力我国由研究生教育大国真正转变为研究生教育强国,为创新型国家建设奠定坚实的人力资源基础,依然任重而道远。

博士生教育是高等教育中一个崭新的研究领域,博士生培养过程是博士生从依赖型学习者逐渐向独立研究者转变的过程,兼具教育培养和知识生产两种性质,兼跨教育和科研活动两个领域,具有独特性和复杂性。由于学术积累浅薄,本书一定存在不少纰漏甚至错误,欢迎学界前辈、同行和各位读者不吝指正。

高 耀
2024 年 3 月 20 日